AD MCMXCIII

für die
liebe Freundin
Christa

von
Carus.

»Terra di Sien
Öl/Aquatec auf Leinwa
Bodo Kraft, 19

(Im Besitz und zur Verfügung gestellt
Reidemeister & Ulrichs GmbH, Bren

Wolfgang Hubert
Heike Reith

Wein und Kunst

Das Etikett – Was Künstler und Winzer verbindet

BUSSE SEEWALD

Die Deutsche Bibliothek – CIP-Einheitsaufnahme

Wein und Kunst : das Etikett –
was Künstler und Winzer verbindet /
Wolfgang Hubert ; Heike Reith. –
Herford : Busse Seewald, 1993
ISBN 3-512-03105-6
NE: Hubert, Wolfgang; Reith, Heike

Umschlaggestaltung unter Verwendung eines Etiketts
der Collection 91 bei Claude Taittinger
von Roy Lichtenstein
durch Birgit Pauleikhoff
Lektorat: Bernhard Gurk
Satz und Druck: Busse Druck, Herford
Printed in Germany

ISBN 3-512-03105-6

Inhalt

Vorwort

»Der kreative Entschluß ist eine Folge von privilegierten Augenblicken«, erzählt der unbestrittene Meister des Phantastischen Realismus, Wojtek Siudmak. »Die Idee zu einem Bild erscheint wie ein Blitz an einem tiefschwarzen Gewitterhimmel.«
Ähnlich ging es uns mit der Idee zum Schreiben und Gestalten des vorliegenden Buches: Als passionierte Weinfreunde und bescheidene Kunstsammler sind und waren wir immer wieder fasziniert von den vielen gelungenen Beispielen beider Kulturgüter, die nach den Worten Salvador Dalis unabdingbar sind, wenn das Leben die Barbarei übertreffen solle. Natürlich waren uns Rothschilds Weine mit Künstleretiketten bekannt und wir wußten nicht zuletzt aus unserer Arbeit als Autoren und Journalisten auch von einigen anderen Winzern, die ihre »Flaggschiffe« mit zeitgenössischer Kunst schmückten – aber der Gedanke zu diesem Buch kam uns wie der oben erwähnte Blitz, als wir eine unerwartete Auszeichnung für eines unserer ersten Bücher feierten: mit einem herrlichen Wein, den ein Künstleretikett zierte. Es war ein vollkommener Genuß für alle Sinne, ein intimes Gespräch zwischen dem Wein, der Kunst und den Genießern.
Neugierig geworden, begannen wir mit den Recherchen über die Verbreitung der »Heirat von Wein und Kunst«, die sich ja geradezu aufdrängt: Der Wein ist schließlich ein kunstvoll erarbeitetes Naturprodukt, das, wie schon Sokrates oder Goethe wußten, maßvoll genossen den menschlichen Geist beflügelt, und die Kunst ihrerseits, versichern nicht nur prominente Zeitgenossen, verkörpert den höchsten Ausdruck, den dieser menschliche Geist hervorzubringen vermag. Die Resultate unserer Nachforschungen, die wesentlich längere Zeit in Anspruch nahmen als ursprünglich vorgesehen, brachten uns die Erkenntnis, daß die durchaus vielschichtigen Motive der Winzer und Künstler vor allem in einem Punkt übereinstimmen: dem modernen Menschen den Bezug zu beiden jahrtausendealten Kulturgütern in ihrer heutigen Form auf sinnliche Weise näherzubringen. Oder wie es der Betriebsleiter eines renommierten Gutes formulierte: »Ein wesentliches Kriterium für die Einführung zeitgenössischer Künstleretiketten war auch, daß in der Zwischenzeit die Etikettengestaltung an Kitsch kaum noch zu überbieten war. Mit unserer Künstlerserie sollte demgegenüber der Geschmack und die Ästhetik der Anwender und Abfüller gesteigert werden.« Vielen dieser gelungenen Versuche werden Sie auf den folgenden Seiten begegnen, und wir wünschen Ihnen beim Lesen, Betrachten, Interpretieren und Genießen ebenso viel Vergnügen, wie wir es hatten.
»Ich respektiere die Freiheit der Kunst. Ich mache mich doch lächerlich, wenn ist postuliere, daß Kunst nur dann Kunst ist, wenn ich sie auch verstehe«, sagte der Kunstliebhaber und frühere Ministerpräsident von Baden-Württemberg, Lothar Späth. In diesem Sinne haben wir uns nicht nur von unseren Vorlieben leiten lassen, sondern versucht, das breite Spektrum zeitgenössischer Kunst angemessen zu berücksichtigen. Wie auch beim Wein, ist bei der Kunst – und hier eigentlich noch mehr – der Geschmack nun einmal sehr verschieden, und das ist gut so: kultureller Einheitsbrei ist, wie auch die Geschichte lehrt, das Ende der Demokratie.
»Kunst muß anstößig sein, sie muß Denkanstöße geben«, meinte der frühere »Stern«-Herausgeber und Kunstförderer Henri Nannen – und so werden Sie in diesem Buch durchaus Abbildungen entdekken, mit denen Sie wenig anfangen können und die Sie vielleicht sogar strikt ablehnen. Das ist aber nun einmal die – glücklicherweise gesetzlich garantierte – Freiheit der Kunst, ganz im Sinne des Regisseurs Peter Zadek, der einmal sagte: »Bei Buhrufen denke ich, was für ein Glück, du hast dich noch nicht eingeordnet.« Oder um es mit August Everding einfacher auszudrücken: »Wenn das Publikum das Sagen hätte, müßte ich täglich ›Schwarzwaldmädel‹ spielen.«
Darüber hinaus ist es uns ein Anliegen, Winzern (Weingärtnern), Weinhändlern und Künstlern sowie vor allem den weiblichen und männlichen Weinfreunden die Scheu vor der Verbindung von »Wein und Kunst« zu nehmen, ganz im Sinne der Ermunterung durch den Winzer Daniel Wohlgemut (Seite 60/61): »Wer Kunst recht zu ›lesen‹ weiß oder den Wein recht zu genießen versteht, dem offenbaren beide jene feine Dosis Wahrheit, wie wir allein sie zu ertragen vermögen.«

Ein Wort zu ...

... der Auswahl: Sie werden in diesem Buch sowohl begnadeten, international renommierten Meistern begegnen als auch bisher nur regional bekannten Künstlern. Vereinzelt auch Winzern oder Weinhändlern, die neben der Kunst der Weinbereitung die Kunst des Malens praktizieren – im Sinne von Picasso und Beuys, die den Künstlerbegriff schon einmal ausgedehnter zogen. Ein wesentlicher Punkt zieht sich aber durch das ganze vorliegende Werk: die entsprechenden Weine sind alle empfehlenswert, ob trocken oder mild. Bedauerlicherweise konnten wir aus Platzgründen nicht mehr Anbieter und Künstler berücksichtigen, der bewußt maßvolle Preis des Buches wäre sonst nicht haltbar gewesen. Außerdem werden manche »Künstlerweine« nur auf Bestellung eines Abnehmers kreiert, sind für den Leser also im allgemeinen nicht erwerbbar. Anregungen für eine Neuauflage werden aber gerne von den Autoren angenommen – ein kurzer Brief an den Verlag genügt.

...dem Aufbau: Wir haben die einzelnen Artikel zum Zweck der besseren Übersicht in drei Abschnitte gegliedert. Die beschriebenen Weine in der entsprechenden Rubrik sind alle noch erhältlich, zum Teil verweisen wir dazu auf weitere »Künstler-Weine«, Anfragen lohnen sich also.

...den Preisen: Diese Angaben sind im allgemeinen in DM angegeben und variieren in den einzelnen Ländern. Auf genaue Preisangaben haben wir verzichtet, da die Preisgestaltung bei den einzelnen Händlern von mehreren Faktoren abhängig ist und die Winzer meist zweimal jährlich ihre Preise anpassen. Dazu addieren sich beim Versand Zustellgebühren, die je nach Transportweg, -art und Bestellmenge unterschiedlich hoch sind.

...den Bezugsquellen: Wo es möglich war, haben wir Importeure angegeben, die Sie am Ende des Buches finden. Darunter sind vor allem Großhändler, die Ihnen gerne weitere Bezugsquellen mitteilen, sofern sie nicht auch an Endverbraucher liefern. Sind keine Händleradressen angegeben, erkundigen Sie sich bitte direkt bei den Adressen, die unter dem jeweiligen Artikel angegeben sind: schriftlich, telefonisch oder per Fax.

Danksagung

Unser Dank gilt den vielen Weinhändlern, Winzern, Künstlern und Galeristen, die uns bei den Recherchen so umfassend behilflich waren und uns auch nachts, an Wochenenden oder während ihres Urlaubs mit Rat und Tat zur Seite standen. Dazu möchten wir dem Verlag für die Realisierung dieses Buchprojektes danken, und dafür, daß er auch den Mut zur Abbildung von Etiketten aufbrachte, die keineswegs überall ungeteilte Zustimmung finden werden. Ausdrücklich erwähnen möchten wir auch den Lektor Bernhard Gurk und die Herstellerin Birgit Pauleikhoff, die für die Stimmigkeit unserer Texte bzw. die Gestaltung der einzelnen Kapitel zuständig waren. Die Zusammenarbeit war vorbildlich, und wir haben ihre Geduld ziemlich strapaziert – aber dadurch ist das Buch erst zu dem geworden, was es ist.

Nürnberg, im Sommer 1993

Heike Reith
Wolfgang Hubert

»Schattenglas« Öl auf Holz, Thomas Kitzinger, 1989

(Im Besitz und zur Verfügung gestellt von Reidemeister & Ulrichs GmbH, Bremen)

Barocke Tanzspirale

»Während meiner Tätigkeit im Museum für Geschichte des Weines in der Brömserburg in Rüdesheim«, erzählt Marit Kretschmar, sympathische Mitbesitzerin des Rheingauer Betriebes, »habe ich selbst eine Ausstellung zum Thema ›Kunst und Wein‹ gemacht.« Daraus entstand bei ihr der Wunsch, auch einmal einen eigenen Wein künstlerisch gestalten zu lassen. Denn Wein ist für sie nicht nur ein Kultur-, sondern auch ein künstlerisches Produkt und vermag darüber hinaus zur Kunst inspirieren.

Das erste Etikett stammt von ihrer kürzlich verstorbenen Freundin, Angela Paysan, die sie als Leiterin des Deutschen Pferdemuseums in Verden kennenlernte, als sie eine Ausstellung mit ihren Zyklen zum Thema »Das Pferd in der Mythologie« machte. Als Frau Kretschmar sie später fragte, ob sie nicht Lust habe, ein Kunstetikett für einen köstlichen Spätburgunder zu entwerfen, war sie begeistert und gestaltete die spiralige Etikettenform. Unter mehreren Motiven, die ihrer barocken Lebensfreude entsprachen, wählten beide gemeinsam die »Tanzenden Winzer im Weinberg« aus. Angela starb, ehe sie ihr Werk signieren konnte. Ihre Kinder, Luise und Moritz, selbst Grafiker und Künstler, halfen bei der Fertigstellung des Etiketts. Marit Kretschmar: »Das Bild kann im Weingut besichtigt werden, und wir bieten auf Wunsch die Flasche auch zusammen mit einem Künstlerdruck, im Weißgoldrahmen, an.«

Der gut geführte Betrieb – »das meiste besprechen und entwickeln wir gemeinsam« – ist Mitglied der renommierten »Charta-Weingüter«-Vereinigung und seit kurzem auch im Bundesverband Ökologischer Weinbau (mehr über das Gut und die Künstlerin demnächst in unserem »Großen Buch der Bio-Weine«). Auf 8 ha Hang- und Steillagen wachsen zu 85 % Riesling und 15 % Spätburgunder, die im Keller zu ausgezeichneten Weinen und Sekt verarbeitet werden, um den immer größer werdenden Liebhaberkreis weiterhin versorgen zu können. Im Gutshaus war übrigens im 19. Jahrhundert der Komponist Johannes Brahms häufig zu Gast bei den damaligen Besitzern, »der hochmusischen, Weinbau und Weinhandel betreibenden Familie von Beckerath«, um seine neuesten Kompositionen vorzustellen. Es wäre ihm sicher auch heute ein Vergnügen.

Weingut Asbach-Kretschmar
Zum Niederwald-Denkmal 2
D-65385 Rüdesheim am Rhein
Tel. 0 67 22 / 46 16, Fax 10 70
Übernachtungsmöglichkeiten werden vermittelt

Die Künstlerin

Angela Paysan (1936–1992; »starb an umweltbedingtem Krebs«) studierte in Stuttgart Gebrauchs- und freie Grafik. Sie hinterließ 120 von ihr illustrierte und über 10 selbstverfaßte Bücher, Tausende von veröffentlichten Zeichnungen und unübersehbare Berge von noch nicht veröffentlichten Skizzen und Entwürfen. Nach der Heirat mit dem Naturfotografen Klaus Paysan wurden die Weichen in Richtung Naturillustration und Reisen in Afrika gestellt. Die Jugendbuchpreisträgerin mit »immer mehr barocker Musik und Kunst zuneigender Lebensauffassung« gestaltete auch großformatige Aquarelle von barocker Überfülle, Leichtigkeit und Lebensfreude.

Der Wein

90er Spätburgunder QbA, trocken
0,5 l ca. 56,00 DM
Feines Kirscharoma, samtiger Spätburgundertyp, gehaltvoll.
Noch gut 6 Jahre lagerfähig.
Eignet sich auch zu dunklen Fleisch- und Wildgerichten.

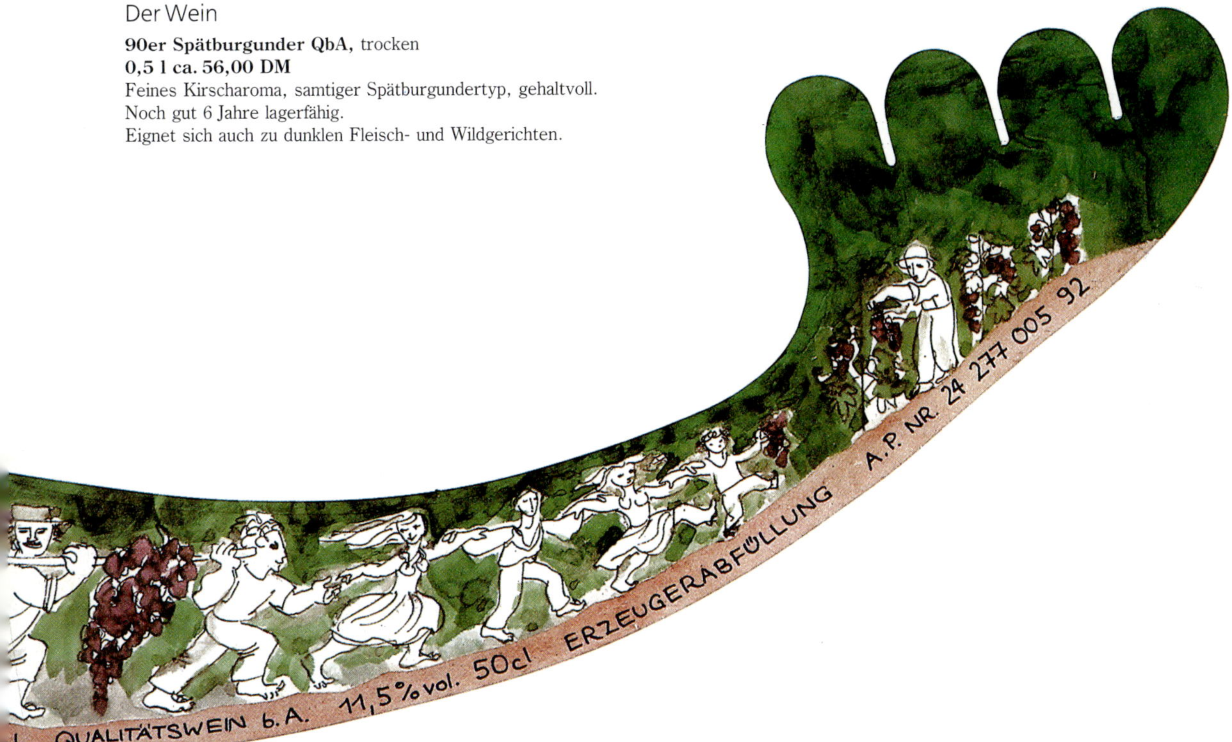

Wenn Mauern fallen . . .

Dieses Jahrhundertereignis im Oktober 1989 war für Beate Wiedemann-Schmidt, Mitbesitzerin des Weinguts Bercher Erben, Anlaß zur geistig-künstlerischen Auseinandersetzung mit dem Thema »Wiedervereinigung«. Das daraus resultierende 90er Etikett »Mauern fallen, der Wein zum 3. Oktober« für den Spätburgunder-Rotwein verbindet Worte und Gedanken: »Wegsymbolik, Mauersymbolik; eine Kraft läßt sie zusammenstürzen, Steine sind auf dem Weg, der zu gehen ist.« Herausgekommen dabei ist ein ebenso eigenwillig-mutiges wie gelungenes Etikett.

Für sich selbst haben die künstlerisch engagierte Winzerin und ihr Mann, der qualitätsorientierte Mittdreißiger, Franz Wilhelm Schmidt, die Steine für eine erfolgreiche Zukunft bereits auf festen Grund gelegt. Hinter ihrem kleinen Familienbetrieb verbergen sich inzwischen bereits stattliche 8,5 Hektar Rebfläche, die übrigens seit 1986 nach den Regeln eines umweltschonenden Pflanzenschutzes bewirtschaftet werden. Besondere Erfolge erzielten sie dabei mit ihren Burgundersorten und mit dem Silvaner.

Mit letzteren überraschten sie 1990 ihre genußverwöhnte Kundschaft mit dem Etikett »Rebstock im Winter«, nachdem sie schon 1989 ihren Burgunder Rotwein mit einem stimmungsvollen, farbigen Herbstmotiv vorgestellt hatten. Ein speziell von ihr für uns ausgesuchter Wein in Verbindung mit einem dazu passenden Gemälde zeigten uns, wie sehr bei Beate Wiedemann-Schmidt Weinbau und Kunst ineinander übergehen, weil sie die entscheidenden Bestandteile ihres Lebens sind. Noch deutlicher wurde dies, als uns die Künstler-Winzerin ihre farbliche und inhaltliche Auseinandersetzung im Zuge der Anfertigung eines Gemäldes zeigte, das einem Wein gewidmet ist, der auf »allerbestem Vulkanverwitterungsboden« gewachsen war. Es spiegelt »die aufgefangene Atmosphäre des Vulkanbodens am Kaiserstuhl« wider, die Kraft und Dynamik, die sich in diesem 89er Spätburgunder Barrique-Rotwein wiedergefunden hat. Und »herbstlich« nennt Beate Wiedemann-Schmidt auch die »warme Kraft in Etikett und Wein« einer Ruländer (Grauburgunder) Beerenauslese, die 18 Monate im Barrique-Faß lagerte und mit 148 ° Öchsle geerntet wurde.

Das Etikett für den vielgelobten Eiswein – »not easy to forget (Decanter)« – nahm der Fotograf und Freund der Familie, Klaus Fröhlich, auf – »am 26. November 1989 während der Eisweinlese um 6 Uhr morgens«. Seine Art von »Wein und Kunst«, die wir Ihnen nicht vorenthalten wollten.

Wie es zur »Wein-Kunst« in Vogtsburg-Oberrotweil kam? »In unserem Leben«, sagt die Neu-Studentin, »und somit auch in unserem Betrieb, ist Wein und Kunst untrennbar miteinander verbunden. Künstleretiketten werden nicht als verkaufsfördernde Mittel eingesetzt, sondern sie dokumentieren einen Teil meines Schaffens und Lebens als Künstlerin und

Winzerin. Ich gebe mir keine Vorgaben für ein Etikett. Die Bilder sind immer in einem echten Prozeß entstanden, sind eine eigenständige Arbeit. Besondere Weine werden mit einem besonderen Bild ausgestattet, wobei Inhalt und Charakter von Wein und Bild harmonieren.«

»Wein- und Kunst-Feste« werden nicht veranstaltet, dafür kann man jederzeit beides besichtigen bzw. probieren. Viele Kunden nützen eine Weinprobe auch zu einem Kurzbesuch am Kaiserstuhl, wo sie sich in der Region kulinarisch verwöhnen lassen. Ein Fest für alle Sinne.

Weingut Bercher Erben & Schmidt
Herrenstraße 28, D-79235 Vogtsburg
Tel. 07662/372, Fax 6333
Übernachtungsmöglichkeiten werden vermittelt

Die Künstler

Klaus Fröhlich (Eiswein-Etikett): Der Mittdreißiger arbeitet als freiberuflicher Fotograf und Theaterfotograf für verschiedene Theater in Deutschland. Bereits mehrere Fotoausstellungen. Er hat »über unsere Eisweinlese eine Ausstellung mit verschiedenen Tableaus gemacht – eines dieser Fotos ziert die Eisweinflasche«.

Beate Wiedemann-Schmidt (Rotwein-Etikett): »Die Malerei hat mich neben meinen Ausbildungen zur Winzerin und Meisterin der ländlichen Hauswirtschaft immer begleitet. Um sie jedoch zu perfektionieren und um hinter die Dinge sehen zu können, habe ich ein Kunststudium begonnen.« Nun ist sie seit einem Jahr auch an der Freien Kunstakademie in Freiburg.

Die Weine

89er Ruländer Eiswein, lieblich
0,375 l ca. 37,00 DM
Feinfruchtiges Spiel zwischen Säure und Süße, breite Palette an Fruchtaromen.
Jahrzehnte haltbar.
Als Aperitif, zur Enten- oder Gänseleber, zum Dessert.
Trinktemperatur: ca. 12° C.

90er Spätburgunder Rotwein Spätlese, trocken
leider nicht mehr lieferbar.

Weitere »Künstler-Weine« auf Anfrage.

Feuer und Glut

»Das Rotwein-Etikett versteht man am besten, wenn man im Sommer in diesem Weinberg arbeitet«, erzählt Regina Beck, verantwortlich für den Weinausbau und die Gestaltung der Etiketten. »Es ist eine Steillage mit über 30 % Neigung. Reine Südlage! Die Luft steht, und man empfindet einen Hauch von Wüste. Ich wollte mit den zwei Gesichtern einfach Feuer und Glut ausdrücken.« Die Arbeit hat sich gelohnt: Das Resultat war eine vorzügliche trockene Spätlese und »der eigentliche Anstoß, diesen Wein durch ein besonderes Etikett auszuzeichnen. Ich finde, man muß den Hut abnehmen vor manchen Weinen, weil man erkennt, daß hier kleinere oder größere Kunstwerke ihre Reize versprühen«. Deshalb auch ihre »Versuche, solchen Empfindungen Luft zu machen«. Das Aspri-Etikett (der Wein wird zur Spargel-Zeit abgefüllt, daher der Name, von Asparagus abgeleitet), »geistiges Ergebnis einer feucht-fröhlichen Runde«, soll ausdrücken, was »der Wein auf der Zunge entfaltet«: Leichtigkeit, Pfiffigkeit, dabei eine gewisse Freude versprühend, ein kleines Stück Sonnenaufgang. Regina Beck, experimentierfreudige Weinsberg-Absolventin, ist zusammen mit Vater Günther Besitzerin von 4,5 Hektar Rebflächen in der Gegend von Brackenheim, dem Geburtsort von Theodor Heuss. Ihre Stärken liegen vor allem im Rotweinbereich, und »dieses Jahr werden wir die ersten Trauben unserer Chardonnay-Reben ernten«. Die Kunst läßt die Liebhaberin klassischer wie moderner Musik nicht mehr los: Für ihre Barrique-Weine ist sie momentan auf der Suche nach einem neuen Gesicht. Lassen wir uns weiterhin überraschen.

Die Künstlerin

Regina Beck: Die 34jährige Regina Beck kam auf Umwegen zum Malen, nachdem ihr früher stets die Geduld dafür fehlte. Der »Reiz war immer da, aber ich kann nur unter Druck zeichnen«, erzählt die Autodidaktin, die sich für das Etikett »Feuer und Glut« auch von der Oper Tosca inspirieren ließ.

Weingut G. und R. Beck
Winzerstraße 3
D-74336 Brackenheim
Tel. 07135/8131
Übernachtungsmöglichkeiten werden vermittelt

Der Wein

90er Trollinger mit Lemberger Spätlese, trocken
0,75 l ca. 18,00 DM
Feine Fruchtaromen, kräftiger Tanningeschmack, »selbstverständlich ganz durchgegoren«.
Gut 7 Jahre haltbar.
Paßt auch zu Braten und kräftigen Gerichten.

Weitere »Künstler-Weine« auf Anfrage.

Hommage an den konstruktivistischen Schattentrinker

»Seltsames geschah des nachts in Rüdesheim«, wußte essen & trinken zu berichten, verwies dabei auf »spektakuläre Schatten« in einem Rheingauer Weinberg und fragte seine Leser: »Ausgeburten einer Rüdesheimer Rieslingzecherei?« »Nichts da«, entwarnte die Redaktion, »Kunst war's«. Angerer der Jüngere, bekannt durch seine »shadow paintings«, war zu Gast in Breuers Weingut – um sein Etikett für den Spitzenwein aus der Renommier-Lage Berg Schloßberg vorzustellen. »Die Grafik der Weinbergzeilen«, erinnert sich Bernhard Breuer, Veranstalter des denkwürdigen Abends und Herausgeber der Vinothek der deutschen Weinberg-Lagen, »reizte den Künstler, auch in die Weinberge seine Schatten zu projizieren. So entstand für eine Nacht die Galerie im Weinberg.« Den Abschluß dieser Vernissage kreierten dann fünf Spitzenköche – mit einem Menü zum Rüdesheimer Riesling. Ein kunst-kulinarisches Gipfeltreffen, das jedes Jahr lange in die Nacht hinein zur Etikettenvorstellung stattfindet.

Neben Angerer zählen u. a. auch Hella Santarossa mit ihrer radikalen Hinwendung zur Sinnlichkeit der Farbe, der bekannte Expressionist Carl-Henning Pedersen, Gabriel Constantinescu mit seiner Plastik »Hommage an den Winzer« und der Konstruktivist Heijo Hangen zu den Künstlern, die Breuers Ruf zur Gestaltung eines Weinetiketts gefolgt sind. Der Auswahl der Künstler liegt dabei kein System zugrunde, vielmehr ist oft der Zufall Pate. Weniger zufällig sind die Weinqualitäten des Hauses. So wurden bereits die Spezialitäten der 1880 gegründeten Weinhandlung mit eigenem Weinbergbesitz – unter den Vorgängern Scholl & Hillebrand, heute ein separates Handelshaus u. a. mit Breuer-Rieslingen – »auf dem Luftschiff Zeppelin und dem Überseekreuzer ›United States‹ serviert«. 1975 übernahmen dann die Brüder Bernhard und Heinrich Breuer, Absolventen der Weinbauschule in Montpellier, den Betrieb von Vater Georg. Sie wurden in den Verband Deutscher Prädikatsweingüter, VDP, aufgenommen und werden seit 1985 in der Klassifizierung der 165 besten deutschen Weingüter geführt. Die meisten Mitbewerber in dieser Hitliste haben sie bereits hinter sich gelassen. Die kreativen Winzer mit ihrer »brillanten Qualität«, so »Der kleine Johnson«, waren auch die Mitbegründer der CHARTA-Weingüter, einer Vereinigung Rheingauer Spitzenbetriebe, die sich auf hochwertige Riesling-Weine spezialisiert haben. Ausnahmen im überwiegend trockenen Breuer-Angebot bilden durch besondere Jahrgangseinflüsse und Botrytis hervorgerufene Dessertweine. Jeder nach seinem Geschmack, hier wird man bestens bedient.

»Wir glauben, daß unsere Weine Teil des kulturellen Lebens sind«, sagt der dynamische Mittvierziger Bernhard Breuer, »und daß sie deshalb einen Anspruch auf eine elegante, kunstvolle Verpackung haben.« So kamen die Breuers letztlich auch zu den Künstler-Etiketten. Die Lage Rüdesheimer Berg Schloßberg, eine der ersten Lagen des Rheingaus, liegt am steilsten Hang des ganzen Gebietes, und die Arbeit im Weinberg ist außerordentlich schwer, sein Wein dafür aber von ganz besonderem Charakter. Um zu verdeutlichen, daß ihm eine Spitzenstellung gebührt, wurde ab 1986 die Idee der Künstleretiketten realisiert. Bernhard Breuer hierzu: »Wir sind uns der Notwendigkeit bewußt, daß wir ständig Höchstleistungen erbringen müssen, um Spitzenqualität zu erzeugen, die sich durch Individualität und Langlebigkeit auszeichnet – so wie dies bei guter Kunst ja auch der Fall ist. Daß wir nun diese erste Lage jedes Jahr mit einem Bild auszeichnen, gehört zur Konsequenz unseres Denkens.« Eine Konsequenz, die bei den Breuers auch das Bewußtsein der Verpflichtung zum Schutze der Natur umfaßt, zum Beispiel durch das Entzerren der Monokultur und natürliche Begrünung bei gezielt geringen Erträgen (40–50 hl/ha) auf etwa 20 Hektar Anbauflächen.

Ab dem Frühjahr '94 kann man nun auch im Restaurant der Breuers – »ein lang gehegter Wunsch« – die Originalbilder auf sich wirken lassen, begleitet vielleicht von einem Glas Sekt der Extraklasse, dessen Etikett aus handgefertigtem Porzellan eine »Schattentraube« von Walter Andreas Angerer d. J. ziert. Sollten Sie danach auf dem Heimweg »spektakuläre Schatten« entdecken: diesmal wär's keine Kunst.

Weingut Georg Breuer
Geisenheimer Str. 9
D-65385 Rüdesheim
Tel. 06722/1027, Fax 4531

Die Künstler

Heijo Hangen (Etikett der Edition '90): »Es gibt in unserer Zeit noch zu wenige Konstruktivisten, obwohl die konkrete Kunst der einzige künstlerische Aspekt ist, der das ganze Jahrhundert durchläuft«, sagt der 1927 geborene Künstler, der die Landeskunstschule in Mainz besucht hatte. Werke des Konstruktivisten sind u. a. in Kölner Museen, der Nationalgalerie in Berlin und der Sammlung C. Ascher in New York zu sehen. »Die Schloßberg Variation T, ein Spiel von Modulen in abgestimmten spannungsreichen Farben ziert den Fries des Etiketts.« Bei den neueren Bildern Hangens »sind alle Formen rekombinierbar, man muß also immer die Arbeit ansehen und dann zurückkombinieren, wo die Form herkommt«.

Der Wein

90er Riesling Kabinett, trocken
0,75 l ca. 26,00 DM
1,5 l ca. 56,00 DM
3,0 l ca. 112,00 DM
Feine Aromen, fruchtige Säure,
elegante Riesling-Art,
langer Nachgeschmack.
Nach 5 Jahren erster Höhepunkt.
Gut 10 Jahre lagerfähig.
Paßt in der Jugend zu feinen
Salaten und Fisch.

Carl Henning Pedersen (Etikett der Edition '88): Der bekannteste noch lebende Künstler des skandinavischen Expressionismus, der 1913 geborene Pedersen wurde von Klee und Miró beeinflußt. Der Mitbegründer der 1948 entstandenen COBRA-Gruppe betont den poetischen, menschlichen Aspekt in seinen Arbeiten. Der renommierte Däne, mit dem Hang zur gewalttätig expressiven Zeichnung verbindet in seiner Malerei Reales so mit Fiktivem, daß die »Phantasieschöpfungen oft einen höheren Wirklichkeitsgrad haben als die konkreten Elemente«. Ende '89 stellten die Breuers das Etikett und den Wein in Pedersens Museum in Herning vor, das für den Künstler in kühner Architektur eigens gebaut wurde.

Gabriel Constantinescu (Etikett der Edition '89): Der 1942 in Bukarest geborene Künstler emigrierte 1969 nach Deutschland. Zuvor studierte er an der Hochschule für Bildende Kunst in Bukarest. Seine Arbeiten wurden von den Staatssammlungen in Rumänien und der damaligen UdSSR angekauft. Daneben gestaltete er Buchillustrationen zu Werken von so berühmten Dichtern wie Thomas Mann, Emile Zola, Truman Capote und anderen. Nach seiner Übersiedlung nahm er erneut ein Studium in Hamburg auf. Seit 1985 beschäftigt sich Constantinescu auch mit der Entwicklung neuer Möbel von der Zeichnung bis hin zur Anfertigung – Möbel als Kunstobjekte.
Für Breuer gestaltete er die moderne Plastik Hommage an den Winzer, aufgebaut und weithin sichtbar in der Lage Berg Schloßberg. Eine graphische Umsetzung ziert das Etikett.

Die Weine

88er Riesling Kabinett, trocken
0,75 l ca. 25,00 DM
1,5 l ca. 52,00 DM
Reintönig-fruchtige Aromen, rassig, perfekt ausgewogen, langer Abgang.
Jetzt erster Höhepunkt.
Paßt zu Fisch, Wildgeflügel und älter sogar zu Ente oder Gans.

89er Riesling Kabinett, trocken
0,75 l ca. 26,00 DM
1,5 l ca. 52,00 DM
3,0 l ca. 104,00 DM
Feine Fruchtaromen, gut eingebundene Säure, große Dichte, langanhaltender Geschmack.
Höhepunkt kaum vor dem Jahr 2000.
Eignet sich auch zu wildem Geflügel.

Weitere »Künstler-Weine« auf Anfrage.

Der Qualitäts-»Komponist«

Das Wein-Tor zum Südosten – konnte sich die Stadt Passau lange Zeit ohne Übertreibung nennen. Seitdem der »bayerischen Weinmetropole« 1390 ein einträgliches Niederlagsrecht für Wein zugestanden wurde, das selbst den damals so bedeutenden Salzhandel übertraf, wurden dort jährlich bis zu 30 Millionen Liter Wein umgeschlagen, hauptsächlich begehrte Tropfen aus Österreich und Ungarn. Daß die schöne alte Grenzstadt an der Donau auch ohne Protektionismus heute wieder zu einem Wein-Eldorado zählt, hat sie der Weinkellerei Brüder Buchner zu verdanken. Etwa 200 000 Kunden umfaßt die Kartei der »Weinimport GmbH«, die sich aus einem ursprünglichen Bäckereibetrieb, gegründet 1906, entwickelt hat. Seitdem hat sich viel getan, unter anderem die Ernennung zum »Hoflieferanten der Fürsten Thurn & Taxis«, wie eine Urkunde aus dem Jahr 1927 belegt: »Seine Hochfürstliche Durchlaucht«, steht da zu lesen, »... haben sich anläßlich der Feier Höchstseines 60. Geburtsfestes in Gnaden bewogen gefunden, Ihrem Bittgesuch vom 4. ds. Mts. zu entsprechen und Ihnen, insolange Höchstdieselben nicht anders zu verfügen geruhen, den Titel ... zu verleihen.«
Weinbezogen durchgestartet ist die Firma Mitte der 60er Jahre, kurz nach dem Eintritt des jetzigen Inhabers Peter Buchner. Dem ersten Wein-Tanklager folgte bald die erste vollautomatische Abfüllstraße, und heute unterhält man »eigene Weinkeller in Deutschland, Frankreich, Österreich, Ungarn und Südtirol«. Die Spezialitäten des sympathischen Weinhändlers sind vor allem körperreiche ungarische Rotweine mit harmonischer Süße, abgefüllt durch die Passauer Firma, und hochwertige Tokayer, zum Teil mit 5 Butten Trockenbeeren, dessen Genuß einen ahnen läßt, weshalb man den Tokayer früher den »Wein der Könige« nannte. Daneben importiert Buchner auch trockene Spitzengewächse aus Österreich, Italien und Frankreich, ebenso wie preiswertere, aber gute Weine aus diesen Ländern: »Da wir als Wein-Handelshaus selbst keine Erzeuger sind, können wir es uns leisten, unabhängig vom Jahrgang nur exzellente Tropfen und saubere Qualitätsweine auszusuchen.« Davon zeugt auch die berühmte »Schatzkammer« des Hauses mit Weinkostbarkeiten, die bis zum Jahrgang 1827 zurückreichen. Diese »haben Kriege und Plünderungen nur überstanden, weil sie in zugemauerten Keller-Gewölben versteckt gehalten wurden«. Eine wirksame Idee, und so kommen Peter Buchner und die von ihm gegründete »Erste Passauer Weinbruderschaft« in den beneidenswerten Genuß, »wertvolle und uralte Weine ein-, zweimal im Jahr zu verkosten und den Grad der Reife festzustellen«. Die »Ritter der Tafelrunde« erhielten ihre Weihen übrigens »in einer kleinen Zeremonie vom Großkellermeister in roter Samt-Robe« mittels eines Ritterschlags, »stilgetreu mit einem Schwert, einer echten Passauer Wolfs-Klinge aus dem Jahre 1414«.
Eine weitere Rarität ist zweifelsohne das Hobby von Peter Buchner. Der »Maler aus Leidenschaft« gestaltet einige Etiketten selbst. »Wein befruchtet die Kunst«, und so »komponiert« der Weinhändler mit der künstlerischen Ader seit dem Weinjahrgang 1973 »kleine Etiketten-Kunstwerke«, die man bereits bei einigen Ausstellungen »zwischen dem Rheingauer Kloster Eberbach und dem österreichischen Wien« besichtigen konnte. Zwischenzeitlich sind die Originale für jedermann zugänglich in Passau arrangiert, »verbunden mit einer Einladung zur unverbindlichen Weinprobe«.
Dabei war das erste Etikett mehr ein Versuch, seine schon lange gepflegte heimliche Leidenschaft den Weinkunden vorzustellen: »Einmal angefangen – komme ich nicht mehr los davon, weil viele Kunden wohl Gefallen daran fanden, auf Fortsetzung bestanden und begannen, diese ungewöhnlichen Etiketten zu sammeln.«

Brüder Buchner Weinkellerei GmbH
Winzerleite 4, D-94036 Passau
Tel. 08 51 / 8 80 11, Fax 8 19 06
Übernachtungsmöglichkeiten werden vermittelt

Der Künstler
Peter Buchner: »Schnell irgendein Kunstwerk auf das Etikett drucken und ein paar Mark mehr verlangen«, hält Peter Buchner für einen niveaulosen Modetrend, »unser Haus legt da ein bißchen mehr Herz hinein.« Der Weinhändler und Maler aus Leidenschaft, 1944 geboren, entfaltete schon sehr früh die Liebe zur Malerei. Der Autodidakt arbeitete sich ganz alleine durch alle bekannten Mal- und Zeichentechniken. Inspiriert dabei von Chagalls überwältigender Farbenfülle, fasziniert von Dalis genial ver-

laufenden Farben und dem Foto-Realismus alter Meister. Nachdem er seine gesetzten malerischen Ziele erreicht hatte, gestaltete er, angeregt durch das Weingut Mouton Rothschild für einen besonderen Wein des Jahrgangs 1973 ein erstes Etikett – aus einer Laune heraus. Die Resonanz der Kunden war so nachhaltig, daß er weitere Etiketten – stets abgestimmt auf den Charakter des Weines – malte. Dabei sind viele seiner gemalten Bilder für eine Umsetzung zu einem Weinetikett wegen der Thematik gar nicht geeignet, es lohnt sich also, seine Sammlung vor Ort zu betrachten, wobei weitere öffentliche Vorstellungen geplant sind. Buchner: »Künstlerische Wein-Etiketten zu sammeln, ist eine herrliche Sache, weil man die Flaschen erst selber mit Genuß leeren kann und dann auch noch am Etikett Freude hat. Man sammelt die angenehmen Erinnerungen eigentlich mit.« Was Peter Buchner letztlich zu einem gelungenen Etiketten-Album inspirierte, das alle seine Motive, vom »Carneval in Venedig« und »Karneval in Rio« bis hin zum »Eisvogel« und »Schmetterlingen« umfaßt.

Der Wein

87er Cabernet Sauvignon
Erlauer Konvent-Ausbruch, mild
0,75 l ca. 20,00 DM
Feine Fruchtaromen, harmonische Süße, mit kraftvollem Körper, Dichte und Frucht. Noch gut 5 Jahre lagerfähig. Eignet sich auch zum Dessert.

Die Weine

90er Spätburgunder
»Carneval in Venedig«, mild
0,75 l ca. 14,00 DM
Feines Bukett, wuchtiger Körper, brillantes Fruchtaroma, feine Süße. Etwa 5 Jahre haltbar. Still vor dem Kamin oder in froher Runde immer ein Genuß.

90er Spätburgunder
Krone Korona, mild
0,75 l ca. 13,00 DM
Delikater Duft von Waldbeeren, feine Süße, langer Nachgeschmack. Gut 5 Jahre haltbar. Paßt auch zum Dessert.

87er Cabernet Sauvignon
Ausbruch, mild
0,75 l ca. 16,00 DM
Feine Fruchtaromen, harmonische Süße, kraftvoller Körper mit enormer Dichte. Noch etwa 5 Jahre lagerfähig. Vor allem als Dessertwein.

Weitere »Künstler-Weine« auf Anfrage.

Die Burg der Genießer

»Was aus Sonne und Licht, aus fruchtbarer Erde geboren wurde«, meinte der Maler und Grafiker Walter Kaiser zur ersten Künstler-Edition für die mehrfach ausgezeichnete Bergsträßer Gebiets-Winzergenossenschaft, »kann dem Menschen eine Spur des Göttlichen einverleiben. Es schenkt ihm ein Hochgefühl der Seele und ein körperliches Wohlbefinden.« Beides jedenfalls kann sich tatsächlich schnell einfinden, wenn man diese exklusiven Qualitäten probiert. Drei Weine werden dafür stets ausgewählt, mit verschiedenen, thematisch aber meist ähnlichen Etiketten eines Künstlers.

Aus dem ursprünglichen Gedanken, der Erweiterung des Angebotes, insbesondere im Präsentbereich, hat sich längst ein eigenständiges Wein- und Kunst-Fest entwickelt, das der feinen Winzergenossenschaft eine gute Presse garantiert. »Wir kommen überhaupt nicht zum Trinken«, frotzelte der Kellermeister bei der letzten Präsentation angesichts des Andrangs der Fotografen. Gegenstand der Begierde waren bewußt nicht bunt wirkende Etiketten des Mainzer Professors Leo Leonhard, die drei herausragende Weine der Jahrgänge '89 und '90 zierten. Inspiriert von den Römern, die Kultur an die Bergstraße gebracht haben und deren Wein-Gott Bacchus, wie sie den griechischen Gott Dionysos nannten, mit seinem Gefolge von Satyrn, Silenen und Mänaden, entwarf Leonhard diese Etiketten, wobei er zugeben muß, daß der Gott »inzwischen seine Wildheit mehr und mehr abgelegt hat, zum kultivierten Genießer wurde, und daß sein Hofstaat ebenfalls gezähmt erscheint als eine Gemeinde liebend ergebener Zecher«. »Aber«, so Leonhard weiter, »es ist, als ob fast wehmütig eine uralte Erinnerung geweckt werden würde mit jedem guten Tropfen, den man genießt.«

Mario Derra wiederum wählte für seine Edition »den Ursprung der Weine« und »stellte die für diese Weinlagen typischen Burgen und Schlösser der Bergstraße in den Vordergrund«. So komponierte er beispielsweise »eine mystische Verwachsung von Burg und Berg«. Schließlich ist der Wein ja in den Lagen unter der jeweils abgebildeten Burg gewachsen.

Den bisherigen Weinen für die eindrucksvoll gestalteten Künstler-Editionen ist jedenfalls eines stets gemeinsam: Die Trauben werden extra gekeltert und der Wein besonders ausgebaut. Die Anzahl der limitierten Abfüllungen ist dabei abhängig von der Qualität des Weines und bewegt sich zwischen 500 und 1200 Flaschen pro Etikett, die jeweils entsprechend schnell vergriffen sind.

Die Winzergenossenschaft an der Hessischen Bergstraße, dort, wo es alljährlich Deutschlands ersten Frühling gibt, hat jedenfalls nicht nur mit diesen Editionen – die vierte wurde mit einer Vernissage in großem Rahmen Anfang November 1993 vorgestellt – nachhaltig den Beweis angetreten, welche Weinqualitäten dieses kleine, aber gewiß feine Anbaugebiet hervorbringen kann. Die gut 600 Mitglieder der BGW, meist Winzerfamilien im Nebenerwerb, arbeiten dabei in einer Region blühender Bäume, schillernder Bachläufe und verschlungener Hohlwege, in bunter Folge mit den vielfältig begrünten, oft sehr steilen Weinbergen. Und sie sind dabei auch »ein wenig stolz darauf, zu Deutschlands Schlußlichtern zu zählen, wenn es um die Flächenerträge geht«. Mit besonderer Sorgfalt widmet sich die qualitätsorientierte Mannschaft dem Riesling, der mehr als die Hälfte der Rebflächen einnimmt.

Daneben weiß man hier aber auch mit dem Silvaner, dem Ruländer – jüngstes »Kind« eine 92er Cuvée mit Derra-Etikett – und selbst dem Ehrenfelser umzugehen, der durchaus gute Qualitäten liefert. Alles interessante Weine vollreifen Fruchtgehalts mit einem feinen Aroma. Im August '94 feiert die BGW ihr 90jähriges Bestehen. Man darf neugierig sein, mit welcher weinkünstlerischen Überraschung sie dann für uns aufwarten wird.

Die Weine

92er Riesling Spätlese, trocken
0,75 l ca. 18,00 DM
Feines Bukett, »ein Wein voller Reife und Frucht«, guter Nachklang.
Etwa 8 Jahre lagerfähig.
Paßt vor allem zu weißem Fleisch und Geflügel.

92er Riesling Auslese, mild
0,75 l ca. 22,00 DM
Feine Fruchtaromen, vollmundig, »mit edler Süße«, anhaltender Nachgeschmack.
Etwa 15 Jahre lagerfähig.
Eignet sich als Aperitif oder »zum Schluß eines großen Mahls«.

92er Ehrenfelser Spätlese, mild
0,75 l ca. 17,00 DM
Gutes Bukett, »fülliger Wein«, feiner Fruchtgeschmack, guter Abgang.
Mindestens 7 Jahre haltbar.
Vor allem zu fruchtigen Desserts.

Bergsträßer Gebiets-Winzergenossenschaft eG
Darmstädter Straße 56, D-64646 Heppenheim
Tel. 0 62 52 / 7 30 16, Fax 7 74 92
Übernachtungsmöglichkeiten werden vermittelt

Die Künstler

Walter G. Kaiser (Etiketten der Edition 1): Der 1937 in Worms geborene Maler und Graphiker, dazu gelernter Kaufmann und Werbegestalter, studierte in Darmstadt und Mannheim Werbegraphik und Malerei. Als Werbegestalter mit internationalen Auszeichnungen bedacht, widmete er sich mehr und mehr der Kunst. Zahlreiche Ausstellungen, darunter im Salon de Nation in Paris, auf Einladung des Centre International d'Art Contemporain bestätigen seinen Erfolg. »In meiner Auffassung ist die lyrische Seite der Gefühlsinhalt, der Ausdruckszwang, die Triebkraft des Unterbewußtseins, eine gewisse Anwesenheit des Lebens.« Kaiser befaßt sich vor allem mit der Natur, mit deren Formen und Gesetzen.

Mario Derra (Etiketten der Edition 2): Schon in seiner Jugendzeit beschäftigte sich der 1954 in Gernsheim geborene Derra mit Holzschnitten und Kaltnadelradierungen. An der FH Mannheim erlernte er die Technik der Radierung. Danach Werks- und Kunsterziehungsstudium in Mainz, mit Farbradierungen, Glasfenstern, Mosaiken und Keramikarbeiten. Seit '79 freischaffender Künstler, stellte er in zahlreichen Galerien und Museen von Peking bis Bukarest aus. Ankäufe von Ministerien, Landkreisen und Städten sicherten Mario Derra nicht nur einen nationalen Ruf. Die Darstellung der Starkenburg, Motiv eines der Etiketten entstand auf einen Vorschlag des örtlichen Landratsamtes hin.

Professor Leo Leonhard (Etiketten der Edition 3): Ein Weinkenner ist, meint Leonhard, auch ein Kunstgenießer. Der international bekannte Künstler, 1939 in Leipzig geboren, studierte erst Germanisitik, bevor er in Düsseldorf an der Akademie mit dem Kunstbetrieb in Berührung kam. Nach einer Lehramtstätigkeit u. a. für die Ausbildung von Kunsterziehern wurde Leonhard 1987 als Professor für Zeichnen an die FH Rheinland-Pfalz in Mainz berufen. Auszeichnungen für »außerordentliche« graphische Leistungen und weltweite Ausstellungen verschafften dem Künstler einen hohen Bekanntheitsgrad. Das Mitglied verschiedener Künstlervereinigungen betrachtet die Radierung als seinen Arbeitsschwerpunkt.

Die Etiketten der Edition 4 liegen Ende 1993 vor. Man darf schon sehr gespannt sein auf die Werke des bekannten »künstlerischen Hochseil-Artisten« Karl Unverzagt.

Glanzpunkte vom Musenhang

»Ein Ungeheuer für die Regierungschefs«, witterten manche Zeitungen und waren am Ende davon überzeugt, daß manche Ergebnisse des Münchener Weltwirtschaftsgipfels umstritten waren. Nicht jedoch das »Forster Ungeheuer« – eine trockene Riesling Spätlese, vom Weingut Reichsrat von Buhl für das Delikatessenhaus Dallmayr (siehe Seite 30/31) für diesen Anlaß abgefüllt. Das Pfälzer Weingut zählt mit seinen Spitzenlagen in Forst – darunter Ungeheuer und Musenhang –, Deidesheim und Ruppertsberg nicht nur in der Region zu den renommiertesten Betrieben. Weltweite Akzeptanz ist dem gut geführten Betrieb, mit etwa 60 Hektar Rebfläche auch zahlenmäßig einer der ganz Großen, spätestens seit dem Jahre 1867 sicher: Die historische Eröffnung des Suezkanals feierte man u. a. mit den Rieslinggewächsen des Hauses. Damals berichtete die »Rheinpfalz«, »erregten die Buhlschen Pfälzer Edelweine ob ihrer musterhaften Verfassung trotz tropischer Hitze Aufsehen« . . .

Letzteres auch wenig später, als der bekannte Maler, Graphiker, Bildhauer und Architekt Franz von Stuck 1887 das bis heute kaum veränderte »klassische Buhletikett« entwarf. Stucks Haus in München zählt zu den meistbesuchtesten der bayerischen Landeshauptstadt, und die verschiedensten Ausstellungen der Villa Stuck sind auch heute noch regelmäßig gut frequentiert. »Für uns Grund genug«, erzählt Verkaufsleiter Bernhard Wolff, »auch heute Künstler mit der Gestaltung von Etiketten zu beauftragen. Durch unsere Gestaltungsaufträge fühlen wir uns zudem in der Rolle ›kleiner Kunstförderer‹.« Denn, »nicht nur viele Künstler haben als ihre zweite Leidenschaft den Wein entdeckt, sondern auch viele Winzer haben Freude an den bildenden Künsten«.

So sind durch das Kunst-Engagement des Pfälzer Weinguts bisher entstanden: Drei limitierte Editionen mit Werken von Dieter Portugall, dessen Radierung den Titel »Up, up and away« trägt, und Gerhard Hofmann, der seine Radierungen treffend »Weinfreund« und »Weinlaune« nannte. Die Poster, auf 180 Stück begrenzt, können im Weingut besichtigt und erworben werden. Weitere Künstler-Etiketten werden diese Reihe in nächster Zeit ergänzen. Darüber hinaus ist Buhl ein bevorzugter Lieferant von Weinen, die beispielsweise exklusiv von Dallmayr (siehe Seite 30 bis 33) oder der Edition Petschmann (siehe Seiten 64 und 65) mit Künstler-Etiketten »geschmückt« werden.

Natürlich spielen bei den Künstler-Weinen ebenso Marketing-Aspekte eine Rolle. Es gibt im Geschenkbereich, aber auch in der gehobenen Gastronomie eine Nachfrage nach diesen Weinen. Aber die Hauptgründe waren, neben der Tradition, persönliche Bekanntschaft mit den Künstlern und dem Kunstverleger Claus Petschmann, Kunstinteresse auf der Seite des Weinguts und Weininteresse auf seiten der Künstler. Vorherrschende Rebsorte in Buhls Weinbergen, nach den Prinzipien des umweltschonenden Weinbaus bewirtschaftet, ist mit 90 % der Riesling, dessen trockene Weine vom Kabinett bis zur Auslese dem Weingut einen nachhaltig guten Ruf verschafft haben. Bei den trockenen Rieslingen sind die 90er Spätlesen der Künstler-Edition, vom Kieselberg und vom Musenhang, durchaus als Glanzpunkte zu bezeichnen. Daneben auch vom Feinsten: die edelsüßen Erzeugnisse, allen voran die Rieslingauslesen und -Beerenauslesen.

Bernhard Wolff: »Für die Zukunft stellen wir uns vor, Künstler-Editionen im Weingut – vielleicht gekoppelt mit der Jahrgangsweinprobe für unsere Endverbraucher – in Form einer ›Vinisage‹ vorzustellen.« Wer nicht so lange warten will, kann jederzeit im sonnenreichen und klimatisch begünstigten Regenschatten des Haardtgebirges die Weine auf sich wirken lassen, dabei das schöne Töpfermuseum in einem Gebäude des 18. Jahrhunderts betrachten und auf kulturhistorisch interessantem Boden wandeln. Denn bereits im letzten Jahrhundert hat der berühmte deutsche Komponist Felix Mendelssohn Bartholdy (»Ein Sommernachtstraum«) in den zwei Kilometer langen, eindrucksvollen Kellergewölben musiziert und sich dabei von Buhlschen Weinen inspirieren lassen. Wie wir wissen, mit Erfolg!

Weingut Reichsrat von Buhl
Weinstraße 16–24
D-67146 Deidesheim
Tel. 0 63 26 / 96 50 10, Fax 96 50 24
Übernachtungsmöglichkeiten werden vermittelt

Die Künstler

Dieter Portugall: Nach einem der Entwürfe in Aquarell und Mischtechnik entstand die Radierung »Up, up and away«. Weiteres über den bekannten Künstler lesen Sie bitte im Kapitel über das Haus Dallmayr (Seite 30).

Nach einer Original-Radierung 11 × 24,5 cm groß, erschienen 1992 im Kunstverlag Petschmann, Neckargemünd

Die Weine

90er »Up, up and away«
Riesling Spätlese, trocken
0,75 l ca. 20,00 DM
Feine Fruchtaromen, würzige Art, kräftig-elegant, guter Abgang.
Noch gut 7 Jahre lagerfähig.
Eignet sich unter anderem zu Fisch, Fleischgerichten und deftigen Speisen.

92er »Weinlaune«
Riesling Kabinett, trocken
0,75 l ca. 15,00 DM
Zarter Pfirsichduft und Anklänge von Maracuja, elegant, »idealer Sommerwein«.
Noch gut 7 Jahre lagerfähig.
»Hochwertiger Zechwein«, paßt auch zu Gemüse-, Fisch- und Fleischgerichten.

Weitere »Künstler-Weine« auf Anfrage.

Gerhard Hofmann: Der 1960 in Worms geborene Künstler studierte an der Universität Mainz Kunstpädagogik. Er gewann bereits mehrere internationale Preise, darunter den »Pfalzpreis für Malerei« und den Preis der Stadt Salzburg. Bisher entstanden über 250 Radierungen mit einer faszinierenden formalen Entwicklung. In seinen Bildern umspielt er mit Farbe und Linie das Zauberhafte und Märchenhafte von Gegenständen und Gestalten mit Humor, Witz und zuweilen Melancholie. Bei zwei Radier-Suiten (Zauberflöte, Sommernachtstraum) setzte er Literarisches ins Bildnerische. Zu seiner Meisterschaft im Radieren fügt sich die große Form der Ölmalerei und Skulptur. Die beiden Radierungen »Weinfreund« und »Weinlaune« sind in der Edition Petschmann, Neckargemünd, erschienen.

Yellow Space am Bodensee – von Flaschen, die nie leer werden

Heftiges Rauschen im Fach-Blätterwald löste vor knapp einem Jahr ein Weingut mit einer Mitteilung aus, die mit den unverfänglichen Worten »Einen schönen guten Tag!« begann. Darin teilte »ihr Destillateur Heiner Renn« mit: »Für Liebhaber besonderer Kostbarkeiten möchten wir auf ein neues außergewöhnliches Projekt des Burgunderhofs in Hagnau am Bodensee aufmerksam machen.«
Renn damals weiter: »Der Künstler Josef Bauer vom New Space Art Atelier hat mit dem Burgunderhof eine auf 255 Stück limitierte Auflage ›Yellow Space Edition‹ herausgebracht.« Hinter YSE verbergen sich eine »eigens dafür kreierte Truhe«, numeriert und signiert, und darin eine Edelkollektion feinster Trester mit »Geschichte«. Auf den jeweils drei Flaschen »erzählt« der Künstler die Entstehung des Torkelwassers. Das ist, wie der Name suggerieren könnte, nun kein billiger Fusel, der dem armen Verkoster zuerst die Beine und später den Kopf schwermacht. Nein, Torkel nannte man in dieser Gegend früher die hölzerne Weinpresse, und wenn man auch nach zu intensivem Genuß des »Wassers« Differenzen mit der Gangart bekommen sollte, bei den Rennschen Produkten bleiben jedenfalls unerfreuliche Nachwirkungen aus.
Die »Erzählung« des Künstlers beginnt »vom Boden her« mit der Traubenernte, führt danach dem Betrachter die Pressung, Vergärung und das für gute Qualitäten so wichtige, vorsichtige Ausdestillieren des Alkohols vor Augen. Dazu »verdeutlicht« sie die Geschmacksstoffe, eine behutsame Lagerung und geht bis hin zur Entfaltung des Aromas aus dem Digestifkelch. Was einen dann beim Öffnen der drei Flaschen erwartet, läßt sich bereits mit künstlerisch-genießerischem Blick auf den Truhendeckel erahnen: Darauf spiegelt sich »die visuelle Fassung der Duftkörper des klassischen Torkelwasser wider. Dem Klangkörper einer sanftgeschwungenden Viola nachempfunden, strömen Duft und Aroma beinahe in konzertanter Weise in die Atmosphäre«.
Wer dann diese künstlerische Gesamtkomposition nicht länger nur optisch genießen möchte, kann sich nach Belieben »dem Torkeln« hingeben: Denn bis 2002 werden »garantiert« die Trester – ein, vier und sieben Jahre alt – so oft aufgefüllt, wie man trinken mag. Für heimliche Genießer sei dabei angemerkt, daß jede Nachfüllung »mit Datum versehen und neu versiegelt wird«.

»Kunst und Geist« nennen Andrea und Heiner Renn diese Edition: »Basierend auf der Vision der Gesamtheit von Sinneseindrücken haben wir versucht, eine Symbiose zwischen den Geruchs- und Geschmacksstoffen einerseits und den visuellen Eindrücken andererseits herzustellen.« Die Wahl der Trester-Virtuosen vom Bodensee fiel dafür auf den badischen Künstler Josef Bauer, der ein Jahr zuvor mit einer Ausstellung unter dem Motto »Freiheit dem Geiste und der Fantasie« Aufmerksamkeit erregte. Auch für die nächste Kunst-Geschmacks-Kreation, diesmal ein anderes »Produkt«, wird von der Jury ein badischer Vertreter ausgewählt: »Besonderes Augenmerk legen wir darauf, daß heimische Künstler ihre Chance bekommen, da diese die Verbindung Landschaft, Lebensart, Produkt und Kunst besser verwirklichen können.«
Der Burgunderhof mit seiner 300jährigen Familientradition kann noch mit weiteren »Wässerchen« in nicht alltäglichen Flaschen (»Designergläser«) aufwarten: vom dreijährigen Zwetschgen-»Sonderbrand« bis zum zweijährigen Cox-Orange-Apfelbrand – überzeugende Qualitäten. Auf der anderen Hälfte der fünf Hektar umfassenden »umweltorientierten« Betriebsfläche wachsen Müller-Thurgau- und Spätburgunder-Reben, die gute, typische Bodenseeweine ergeben. Dic Stars aber sind die Torkelwässerchen des sympathischen und innovativen Ehepaares, die mittlerweile in Deutschland zu den besten Trester-Erzeugern zählen und international keinen Vergleich zu scheuen brauchen. Probieren kann man vor Ort – und anschließend in die gepflegten Zimmer der Rennschen Pension »torkeln«.

Weingut Burgunderhof
Sonnenbühl 30
D-88709 Hagnau
Tel. 07532/43100, Fax 431043
Übernachtungsmöglichkeit in der hauseigenen Pension

Der Künstler

Josef Bauer: Der 1954 geborene Künstler, Dipl.-Ing. der Fachrichtung Architektur, hat sich im Jahr 1986 aus der bloßen Form der Nützlichkeit befreit, um sich für die Malerei zu entscheiden. Er experimentierte mit Lackfarben: Diese Phase dauerte zwei Jahre und prägte ihn für seine spätere Epoche. Der Künstler führt den Betrachter in die Unendlichkeit des Raumes und die Unbegrenztheit des Universums. Seine Werke vermitteln und versprechen dem einzelnen eine eigene Reise durch die unendliche Welt der Fantasie und Farben.

Die Trester

Yellow Space Edition
3 Flaschen Trester in der Truhe **ca. 980,00 DM**

91er Jahrgang: Feines Aroma, kräftig, typischer Trester. Vorwiegend als Digestif ideal.

88er Jahrgang: Ausgeprägtes Bukett, guter, wärmender Nachgeschmack.

85er Jahrgang: Tiefe, reine und sanfte Bernsteintöne, elegantes Bukett, feiner Nachklang.

»Fünf Sinne im Kelterhaus«

Dieses Jahr feierte der innovative Bechtheimer Winzer, Michael Buscher, ein kleines Jubiläum: Zum zehnten Mal erlebte das Weingut »Kunst in Jean Buschers Weinkeller – die fünf Sinne im Kelterhaus«, wieder mit einem Künstler internationalen Zuschnitts.

Der Gedanke, von einem solchen auch Flaschenschilder gestalten zu lassen, wurde im Hause Buscher erst dann aktuell, als die Idee bereits geboren war, die Kulturwerte Malerei, Bildhauerei, Musik und Wein in einer möglichst engen Verbindung zu präsentieren. Dabei ist es nach Michael Buscher »ohne Frage ein zweischneidiges Schwert«, diese Verbindung von Kunst und Wein. Wichtig ist wohl die kulturelle Glaubwürdigkeit: »Wenn ich bei dem Publikum, das ich anspreche, die kommerzielle Seite in irgendeiner Form in den Vordergrund stellen würde, wäre die Veranstaltung längst kaputt.« Recht hat er, denn zwischenzeitlich wird Wein und Kunst beziehungsweise Kunst am Wein vielfach praktiziert, doch von einigen zu sehr unter kommerziellen Gesichtspunkten. Und das kann nicht im Sinne der Erfinder sein. *Denn »Kunst und Wein«, so Buscher, »lebt von der kulturellen Begeisterung des Kunstschaffenden und des Winzers. Nur so läßt sich diese Idee auf Dauer glaubhaft erhalten und weitergeben«.* Und weil dies bei Buscher jedenfalls glaubwürdig ist, zieht es alljährlich über 800 Teilnehmer an drei Tagen und namhafte Künstler in den kleinen Ort Bechtheim. »Heute ist dies ganz einfach, denn zwischenzeitlich habe ich mir einen Namen gemacht«, erzählt der qualitätsbewußte Mittvierziger, der zu Beginn seines Kunstmäzenatentums allerdings manches Hindernis aus dem Weg räumen mußte. Denn zuerst tuschelte man im Ort über diese »verrückten« Veranstaltungen, später wollte man ihn nachahmen – nach dem Motto »was der kann« . . . – Aber das ist alles längst vergessen, heute zählt Michael Buscher nicht nur in Deutschland zu den ersten Adressen, wenn sich Wein und Kunst die Hände reichen.

Aufsehen erregte der Winzer auch, als er sich 1988 entschloß, neue Wege zu gehen und die Künstleretiketten oder »Flaschenschilder«, wie er es gerne nennt, in Messing und zum Teil in Sterling-Silber prägen zu lassen. Seitdem gibt es keine »Originalbilder« mehr, sondern »Entwürfe mit Farbangaben des Künstlers«, die bei der Anfertigung der Metalletiketten »von Hand koloriert« werden. Verwunderung erregte Buscher, nachdem er zum Thema »Europa '93« ein im Wein schwimmendes Etikett gestalten ließ. Zahlreiche Untersuchungen seitens des zuständigen Ministeriums waren dafür notwendig, bevor das Bundesgesundheitsamt die Folie, die das Etikett umschließt für dieses Projekt zuließ. Das Motto jedenfalls wurde einhellig begrüßt, wie Schreiben u. a. des Bundespräsidialamtes und des Auswärtigen Amtes bezeugen.

Nicht nur die beliebten Etiketten, von Otmar Alts »Weinrüssler« über WP Eberhard Eggers »Herzweinselige« bis zum »Deep Space« von Charles Wilp, sind es wert, hier erwähnt zu werden. Auch die Weine von Michael Buscher, ob Riesling, Silvaner oder Gewürztraminer, sind vom Feinsten. Um ausgezeichnete Tropfen von B. B. – wie gelegentlich die Presse das Gut in Bechtheim nennt – zu genießen, ist man daher nicht nur auf die Künstler-Weine angewiesen. Michael Buscher und sein Kellermeister Rudolf Leiblein, der bereits seit über 40 Jahren im Keller sein Bestes gibt, sorgen vor allem mit ihrer Wein-»Edition« für beständigen Hochgenuß. Neben den oben erwähnten Rebsorten, die zu den besonderen Stärken gehören, sind speziell noch die Burgunderweine hervorzuheben. Kein Grund aber, die anderen Weine einfach links liegenzulassen, die der Ehrenpreisträger »in alten Eichenholzfässern« ausbaut. Beste Gelegenheit dazu bieten die Kunst-Tage jeweils um den 1. Mai, »wer will, kann da auch 10 Liter Wein umsonst trinken«.

Die Weine

92er Silvaner Auslese, trocken
»Deep Space«
0,5 l in Holzkassette ca. 70,00 DM
Feines Bukett, verhaltene, fruchtige Säure, vollmundig, guter Abgang.
Etwa 8 Jahre lagerfähig.
Eignet sich auch zu Fisch, hellem Fleisch und Geflügel in heller Sauce.

91er Muskateller, trocken
»Europa '93«
0,5 l 2er Holzkassette ca. 186,00 DM
Feine Gewürzaromen, charaktervoll, betonte Fruchtsäure.
Noch etwa 2 Jahre lagerfähig.
Paßt auch zu Spargel und einfachen, deftigen Gerichten.

Weitere »Künstler-Weine« in begrenzter Anzahl auf Anfrage.

Weingut Jean Buscher
Wormser Straße 4, D-67595 Bechtheim
Tel. 0 62 42/8 72, Fax 8 75
Übernachtungsmöglichkeiten auf Anfrage

Die Künstler

Charles Wilp (Etikett »Deep Space«): Zu seinem Etikett zitiert der 1932 geborene Künstler Seneca: »Der Wein erhebt die Seele aus der Sklaverei und macht sie frei von der Knechtschaft der Sorgen.« Nach seinen Studienzeiten wandte sich Charles Wilp der künstlerischen Fotografie und der Werbung zu. Internationale Preise, so der Rizzoli-Preis und die Goldmedaille der International Advertising Association begleiten seine Arbeiten – Fotos und TV-Filme. Ausstellung auf der Dokumenta V, »als Sekundant von Joseph Beuys im ›Boxkampf für Demokratie‹«. Wilp arbeitete u. a. mit Christo, Armand und Tinguely zusammen. Nach der Begegnung mit dem Astronauten Neil Armstrong arbeitet Wilp mit Materialien, die vor allem in der Weltraumfahrt Anwendung finden. Wie der Astronaut Dr. Ulf Merbold formuliert: ». . . vom Werbeguru der 60er Jahre zum Picasso der Weltraumfahrt.«

Otmar Alt (Etikett »Der Weinrüssler«): Der 1940 in Wernigerode im Harz geborene Künstler siedelte als elfjähriger nach Berlin über, wo er an der Meisterschule für Kunsthandwerk und an der Hochschule für Bildende Künste studierte. Der ersten Ausstellung 1965 in der Berliner Galerie Katz folgte zwei Jahre später der Franz-Roh-Preis »Collage 67« in München. Weit über 200 Einzelausstellungen in aller Welt unterstreichen Alts internationale Bedeutung. Großes Ansehen erwirbt er sich unter anderem mit Plastiken und Arbeiten für Rosenthal. In seinen Werken steckt Phantasie, die ansteckt zum Suchen und Finden, zum fröhlichen Fabulieren, zu ernstem Denken. Otmar Alt hat einen unverwechselbaren Stil entwickelt und sich doch stets gewandelt. Er ist auch für seine Darstellungen witziger und grotesker Wesen bekannt, wie das vorliegende Beispiel treffend zeigt.

WP Eberhard Eggers (Etiketten »Europa '93« und »Die Herzweinselige«): Der gebürtige Hannoveraner Maler und Bildhauer, Jahrgang 1939, hat seit seinem zwanzigsten Lebensjahr an über 150 Ausstellungen teilgenommen, zum Beispiel in New York, Montreal, Seattle, Tokio, Wien, Genf, Zürich, Prag, Warschau und in allen großen Städten Deutschlands. Diverse Preise, internationale Stipendien und Auszeichnungen, darunter auch den Tamarind Grant der Henry-Ford-Stiftung, sind das Resultat weltweiter Anerkennung. 1986 berief ihn die Arizona State University zum Professor. Seitdem lebt und arbeitet er in Tempe, USA, Montferrer, Frankreich und in Hannover. Seine Arbeiten sind in mehr als 70 Museen und öffentlichen Sammlungen ausgestellt, beispielsweise im New Yorker Museum of Modern Art und in der Albertina, Wien.

Münchner Schlaraffenland

Dallmayr, das Haus klassischer Delikatessen, stand im kulinarischen Mittelpunkt des 92er Weltwirtschaftsgipfels in München, den es auf Speisen- und Getränkeseite betreut hat. »Das Pfälzer Weingut Buhl aus Deidesheim«, renommierter Riesling-Spezialist, »griff den Vorschlag, etwas Besonderes zu kreieren sofort auf und schaltete über den Kunstverleger Claus Petschmann den in 100 Galerien vertretenen Künstler Dieter Portugall ein.« »Der Künstler«, so Max Lauberger, der rührige Einkaufsleiter für Weine und Spirituosen, weiter, »gab seine Ideen zu den Vorlagen unseres Hauses, das am Rande des Etiketts abgebildet ist.« Nun ist ein Künstler-Etikett aus dem Hause Dallmayr, dem Schlaraffenland lukullischer Genüsse, nicht unbedingt etwas Alltägliches: »Unsere Einstellung zu Künstleretiketten ist insoweit positiv, daß wir, wenn eine außerordentlich gute Weinqualität zur Verfügung steht, einem bekannten Künstler einen entsprechenden Auftrag erteilen. Der Wein muß dabei wenigstens eine Trinkbarkeit von 10 Jahren haben.« Unbegrenzt haltbar hingegen sind die numerierten Radierungen, die bei Dallmayr käuflich zu erwerben sind – für 320 DM pro Stück.

Einmal auf den Geschmack gekommen, stellte Dallmayr in diesem Jahr auch einen »Spargelwein« vor, ebenfalls von Dieter Portugall künstlerisch umgesetzt, den es nun künftig jährlich zwischen Mitte April und dem Johannistag, Ende Juni, geben wird. Denn der Genuß oder selbst der Gedanke an dieses edle Gemüse wirft bei dem Feinschmecker, der den Spargel in den verschiedensten Variationen genießen will, immer wieder die Frage auf: Welcher Wein paßt zu Spargel oder paßt denn Wein überhaupt zu Spargel? Des Rätsels Lösung: »Unsere Weinfachleute haben sich zusammen mit unseren Meisterköchen mit dieser kulinarischen Frage beschäftigt und nach zahlreichen Verkostungen den ›Spargelwein‹ gefunden.« In Gestalt eines leichten, trocken ausgebauten Riesling Kabinett des Jahrgangs 1992, ebenfalls aus dem Weingut Reichsrat von Buhl, exklusiv bei Dallmayr.

Das »Münchner Monument«, wie die Zeitschrift essen & trinken einmal über das Haus Dallmayr schrieb, »gehört zur bayerischen Hauptstadt wie die Türme der Frauenkirche und der Viktualienmarkt«. Urkundlich läßt sich der Hoflieferant Seiner Majestät des Kaisers und Königlich Bayerischer Hoflieferant bis in das Jahr 1700 zurückverfolgen. Damals bestand eine »Krämerzunftgerechtigkeit« für ein Handelsgeschäft, das an die Töchter des Hauses weitergegeben wurde. Es war ein kleiner Laden, eng, schmal und dunkel, in dem manches verkauft wurde, was es heute bei Dallmayr nicht mehr gibt, und vieles nicht verkauft wurde, was das heutige Dallmayr-Image prägt. Dazu zählen natürlich der Kaffee, das bekannteste Erzeugnis des Hauses, eine riesige Obst- und Gemüseabteilung mit rund 500 Sorten, aber auch Spezialitäten wie frisches Rinderfilet aus Neuseeland, das seinen guten Geschmack nicht zuletzt der Fütterung der Tiere mit naturbelassenem Getreide verdankt, Kalbfleisch von vollmilchaufgezogenen Tieren, feinsten Fischen und Meeresfrüchten, einer umfassenden Getränkeabteilung von alten Weinen bis zum erlesenen Cognac, ein erstklassiges »Frische-Restaurant« und eine Boutique in der »Bel Etage«, die Accessoires für die feine Eß- und Trinkkultur bereithält – schön, stilvoll, ideenreich und ein Hauch Luxus, den man sich eben gern leistet. Zurück zum Wein. Da merkt man, daß Max Lauberger ein gutes Gespür für Qualität hat: Dallmayr bietet in seinem eindrucksvoll renovierten Haus – neben den beiden »Künstler-Weinen« und feinen, alten Raritäten aus etlichen Anbaugebieten – ein umfassendes Sortiment, inklusive Mouton Rothschild, daß die Wahl beinahe schon wieder schwerfällt, und auch das Angebot an Sekt und Champagner, u. a. die Taittinger Collection, läßt keine Wünsche offen.

Wer nicht so häufig nach München kommt, kann sich immerhin noch vom Versandservice eines der schönsten und interessantesten Delikatessengeschäfte der Welt bedienen lassen.

Alois Dallmayr
Dienerstraße 14–15
D-80331 München
Tel. 089/2 13 50, Fax 2 13 51 67

Der Künstler

Dieter Portugall: Der 1952 in Lahnstein geborene Dieter Portugall absolvierte eine Ausbildung im Druckhandwerk, bevor er Kunst in Stuttgart und Mainz studierte. Begegnungen mit bekannten Künstlern wie Beuys, Hrdlicka und Werner prägten seinen späteren Werdegang. Seit 10 Jahren unterhält Dieter Portugall ein eigenes Atelier mit Druckwerkstatt und entwarf bisher über 300 Radierungen, dazu Aquarelle in Mischtechnik und großformatige Acrylbilder. Er umspielt alltägliche Gegenstände und Kultursymbole mit seiner ironischen Radiernadel und fügt dekorative Symbolik hinzu. Außer Fahrrad, Ballon, Flugzeug und Automobil visiert er auch immer wieder sein Namenstier, den Hahn, als Zeichen männlicher Überheblichkeit und einfacher Schönheit an. In seinen Stadtansichten, zum Beispiel von Baden-Baden, Braunschweig, Bonn, Frankfurt, Heidelberg, Mainz und München, schafft er immer wieder aufs neue beziehungsreiche Collagen von Vergangenheit und Gegenwart mit moderner Subjektivität in oft altmeisterlicher Malkunst.

Nach einer Original-Radierung 11 × 24,5 cm, erschienen 1992 im Kunstverlag Petschmann, Neckargemünd

Die Weine

90er »Gipfelwein«
Riesling Spätlese, trocken
0,75 l ca. 24,00 DM
Feiner Duft nach exotischen Früchten, ansprechende Säure, rassig, langer Abgang.
Noch gut 10 Jahre lagerfähig.
Paßt auch zu Fleisch- und Geflügelgerichten.

92er »Spargelwein«
Riesling Kabinett, trocken
0,75 l ca. 16,00 DM
Feines Bukett, reichhaltige, pikante Frucht, spritzig-leicht.
Einige Jahre lagerfähig.
Eignet sich nicht nur zum Spargel.

Schönheitselixier vom Doktorenhof

Seit nun 13 Jahren beschäftigen sich Georg und Johanna Wiedemann mit diversen fein riechenden »Schönheitselixieren«. Erfolgreich, wie man nicht nur diversen Zeitschriften und dem ständig steigenden Umsatz entnehmen kann. Daß die »Mittelchen«, die im pfälzischen Doktorenhof »gebraut« werden, bereits in ähnlicher Form von wohlhabenden Damen im 15. und 16. Jahrhundert verwendet wurden, belegt folgende Geschichte: Eine der attraktivsten (und berüchtigsten) Frauen der damaligen Zeit, Lukrezia Borgia (1480–1519), pflegte sich jeden Morgen in einem solchen »Mittelchen« zu baden, weil sie »davon überzeugt war, nur so garantiert frisch zu sein und schön zu bleiben«. Auch zu anderen, heute eher unüblichen Zwecken benutzte man gerne dieses Elixier: So schrieb die berühmte Französin Madame de Sévigné (1626–1696) an ihre schöne Tochter: »Halte stets die Moral fest in den Händen und das Riechfläschchen . . . unter die Nase, um niemals im Leben Schiffbruch zu erleiden . . .«
Die Rede ist hier von feinen Flüssigkeiten, die heutzutage als wesentlicher Bestandteil in unserer Küche Eingang gefunden haben, vorwiegend in Salaten, Saucen und Marinaden – und seit kurzem auch als Aperitif: Essigspezialitäten.
Die eigentliche Geschichte begann 1976. Damals erwarb der gelernte Kaufmann Georg Wiedemann auf Kredit ein altes Landhaus mit 7 Hektar Rebflächen, nachdem er mit Wein vor allem durch seine Tätigkeit bei der Landwirtschaftskammer in Berührung gekommen war. Entstanden ist diese Situation, weil er sich selbständig machen wollte und dem Wein und der Natur sehr verbunden war. Die alten Weinberge brachten sehr reife Weine hervor, aber irgendwann dachte er, daß man aus einem guten »Pfälzer« auch einen prima Essig machen könnte. Der Grund: Es ärgerte ihn jedesmal, was einem selbst in gehobenen Restaurants so über den Salat geschüttet wurde. So begann die Suche nach alten Rezeptliteraturen: Zwei Jahre Experimente, Recherchen und Aufenthalte bei den Fachleuten in Modena und Burgund waren notwendig, um dem Geheimnis der richtigen Züchtung von Essigbakterien auf die Spur zu kommen. Denn Essig herstellen kann fast jeder, aber Wiedemann hatte sich in den Kopf gesetzt, ihn streng nach den *alten* Verfahren herzustellen. Zwischenzeitlich beliefern die Wiedemanns über 300 Feinkostgeschäfte und Restaurants in Deutschland. Dazu exportieren sie die »Edle Säure« u. a. nach Großbritannien, Amerika, Japan, und selbst die »Essignation« Italien genießt die Pfälzer Edelprodukte: z. B. einen 88er Weißen Burgunder Beerenauslese Essig oder einen Scheurebe Eiswein Essig in mundgeblasenen Künstlerflaschen, Riesling-Essig mit Walderdbeeren oder den »Weltessig« Aceto Mondo, ein Produkt aus einer internationalen Weinprobe, deren Reste – zum Glück – nicht irgendwo im Ausguß landeten, sondern heute Essigliebhaber aus aller Welt erfreuen.
Optimales Recycling, das zum naturnahen Anbau in Wiedemanns Weinberge paßt, eigentlich »eine Selbstverständlichkeit von jeher«. Denn sowohl Wein als auch Essig wurden seit langem ebenso als wertvolles Medikament verwendet, und es ist statistisch einwandfrei erwiesen, daß mit Essig angereicherte Luft heilende Wirkung besitzt, je natürlicher, desto besser.
Mit Etiketten versehen wurden die Produkte aus Wiedemanns Kellern erst »von befreundeten Künstlern«, mittlerweile gestaltet er seine Etikettenentwürfe selber. Die beeindruckende Sammlung ist im Keller, in der Essigstube und bei den regelmäßigen Vernissagen im Doktorenhof zu sehen. Dabei lassen sich natürlich auch die feinen Erzeugnisse probieren. »Landweine«, denn auf Prämierungen legt er keinen Wert, und knapp dreißig Essigsorten. Bei letzteren »entspannen sich die Gesichter nach dem ersten Schluck«. Was nicht nur der Gastgeber »mit diebischem Vergnügen« zur Kenntnis nimmt.

Der Wein

91er Weißer Burgunder Landwein, trocken
0,75 l ca. 14,00 DM
Feine Würze, »runder, vielschichtiger Wein, der schön mineralisch wirkt«. Noch gut 4 Jahre lagerfähig. Paßt auch zu kräftigen Speisen.

Weitere »Künstler-Weine« auf Anfrage.

Weinessiggut Doktorenhof
Raiffeisenstraße 5
D-67482 Venningen
Tel. 0 63 23 / 55 05, Fax 69 37
Übernachtungsmöglichkeiten werden vermittelt

Die Essige

Weißer Burgunder Essig
0,375 l ca. 22,00 DM
Milder Essig, »weinige Note und harmonische Säure«.
Paßt vor allem zu Sahnesaucen, Vinaigrettes und Sülzen.

Riesling mit Walderdbeeren Essig
0,375 l ca. 23,00 DM
»Weicher, nach reifen Erdbeeren schmeckender Essig.«
Paßt beispielsweise zu Fruchtsalaten, Tomaten, Pasteten und Terrinen

Spätburgunder Rosé Essig
0,375 l ca. 22,000 DM
»Reife, kräftige Burgundernote.«
Eignet sich auch zu Wild- und Fleischsalaten, dunklen Saucen und Blattsalaten.

Weitere »Künstler-Essige« auf Anfrage.

Der Künstler

»Für mich ist es wichtig, ein gutes Produkt auch gut zu verpacken. Es ist eine Notwendigkeit wie die Mode bei Kleidern«, sagt der 1958 in Landau geborene Besitzer des Doktorenhofs. Durch befreundete Künstler wurde Wiedemann animiert, nicht nur weiterhin seine Flaschenformen zu entwerfen, sondern auch selbst mit dem Malen anzufangen. Die Maltechnik ist übrigens an den Essig angelehnt, denn die Bilder sind in Mischtechnik gemalt und mit Essig viele Farben vermischt. Essig spielt für die Farbgebung der Bilder eine große Rolle. Die Maxime des Selfmade-Künstlers: Alles muß sich ergänzen, umschlingen: Gefäß und Inhalt, Auge und Geschmacksnerven, Geist und Empfinden.

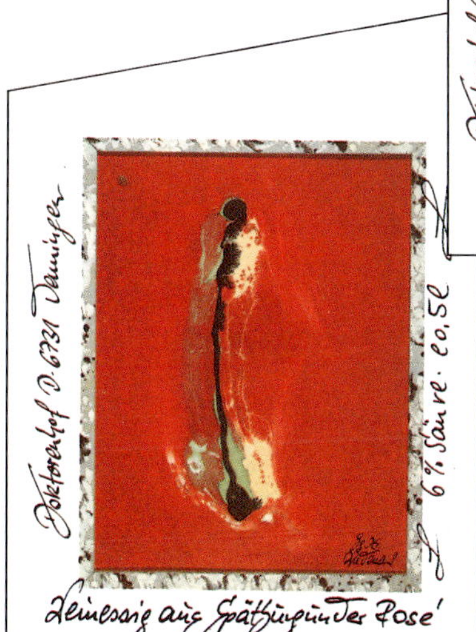

»Paar« excellence

»Das ›gotische Weindorf‹ Kiedrich sucht seinesgleichen mit Bauten und Kunstschätzen der Gotik, entstanden aus der wirtschaftlichen Kraft des Weinbaus und der Frömmigkeit der Wallfahrt zum Kirchenpatron St. Valentin. Zu dem reichen weinverbundenen Brauchtum gehört die nur hier noch gepflegte Sonderform der ›germanischen‹ Musikdialektik der Gregorianik, in dem auch die alten liturgischen ›Weinlieder‹ der Bibel erklingen«, steht in der *Deutschen Vinothek, Band Rheingau.* Mit seinen etwa 160 ha umfassenden Rebflächen gehört Kiedrich zu den Orten, die ausgezeichnete, bukettreiche Weine hervorbringen können. Zu den Spitzenlagen zählt hier mit Gewißheit der Kiedricher Wasseros.

Ganz besonders stolz aber ist man neuerdings in der Frankhof-Kellerei auf die Vermählung von Kunst und Wein, symbolisch dargestellt in dem Gemälde und Künstleretikett »Das Paar« von dem Prager Jiři Vincenc Slaviček, einem ehemaligen Studenten der Hochschule für bildende Künste Frankfurt. »Es läßt den Betrachter«, so Xenia Kleinert, Marketingleiterin des Hauses, »bei den kräftigen, spritzigen Farben und Formen verweilen und in Phantasie schwelgen.« Die Farben passen zu dem rassigen, feinherben Riesling aus der Renommierlage Wasseros.

Nun ist die Frankhof-Kellerei nicht »nur« ein Winzerbetrieb. »Als national und international tätiges Weinhandelshaus, gegründet 1876«, sagt Frankhof-Chef Josef Schamari, »streben wir nach dem Besten. Unsere Kompetenz leiten wir aus der jahrzehntelangen Zusammenarbeit mit der Gastronomie und dem Wein-Fachhandel ab.« Die beiden Vertriebsschienen stellen immerhin 85% des Gesamtumsatzes dar. Angeboten werden dabei »die wichtigsten Anbaugebiete der Welt. Einen Wein nehmen wir erst dann in unser Programm auf, wenn sich dieser als hervorragender Repräsentant seiner Gattung qualifiziert hat.« So ist es kein Wunder, wenn man eine Reihe klangvoller Namen im Programm wiederfindet. Was einen nicht davon abhalten sollte, die Erzeugnisse weniger bekannter Güter zu probieren, die schließlich nicht grundlos von den Experten ausgewählt wurden.

Seit der Gründung hat sich der Betrieb aber ebenso eingehend mit dem Ausbau und der Pflege der Riesling-Weine aus dem Rheingau befaßt. Mit ihrem Sitz in Hochheim, einer alten weltbekannten Wein- und Sektstadt, haben die Winzer und Kellermeister von Frankhof den direkten Zugang zu ihren Weinbergen. Auf insgesamt zehn Hektar Rebfläche werden dort hauptsächlich Riesling, daneben auch Gewürztraminer und Weißburgunder sorgfältig angebaut und gelesen. Nimmt der Riesling als »Königin der Reben« entsprechend einen würdigen Platz in der Kellerliste ein, quantitativ wie qualitativ, sollte man die beiden anderen Rebsorten aber nicht vergessen: gewohnt feine Gewürztraminer und ein sehr interessanter Weißburgunder im Barrique-Ausbau stehen noch im umfangreichen Gesamtkatalog. Dazu gründete Josef Schamari bereits vor einigen Jahrzehnten eine Erzeugergemeinschaft mit ausgewählten Winzern aus dem ganzen Rheingau. »Die Partner in dieser Gemeinschaft«, so der zielstrebige Chef weiter, »sind passionierte Weingärtner, die ihre Weinberge mit ihrer Familie bestellen.« Dabei setzt Frankhof die Qualitätsnormen vom Austrieb bis zur Lese. Die Kelterung erfolgt dann im Hochheimer Stammhaus. Im Katalog wird auf diesen Unterschied erfreulich übersichtlich hingewiesen. Ein geschätzter, allgemein noch zu selten praktizierter Service: Für jeden Wein werden auch Essensvorschläge unterbreitet.

Wie kam es nun zu der »Frankhof-Art«, dem »bisher leider einzigen Wein mit Künstleretikett«? Im Jahre 1989 wurde zum dritten Mal das Champagnerfest »Prickelndes Darmstadt« gefeiert: »Musik, Tanz, Theater und Show, mit einer Ausstellung im Saal der Orangerie. Kunst und Genuß an drei Tagen.« Dabei wurde dann auch zum ersten Mal der »Kunstpreis der Orangerie« vergeben, eben an den Prager Künstler mit Wahlheimat Hessen, der bereits damals kein unbeschriebenes Blatt mehr war. »Das Paar« als Künstleretikett – Harmonie, Ästhetik zum Wein –, eine gelungene Symbiose, die man nicht nur zu zweit mit Vergnügen genießen kann.

Frankhof-Kellerei GmbH
Burgeffstraße 19
D-65239 Hochheim
Tel. 06146/9030, Fax 90318

Der Künstler

Jiři Vincenc Slaviček, 1955 in Prag geboren und seit 1978 in Deutschland, studierte von 1980 bis 1986 an der Hochschule für Bildende Künste – Städelschule – in Frankfurt. Die weibliche Figur ist ein Lieblingsthema des Künstlers, das er in seinen Zeichnungen und Bildern sehr variationsfähig darzustellen weiß. Der Betrachter wird aufgefordert, der Zuordnung von Pinselstrichen nachzuspüren. Ist der blaue Fleck hier der Himmel oder gehört er zur Figur, ist dieses ein Teil des Körpers oder gehört er zum Kleid? Bereits während seiner Studienzeit konnte Slaviček bei mehreren Einzelausstellungen überraschen.

Der Wein

89er Riesling Kabinett, halbtrocken
0,75 l ca. 13,00 DM
Fruchtig, pikant, rassig,
guter Nachgeschmack.
Kann noch etwa 3 Jahre gelagert werden.
Paßt zu »leichter Küche mit feinen Saucen auf Sahnebasis«, Fisch, Geflügel und Kalbfleisch.

Künstlerische Darstellung der Weinidentität

»Zugegeben«, enthüllt ein Mitarbeiter eines der größten Weinbaubetriebe Deutschlands, »das Wort Winzergenossenschaft ist weniger wein-romantisch als die Bezeichnung Winzer oder Weingut. Der Rest jedoch ist Vorurteil.« Und dieses kann die Gebietswinzergenossenschaft »Deutsches Weintor« mühelos widerlegen. Dabei ist die Geschichte dieses Betriebes noch relativ jung. Gegründet wurde er 1957 als Winzergenossenschaft »Kleine Kalmit« in Ilbesheim. 1965 kam es dann zur Fusion mit der Winzergenossenschaft »Deutsches Weintor« in Schweigen, von der die fusionierte Genossenschaft auch ihre Bezeichnung übernahm. Die Weinproduktion findet heute ausschließlich in der Kellerei in Ilbesheim statt. Trotz der enormen Rebfläche von etwa 1000 Hektar gelingen den Pfälzern tadellose Weine. Was den virtuosen Kellermeister Jürgen Grallat zu der treffenden Aussage verleitet: »Gerade Weintor-Weine in ihrer üppigen Vielfalt eignen sich bestens als Begleiter zum Essen. Ob in der Nobelküche oder für die regionale Küche, es gibt kein Essen, zu dem wir nicht den passenden Wein empfehlen können.«

Gerade der Vermarktung kommt ein hoher Stellenwert zu, der Hauptanlaß, 1988 mit der Südpfälzer Winzergenossenschafts-Weinvertrieb eG eine Tochtergesellschaft zu gründen, die sich ausschließlich dem Fachhandel, der Gastronomie und dem anspruchsvollen Endverbraucher widmet. Es werden jeweils die interessantesten Weine zur Vermarktung ausgesucht. Die Stärken liegen im Ausbau von Burgunderweinen sowie der Spezialität Dornfelder, bei der die Südpfälzer zu den Pionieren zählen. Seit 1990 wird auch Chardonnay in kleinem Umfang ausgebaut. Besondere Aufmerksamkeit gilt den trockenen »Exclusiven Spezialitäten«. »Dem Charakter dieser Weine entsprechend wollten wir auch in der Ausstattung neue Wege gehen«, begründet Geschäftsführer Karl Heinz Neiss die Suche nach einem passenden Weinkleid. »Zwangsläufig wollten wir daher für unsere besonderen Weinkreationen eine kreative Ausstattung mit Bezug zum Wein finden. Denn Kreativität muß sich ganzheitlich darstellen.« Gesucht wurde eine künstlerische Darstellung der Weinidentität. Gefunden hat man sie schließlich bei der Siegerserie des »Kunstpreises Südliche Weinstraße«. Motto: künstlerisch gestaltete Weinetiketten. Hierzu Neiss: »Wir finden die bildhafte Darstellung der einzelnen Lagennamen, wie dies auf den Etiketten von Birgid Lord umgesetzt ist, äußerst gelungen.« So kam es, daß sie auch die »Exclusiven Spezialitäten« adelte. Für diese Edition wurden letztlich fünf Weine ausgewählt: Weißer und Grauer Burgunder, Weißer Riesling, Grüner Silvaner und Dornfelder Rotwein. Gefüllt werden dabei durchschnittlich 10000 Flaschen pro Rebsorte und Jahrgang, zu einem erstaunlich günstigen Preis.

Seit kurzem gibt es noch eine weitere interessante Neuigkeit: Zusammen mit einigen engagierten Winzern bauen die Südpfälzer seit 1991 ökologisch erzeugte Weine unter dem Markennamen BIOLAND aus. Zwar beträgt der Anteil von Bio-Weinen erst 0,5 % der gesamten Weinproduktion, dennoch nehmen die Wein-Genossen ihr Engagement in diesem Bereich sehr ernst.

»Qualität verpflichtet« hat sich die Winzergenossenschaft zum Leitsatz ausgewählt, die ihren Namen vom Deutschen Weintor in Schweigen abgeleitet hat – gewiß eines der markantesten Bauwerke in den deutschen Weinlanden. Markant sind auch die Weine: Modernste Technik, gepaart mit traditionsreicher Ausbaumethode sind die Garantie dafür, daß »Weintor-Weine« so unverwechselbar sind.

Gebiets-Winzergenossenschaft eG
Deutsches Weintor, D-76831 Ilbesheim
Tel. 06341/38150, Fax 381569

Südpfälzer Winzergenossenschafts-
Weinvertrieb eG
Weinstraße 5, D-76889 Schweigen-Rechtenbach
Tel. 06341/381520, Fax 381569
Übernachtungsmöglichkeiten werden vermittelt

Die Künstlerin

Birgid Lord, Jahrgang 1955, studierte Freie Malerei und Grafik an der Kunsthochschule in Karlsruhe. 1982 Ankauf des Kultusministeriums Rheinland-Pfalz, kurz darauf erwarb das Ministerium für Wissenschaft und Kunst in Stuttgart eine Arbeit der Künstlerin. Ein Landesstipendium führte sie nach Paris-Citè des Arts. Ankauf des Ministere de la Culture Paris anläßlich einer Ausstellung im Centre National des Arts Plastiques. Seitdem weitere Ausstellungen und Förderpreise.

Die Weine

91er Dornfelder Rotwein Qualitätswein, trocken
0,75 l ca. 6,00 DM
Gute Fruchtaromen, vollmundig, gut ausgewogen.
Mindestens 5 Jahre lagerfähig.
Eignet sich hauptsächlich zu Wild, kräftigen Geflügelgerichten und Käse.

92er Weißer Burgunder QbA, trocken
0,75 l ca. 6,00 DM
Dezente Blume, elegant, gut ausgewogen.
Etwa 3 bis 5 Jahre lagerfähig.
Paßt vor allem zu Geflügel, hellem Fleisch und kräftigem Fisch.

91er Riesling Qualitätswein, trocken
0,75 l ca. 6,00 DM
Gute Fruchtaromen, rassig, spritzig.
Etwa 3 Jahre lagerfähig.
Eignet sich vor allem zu Fisch, leichten Salaten und Gerichten mit leichter Sahnesauce.

Weitere »Künstler-Weine« auf Anfrage.

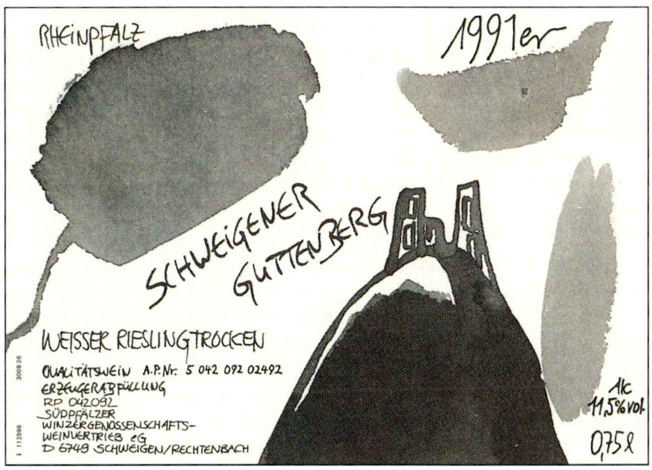

Rheingauer Kulturdenkmäler

Der Gedanke für die erlesene wie einmalige Kombination dreier Kulturgüter – Glas, Wein und Kunst – reifte im Jahre 1986. Marlies und Garry Grosvenor, »The Winebrokers of Johannisberg«, hatten die Idee, die wichtigsten Kulturdenkmäler des Rheingaus mit dem Riesling zusammen in aller Welt bekannt zu machen, als »Hommage an den Rheingau«. Und, da die Glasmacherkunst und die Weinbautradition schon seit altersher in enger Verbindung stehen, wollten sie diese Symbiose als Idee für ihre »Römer und Riesling«-Editionen auch in Zusammenarbeit mit der berühmten Theresienthaler Kristallglasmanufaktur verwirklichen. »Dazu«, erzählt die sympathische Mitinhaberin der international bekannten Firma, »baten wir unseren guten Freund, Günther C. Kirchberger, Professor im Fachbereich Design an der Fachhochschule Niederrhein, den mein Mann bereits Mitte der 50er Jahre bei seiner ersten Ausstellung in London kennenlernte, um die Ausführung der Entwürfe.«

Aber nicht nur interessante kulturelle Gebäude auf den noblen Gläsern und den Etiketten überzeugen die Sammler, auch die Weine, die jeweils von dem Ehepaar ausgesucht werden. Dabei kommt den beiden die langjährige Erfahrung zugute, denn immerhin hat sich vor allem Garry Grosvenor schon seit 1951 mit deutschen Weinen beschäftigt. Zuerst als Student in Oppenheim und Geisenheim, danach bei verschiedenen Londoner Weinhandelshäusern. Später bereiste er vier Jahre lang mit einem Zündapp-Bella-Motorroller die wichtigsten Anbauländer der Welt, wobei er auch 1959 in Portugal seine Frau Marlies während ihres Portugiesisch-Studiums kennenlernte. 1980 gründeten die beiden im Rheingau ihre erfolgreiche eigene Ex- und Importfirma. Die erste limitierte »Private Collection«, mit einem Motiv der »Bibliotheca Subterranea – Johannisberg«, dem ältesten, einzigartigen Weinkeller des Rheingaus, und einem feinen Riesling Kabinett der heutigen Besitzer, Fürst von Metternich-Winneburg'sche Domäne, fand ein so enormes internationales Echo, daß im Spätsommer dieses Jahres bereits die siebte Edition vorgestellt wurde – von insgesamt zwölf geplanten historischen Motiven von verschiedenen Weinorten des Rheingaus.

Der unterirdischen Wein-Bibliothek mit der wohl außergewöhnlichsten Sammlung seltener Jahrgänge unter den Riesling-Weingütern, bis zum Jahr 1748 zurück, folgte eine der ältesten Bauten des Rheinlandes, die Burg Ehrenfels aus dem 13. Jahrhundert, die in Kriegszeiten den Mainzer Domschatz beherbergte und vier Jahrhunderte lang allen Eroberungsversuchen widerstand. Der dazugehörige Wein stammt aus dem nahegelegenen Weinberg des G. H. von Mumm'schen Weinguts.

Die dritte Edition stellt den 48 m langen, von Zisterzienser-Mönchen erbauten »Cabinet Keller Kloster Eberbach« vor, der jahrhundertelang die erlesensten Weine zur Reife brachte, ehe sie mit Korkbrand, Lack und Domänenetikett versehen, abgefüllt wurden. Der Wein, »Bester des Jahrgangs«, stammt aus der Verwaltung der Staatsweingüter in Eltville, den heutigen Besitzern.

Das nicht weniger renommierte Gut Graf Matuschka-Greiffenclau wurde als nächstes in dieser Reihe vorgestellt, mit seinem berühmten Grauen Haus in Winkel, das vermutlich im 9. Jahrhundert erbaut, als das älteste Steinhaus Deutschlands gilt. Einst Stammhaus der Ritter von Greiffenclau, der ältesten Familie im Weinbau Deutschlands, ist das 1980 renovierte Graue Haus heute Pilgerstätte für Gourmets mit einem umfangreichen Angebot von ausgewählten Weinen dieser Region.

Das malerische, dreistöckige Herrenhaus in Renaissanceformen, das Schloß Schönborn in Geisenheim, zierte die 90er Grosvenor-Edition. Aus dem rheinischen Uradel der Schönborns gingen Mäzene und Kunstsammler internationalen Formats, prominente Geistliche und Diplomaten hervor, die u. a. am Zustandekommen des Westfälischen Friedens, der den Dreißigjährigen

Krieg beendete, maßgeblichen Anteil hatten. Heute zählt das Weingut ebenfalls zu den weltweit anerkannten Adressen edler Riesling-Weine.
Auch das Schloß Reinhartshausen, mit seinem Gesellschafter Prinz Friedrich von Preußen, einem Urenkel von Kaiser Wilhelm II., darf bei dieser Sammlung prominenter Häuser natürlich nicht fehlen (mehr darüber auf Seite 70 ff.).
Die siebte Edition stellt die eindrucksvolle Neroberg-Kapelle vor, mit einem feinen Gewächs aus dem Weingut der Landeshauptstadt Wiesbaden. Von diesem Weingut wird sicher demnächst vermehrt zu hören sein. Die fruchtigen Riesling-Weine aus umweltschonendem Anbau sowie die Erzeugnisse aus Müller-Thurgau, Ehrenfelser, Spätburgunder und der »Rotling« vom »Europa-Weinberg« – bestehend aus 17 Rebsorten aus 8 europäischen Ländern – werden zu einem Drittel von der Landeshauptstadt zu repräsentativen Verpflichtungen benötigt, der andere Teil landet bisher in den Kellern der Wiesbadener, in führenden Restaurants und in den Truhen von Unternehmern der Landeshauptstadt.
Einen Eintrag ins Guinness-Buch der Rekorde verdiente eine Neroberger Trockenbeerenauslese aus dem Jahr 1893. Bei einer Weinauktion, fast 100 Jahre später, erzielte dieser Spitzenwein die stolze Summe von 35 000 DM. Aber auch mit jüngeren Gewächsen wird man hier bestens bedient. Überzeugen können Sie sich davon z. B. bei der Rheingauer Weinwoche in der Wiesbadener Innenstadt, die jährlich im August stattfindet. Marlies und Garry Grosvenor haben mit dieser Wahl wieder einmal ihr gutes Gespür unter Beweis gestellt.

G & M Grosvenor Winebrokers GmbH
Schulstraße 32
D-65362 Geisenheim
Tel. 0 67 22 / 60 87, Fax 6 41 71

Die Römer
Die schönen, mundgeblasenen antikgrünen Edel-Gläser mit den jeweiligen Rheingauer Motiven kosten jeweils 124,00 DM, bei einer Auflage von jährlich 1986 Stück. Von den bisherigen Editionen sind momentan noch alle in geringem Umfang lieferbar.

Die Glaswerkstätte
Es begann mit der Herstellung von Glasperlen. Die Kristallglasmanufaktur Theresienthal wurde 1421 im Bayerischen Wald gegründet und ist nach wechselvoller, aber erfolgreicher Geschichte nun im Besitz der Hutschenreuther AG. Die heutige Produktion erwächst aus alter Tradition. Formen, Farben und Dekors zeigen die unverkennbaren handwerklichen Techniken der Glasmacher und Glasveredler, deren Familien teilweise seit Jahrhunderten mit der Hütte verbunden sind.

Der Künstler
Günther C. Kirchberger: Näheres über den international bekannten Professor Günther C. Kirchberger, der seine Werke gerne mit dem Kürzel »gck« signiert, entnehmen Sie bitte dem Kapitel über das Weingut Karst & Söhne, Seite 52/53 dieses Buches.

Der Originalentwurf
von Günther C. Kirchberger
für den Römer,
dazu das Etikett

Die Weine

91er Erbacher Schloßberg Riesling Kabinett, mild
0,75 l ca. 28,00 DM
Feine Fruchtaromen, vollmundig, sehr harmonisch, guter Nachgeschmack. Mindestens 5 Jahre lagerfähig. Paßt auch gut zu Desserts.

92er Wiesbadener Neroberg Riesling Kabinett, mild
0,75 l ca. 25,00 DM
Feine Fruchtaromen, zartduftig mit harmonischer Süße, spritzig, guter Abgang. Mindestens 5 Jahre lagerfähig. Eignet sich auch zu Schinkenpastete, Käsesalaten mit Weintrauben.

Restbestände weiterer Editionen auf Anfrage.

13 Staatsehrenpreise

Ein »guter Freund der Familie«, der Künstler Dieter Schulz, hat dieses Etikett entworfen, und nun ziert es seit kurzem »ausgefallene Weine«. Denn, so die Göhrings: »Die trinkt man nicht zum Durstlöschen, sondern genießt ihre Besonderheiten. Diesen Genuß kann man abrunden durch ein Etikett, das auch optische Eindrücke hinterläßt, so daß dem Weinfreund durch eine Interpretation des Kunstwerkes eine Erinnerung verbleibt. Außerdem soll unsere ungewöhnliche Ausstattung ein Anziehungspunkt optischer Natur sein, der umgekehrt neugierig auf den Inhalt macht. Mit diesem Etikett wollen wir eine Premium-Linie in unserem Sortiment aufbauen, die nicht nur auf einen besonderen Weinausbau, sondern auch auf die ›Göhrings machen mehr als Wein‹ hinweist.«
Das ist dem qualitätsbewußten Anfangsdreißiger Gerd Göhring und seinem Bruder Wilfried auch gelungen. Die trockenen Rieslingweine überzeugen durch ihre fruchtbetonte Art. Sehr gut ebenso die Albalonga- oder besonders rare Müller-Thurgau-(!) und Spätburgunder-Beerenauslesen. 13 Staatsehrenpreise bisher sind eine gute Anerkennung für die Familie, die nachweislich seit 1768 Weinbau betreibt und vor knapp 100 Jahren den derzeitigen Betrieb in Flörsheim-Dalsheim errichtete, dessen Erzeugnisse großteils an Endverbraucher vermarktet werden. Die können sich jedenfalls auch weiterhin auf »besondere Qualitäten und ausgefallene Weine«, ausgestattet mit einem Künstleretikett, freuen.

Weingut Göhring
Alzeyer Straße 61, D-67592 Dalsheim
Tel. 0 62 43 / 4 08

Der Künstler
Dieter Schulz: Jahrgang 1942, bevorzugt die schwierige Metallbearbeitunstechnik der Radierung. Lieblingsthemen: Umwelt und Arbeit, weil man sich damit vorher mehr beschäftigen muß, als bei Landschaftsdarstellungen. Seine teils realistischen, teils impressionistischen Arbeiten befassen sich häufig mit dem Menschen, der gefangen ist in der Hetze, der Arbeit und der Zeit. Der Autodidakt mit schon einigen Ausstellungen ist im Wolfsburger VW-Konzern tätig und hat dafür einige künstlerische Arbeiten angefertigt.

Der Wein
89er Spätburgunder Weißherbst Beerenauslese, mild
0,375 l ca. 14,00 DM
Feines Fruchtbukett, gute Süße, vollmundig, anhaltender Nachgeschmack. Sehr lange lagerfähig.
Vor allem Dessertwein.

Weitere »Künstler-Weine« auf Anfrage.

Weiß-rote Hoffnung

»Angeregt«, so die Mitinhaberin Hilde Großmann über »ihr« erstes Künstleretikett, »wurden wir durch persönliche Kontakte zu einem Kunsthändler, mit dem wir auch schon Gemäldeausstellungen in unserem Probierraum arrangierten.« Es sollte eine kreative Auseinandersetzung mit dem Wein, verbunden mit einer Darstellung der Probleme der heutigen Zeit sein. So entstand das Bild, über das die Zeitung »Die Rheinpfalz« schrieb: »Baumbach (der Künstler) entwarf also ein Etikett, das einerseits künstlerisch frei gestaltet ist, andererseits den weingesetzlichen Bestimmungen entsprechen mußte. Unter fünf verschiedenen Entwürfen wählten Großmanns einen durch flaschen- oder schlauchartigen Elementen in blau-grauen Tönen dargestellten Menschen aus, der durch Umweltverschmutzung und andere Probleme niedergeworfen wurde. Ein weiß-roter Ball symbolisiert die Hoffnung, daß er die Schwierigkeiten überwindet und sich wieder aufrichtet ...«
Aufrichten konnten sich jedenfalls die Käufer dieses Weines beim Genuß: Das Weingut ist vor allem für seine ausgezeichneten Burgunder- und Rieslingweine bekannt. Es ist klar, daß nur ein besonderer Wein solchen Aufwand – zeitlich und auch finanziell – wert ist, und dieser 86er Weißburgunder war es eben. Leider ist dieser (gut lagerfähige) Wein käuflich nicht mehr erwerbbar, aber vielleicht öffnen Großmanns in Ausnahmefällen doch noch ihre »Schatzkammer«. Das seit 1960 von den derzeitigen Besitzern bewirtschaftete Weingut im Alsenztal, südlich von Bad Kreuznach, konnte damals über mangelnde Resonanz nicht klagen: »Zusammenfassend möchte ich sagen, daß es mir viel Freude gemacht hat, es gab sehr viele interessante Diskussionen mit den Kunden. Viele hielten es für sehr gewagt (wegen der großzügigen ›Darstellung‹ in der Bildmitte?), zu modern, zumal unsere übrige Ausstattung doch noch recht konservativ ist. Für mich aber lag gerade darin doch ein gewisser Reiz«, berichtete Hilde Großmann. »Leider habe ich sehr wenig Zeit, aber irgendwann kommt etwas ›Neues‹«, teilte uns beim ersten Kontakt vor zwei Jahren die Winzerin mit, und tatsächlich, ein paar Monate später nahm sie Kontakt zum damaligen Studenten Tankred Steinicke auf, von dem sie durch Zufall hörte: »Ich dachte mir, daß es doch gerade für einen jungen Künstler ... eine reizvolle Aufgabe sein müßte, ein Weinetikett zu gestalten. Eigentlich auf Anhieb konnte ich ihn dazu motivieren.« Ausgewählt hat sie letztlich dieses Etikett, weil ihr die Farben so sehr gefielen. Es sind in der Tat warme, angenehme, dem Auge wohltuende, erdverbundene Farben, die eine wunderbare Harmonie bilden.
Zu besichtigen sind die Originale beider Etiketten jederzeit im Weingut. Dort pflegt auch Manfred Großmann, der Betriebsinhaber, seine Künste – die des Weinan- und -ausbaus. Den größten Teil der Weine bietet der Weinbau-Ingenieur, der seine Ausbildung in Klosterneuburg/Wien absolviert hatte, trocken bzw. halbtrocken an. Wie man bei dem »Kunst«-Riesling feststellen kann, gelingen ihm auch liebliche Weine ganz ausgezeichnet. Sehr interessant ebenso seine risikoreiche Eisweingewinnung.

Weingut Großmann
D-67821 Alsenz
Tel. 0 63 62 / 34 97, Fax 41 46
Übernachtungsmöglichkeiten werden vermittelt

Die Künstler

Tankred Steinicke (90er Etikett): Der 1961 geborene Künstler studierte Visuelle Kommunikation an der Hochschule für Gestaltung in Offenbach, mit dem Schwerpunkt Angewandte Grafik. Daneben beschäftigt er sich mit freier Malerei und Grafik sowie mit Fotografie. Die Radierung, die dem Etikett zugrunde lag, wurde nachträglich koloriert (Tinte und Aquarell). Mit einem Weinetikett, ist sich Hilde Großmann sicher, »kann man einem jungen Künstler ... eine gewisse Starthilfe geben«.

Bernd Baumbach (86er Etikett): Das Etikett für den 86er Wein wurde ein Jahr später von dem 1943 in Thüringen geborenen und in München aufgewachsenen Künstler gestaltet. Nach einer Lehre als Dekorateur studierte er 1968 an der Staatlichen Hochschule für Bildende Künste in Braunschweig Graphik und Malerei. Gründer der »Gruppe Goethestraße«. Danach langjährige Auslandsaufenthalte. Seit 1979 ist der Künstler freischaffend in Mainz tätig und nimmt an etlichen Ausstellungen teil.

Der Wein

90er Riesling Spätlese, mild
1,5 l ca. 25,00 DM
Feine Fruchtaromen,
anhaltender Nachgeschmack,
gut eingebundene Säure.
Noch gut 8 Jahre lagerfähig.
Dessertwein.

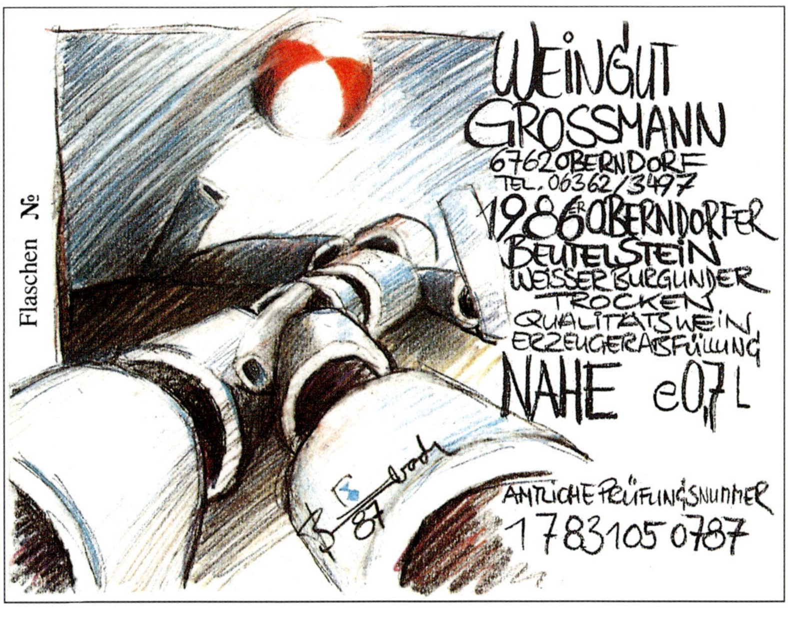

»Kunst-Schlössle« am Kaiserstuhl

Licht-Körper, Edelsteinskulpturen in kosmischer Verbindung und konstruktiv-surreale Formenwelten brachen im Herbst vor vier Jahren aufsehenerregend über die Riegeler Bevölkerung herein. Dahinter verbarg sich nicht etwa eine von Orson Welles neu inszenierte Invasion fremder Welten – die Weinkellerei Hassler war's vielmehr, die mit »Kunst vor, am und im Bau« von sich reden machte.
Der Wille, Kunst, Kultur und Natur zu vereinen, war dabei ausschlaggebend für den Bau des herrlichen »Kunst-Schlössles« am badischen Kaiserstuhl. Heinz Rüble, nun seit gut 45 Jahren geschäftsführender Gesellschafter der »Privat-Weinkellerei und Weinerzeugergemeinschaft Badische Winzerzunft e. V.«, konnte sich damit seinen lange gehegten Wunsch erfüllen, anspruchsvolle Ausstellungen und Weinproben unter einem Dach zu vereinen. Der Kunstliebhaber und -sammler schuf mit dieser Galerie eine beliebte Plattform für international renommierte wie regional bekannte Künstler gleichermaßen, die von mächtigen Skulpturen bis zum kleinen Stilleben die gesamte Vielfalt der Kunstszene repräsentieren.
Einen Teil der bisher gezeigten Ausstellungsstücke findet man auf den Etiketten wieder, darunter Arbeiten von Jörn Haut, der mit seinen weinthemenbezogenen Gold- und Edelsteinskulpturen einer der bevorzugten Künstler des rührigen Geschäftsführers ist – die Lobeshymne »Häcker im Weinberg« zählt dabei zu seinen Lieblingsobjekten. Bisher sind in der »Selektion Badische Vielfalt« acht »Künstler-Weine« erschienen, die noch vorrätig sind, da jedes Etikett ein paar Jahre verwendet wird. Weitere sind geplant, der Zeitpunkt steht dabei noch nicht fest. Die Kunst-»Stücke« selbst sind alle im Privatbesitz der Rüble-Familie und können zum Teil vor Ort besichtigt werden.
»Großartig und freudig«, ist Rübles prägnant-lakonischer Kommentar über seine persönliche Einstellung zur Kunst, und »Furore machend«, antwortet er auf die Frage nach dem Echo seiner Kunden. Das galt auch bei der Einführung der »Vulkan-Serie«: antikgrüne und bergkristall-weiße »Lava- und Magma-Flaschen«, die das Kaiserstühler Vulkangestein visualisierend darstellen, das für die besondere Art dieser Weine verantwortlich ist.
Die haben zwischenzeitlich bundesweit einen guten Ruf. Kein Wunder, das fast 100 Jahre alte Unternehmen – von Christian Hassler 1886 gegründet – entwickelte sich bald zu einer der größten Privatkellereien Badens, galt bereits in den 30er Jahren als Musterbetrieb und wurde nach den kriegsbedingten Zerstörungen 1949 vor allem von Heinz Rüble, dem Großneffen des Firmengründers und seit 1962 alleiniger Geschäftsführer, kontinuierlich wieder aufgebaut. Heute liefern 450 Winzer aus 25 Orten, streng sortiert nach Lagen und Qualitäten, die Reben für die Weinerzeugergemeinschaft. Im Keller überwiegen dabei die natürlichen Ausbauverfahren unter Berücksichtigung modernster Keltereianlagen. Inzwischen hat man dort Platz für umgerechnet neun Millionen Viertele, vom im Badischen obligatorischen Gutedel über Silvaner, Riesling und Müller-Thurgau bis zu den Burgunder-Reben. Vor allem mit den Grauen und Weißen Burgunder-Weinen sowie mit seinen Spätburgunder-Rotweinen und dem Weißherbst, alles traditionell trocken ausgebaute Weine, kann der gut geführte Betrieb seine Kunden überzeugen.
Absatzsorgen kennt man hier nicht. Es scheint beinahe so, als ob die Fee, die auf einem Etikett von Gertrud Jacobi-Scherbening über einer vulkangeprägten Landschaft schwebt, ihre schützende Hand über diese Weinkellerei hält. Verdient hätte sie es jedenfalls.

Die Weine

90er Spätburgunder Weißherbst Spätlese, trocken
0,75 l ca. 10,00 DM
Feine Fruchtaromen, säurebetont, lebhaft-elegante urbadische Spezialität, guter Nachgeschmack. Etwa 8 Jahre lagerfähig. Eignet sich zu warmen Vorspeisen und zarten Braten.

90er Weißer Burgunder Kabinett, trocken
0,75 l ca. 9,00 DM
Zartes Bukett, gut eingebundene Säure, elegant, guter Nachgeschmack. Noch etwa 2 Jahre lagerfähig. Paßt auch zu Fisch, hellem Fleisch und Geflügel.

Weitere »Künstler-Weine« auf Anfrage.

Christian Hassler GmbH, Privat-Weinkellerei und Erzeugergemeinschaft Badische Winzerzunft e. V.
D-79359 Riegel am Kaiserstuhl
Tel. 07642/1017, Fax 8946
Übernachtungsmöglichkeiten werden vermittelt

Der Künstler

Jörn Haut: Der 1942 auf Rügen geborene Schmuckgestalter und Metallbildhauer studierte an der FH für Schmuck und Gerät in Pforzheim. Danach sammelte er große Ateliererfahrung im In- und Ausland. Haut erhielt zahlreiche Auszeichnungen und wurde durch Ausstellungen in aller Welt bekannt. Seine Werke sind in vielen Museen anzutreffen. Sein Anliegen: »Den so notwendigen Bezug zwischen Leben und Kunst deutlich zu machen.« Die Gold- und Edelsteinskulpturen für Hassler »bringt er in kosmische Verbindung, welche auch das Werden und Wachsen des Rebstockes beeinflussen«. So hat er »die Sonnenkräfte des reinen Goldes, die Mondbeziehungen im Silber und die Wirkungen der entsprechenden Planeten zu ihren Metallen in seine plastischen Kreationen einfließen lassen«.

Perfekte »Balance« im Reich der Sinne

»Der Wein ist nicht nur Bestandteil unserer Kultur, er spiegelt sie auch wider«, ist das Credo der Weingärtnergenossenschaft Heuchelberg-Kellerei im württembergischen Schwaigern. »In einer Zeit, da der Mensch sich einer nie dagewesenen Fülle an Möglichkeiten und Produkten erfreuen kann, muß auch der Wein sich ständig neu behaupten.« Das kann er, und mit der »Barrique-Edition Siudmak« ist der 1925 gegründeten Kooperative ein wahrer Lebenskünstler geglückt. Das bisher einzige Künstler-Etikett der Kellerei stammt von dem in Paris lebenden Polen Wojtek Siudmak, einem der Hauptvertreter des Phantastischen Realismus, dessen Werke gerne für internationale kulturelle Großereignisse reproduziert werden.

Wie kamen nun die Württemberger auf diese Variante von Wein und Kunst?

»Da unsere Kooperative zum ersten Male Barrique-Wein produziert hatte und dieser auf Anhieb sehr gut bewertet wurde, lag es nahe, die Ausstattung entsprechend hochwertig und künstlerisch ambitioniert vorzunehmen«, erläutert Gerd Silbernagel, der sich auf Studienreisen in die Weinbauregionen Europas immer wieder aufs neue von dem Thema »Wein und Kunst« faszinieren läßt. »Wir möchten keine Inflation mit Künstler-Etiketten betreiben, und haben daher vorgesehen, daß nur unsere hochwertigen Barrique-Weine – falls der Jahrgang diese hervorbringt – mit solchen Etiketten ausgestattet werden. Die Qualität des Weinjahrgangs ist hier bei der Entscheidungsfindung sehr bedeutend. Möglicherweise kommt das nächste Etikett Ende '94 oder '95.«

Und wie überzeugt man einen so berühmten Künstler, ein Etikett zu gestalten? Wojtek Siudmak erzählt, daß ihn weniger das Zureden dazu veranlaßte, dem Vorschlag zu folgen, sondern der Genuß des Weines. Dieser sei »so phantastisch ausbalanciert« gewesen – und ist es natürlich noch –, daß er ihn zu diesem Gemälde inspiriert habe, dem er dann den Namen »Balance« gab.

Vorgestellt wurden der Künstler, sein Werk und der »Kunst-Wein« samt passendem Designerglas bei einem »Fest der Sinne«, das Ende '92 in einem wohltemperierten eleganten Winterzelt veranstaltet wurde. Wie GENO, die Zeitschrift des Württembergischen Genossenschaftsverbandes schrieb: »Es war ein Fest, das eines zeigte: Auserlesene Weine zu genießen, kann das vollendete Erleben von Kultur sein. Augen und Ohren, Gefühl und Intellekt wurden angesprochen, zu einer harmonischen Einheit gereizt. Dürrenmatt wurde als Zulieferer bemüht, wie auch avantgardistische Klänge, die surreale Elektronik mit klassischen Harmonien verbanden.« Zu den anschließenden kulinarischen Variationen wurde dann auch der Wein präsentiert, ein »herrlicher Edelstein, eine Rarität ersten Ranges«.

Nun können die insgesamt 650 Weingärtner aus Schwaigern, Kleingartach und Großgartach nicht nur mit dieser Barrique-Spezialität aufwarten. Aus den 325 Hektar dauerbegrünten Rebflächen stammen vor allem gute bis ausgezeichnete Riesling- und Lembergergewächse und natürlich der »schwäbische Nationalwein« Trollinger. Zu Recht stolz ist man auf die »Eisweine vom Grafenberg«, Riesling und Gewürztraminer, die bei mindestens minus 8°C gelesen werden und nur für kurze Zeit auf der Angebotsliste stehen. Auch die trockenen Weiß-, Rosé und Rotweine der »Selektion Schwaigerner Grafenberg«, aus den besten Trauben von alten Reben, stehen bei den Abnehmern hoch im Kurs. Nicht zu vergessen der weiße und rote »Briolett«, die durchgegoren im hohen Auslesebereich als »unsere edelsten Tropfen« gelten. Briolett bezeichnet »einen besonders kunstvollen Steinschliff, der das rohe Material in eine facettenreiche Tropfenform bringt, ein hochkarätiges Produkt« also. Probieren können Sie auch vor Ort, vielleicht beim dreitägigen Weinfest Mitte Juni. Das Siudmak-Gemälde kann dabei jederzeit besichtigt werden, es befindet sich allerdings noch »im Eigentum des Künstlers«, aber »wir haben ein vertraglich zugesichertes Vorkaufsrecht«.

Heuchelberg-Kellerei e. G.
Weingärtnergenossenschaft
Neipperger Straße 25
D-74193 Schwaigern
Tel. 0 71 38/9 70 20, Fax 97 02 50
Übernachtungsmöglichkeiten
werden vermittelt

1990
Schwaigerner
Grafenberg

Lemberger
trocken

Qualitätswein
0,75 l · 12,5 % vol.
APNr. 035 090 91
Erzeugerabfüllung

Heuchelberg-
Kellerei e. G.
Weingärtner-
genossenschaft
D-7103 Schwaigern
Württemberg

Der Wein

90er Barrique-Edition Siudmak
Lemberger, trocken
0,75 l ca. 38,00 DM
Mit Designerglas »Balance«
und schwarzer Holzkassette
ca. 76,00 DM
Feine Fruchtaromen, gut integrierter Holzton, vielschichtig und elegant, anhaltende Länge.
Etwa 10 Jahre lagerfähig.
Eignet sich zu dunklem Fleisch, Filet und Wild.

Der Künstler

Wojtek Siudmak, geboren 1942 in Polen, studierte an der Warschauer Akademie, bevor er ab 1966 in Paris weiterstudierte. Der Künstler, der sich selbst als einen »phantastischen Hyperrealisten« bezeichnet, gilt als einer der Hauptrepräsentanten des phantastischen Realismus, »der eine irreale Vision mit der naturalistischen Kunst vereint« und seine Wurzeln im Surrealismus von Dali, Magritte und Delvaux hat. Seine Arbeiten sind weltweit in Museen vertreten, und seine Werke, gemalt auf großformatigem Leinen, werden nicht selten als Poster für internationale kulturelle und cinematographische Ereignisse reproduziert. Siudmak gehört zu jenen Künstlern, die sich eher in Bescheidenheit üben: »Der Erfinder ist allein vor seinem Werk. Die literarische oder philosophische Unterstützung in Verbindung mit dem Bild gibt ihm keinen zusätzlichen Wert. Die glorreichen Lorbeeren, die ihm von feinfühlenden Kritikern aufgesetzt wurden, welken sehr schnell, es sei denn, sie werden ständig von einer lebhaften Eingebung des Malers begossen.« Für Wojtek Siudmak ist kreieren »eine Folge von privilegierten Augenblicken«. »Seine kreative Macht«, so ein Kritiker, »grenzt an das Geniale, und dieses Genie erweckt in uns Erregung.«

Künstlerische Handarbeit

»Dear Mr. Heintz«, erhielt der Nahe-Winzer ungewöhnliche Post aus dem Buckingham Palace, »The Prince of Wales has asked me, to thank you for sending your gift of wine. His Royal Highness«, war da weiter zu lesen, »appreciates your kind thought and sends you his best wishes.«

Die Flasche, die Prinz Charles damals, im Jahr 1991, in der Hand hielt, war schon den Dank wert: eine Riesling Top-Selection Auslese trocken des Jahrgangs 1989, mit einer Etikette des international bekannten Gelsenkirchener Goldschmieds und Schmuckgestalters Alfred Weber versehen, gehört zu den Highlights des vielfach ausgezeichneten Winzers. »Wein ist seit vielen Jahrtausenden Bestandteil und Botschaft vieler Kulturen. Kunst ist für mich ebenso eine Möglichkeit, die Botschaft einer Kultur festzuhalten oder eine Idee zum Bestandteil der Kultur werden zu lassen. Für mich gehört der Wein zur Kunst und die Kunst zum Wein, alles im richtigen Maß, zu seiner Zeit und im richtigen Verhältnis. Aufgrund dieser Einstellung und vor allen Dingen der verschiedensten Erlebnisse, wie eine künstlerisch-kitschige Verpackung um einen Wein gemacht wurde, nur um ihm den notwendigen Kaufanreiz hinzuzugeben, habe ich für uns nach einer wirklichen Symbiose von Kunst und Wein gesucht.« Was sich in der Gesamtkomposition als nicht so unkompliziert erwies. Denn die Aufgabe des Künstlers war es schließlich, darzustellen, daß »dieser Wein aus den besten, handverlesenen und einzeln ausgewählten Trauben jenes Jahrgangs stammt«. Alfred Weber, ein Freund des Hauses, dessen Arbeiten man auch im Louvre und im Londoner Museum of modern art bewundert, konnte dann unter Beweis stellen, daß ein so häufig gebrauchtes und konkretes Motiv wie Rebblätter mit Trauben keineswegs langweilig wirken muß: Seine Traubenskulptur besteht aus einem Silberkern, wurde dann hartvergoldet und ist anlaufgeschützt. Präsentiert wird diese Flasche seit kurzem in einer Kartonagenverpackung mit rotem Innenleben, die nach Gebrauch leicht recycelt werden kann.

Das ist für den Winzer, der seine Kunden um die Rückgabe bleihaltiger Staniolkapseln ersucht, um diese »gesammelten Werke« einer Wiederverwendung zurückzuführen, ein besonderes Anliegen. Seit 1987 nämlich wird der 13 Hektar Rebfläche große Betrieb nach ökologischen Grundsätzen bewirtschaftet, kontrolliert vom Bundesverband Ökologischer Weinbau (BÖW). In den beiden darauf folgenden Jahren avancierte der modern geführte Betrieb zum meistprämierten Weingut an der Nahe (Näheres im Großen Buch der Bio-Weine, Seite 60ff.).

Neben den Riesling-Weinen gelingen Hartmut Heintz, der gerne auf Veranstaltungen mit hochdekorierten Köchen seine Erzeugnisse präsentiert, vor allem mit dem Ruländer sehr interessante Ergebnisse, speziell ab dem Auslesebereich. Für eine 89er Trockenbeerenauslese errang er bei einer internationalen Weinprämierung eine Silbermedaille. Auch ausdrucksstarke Silvaner gehören zum Besten des Familienweingutes mit langer Tradition, das nicht nur an der Begrünung seiner Weinberge leicht zu erkennen ist. »Die Abstände unserer Rebzeilen sind etwa doppelt so weit wie das im allgemeinen üblich ist. Denn so kann die Sonne alle Trauben erreichen, ohne Schatten zu werfen.« Und nicht zuletzt ist sich der umtriebige Winzer, der sich vermehrte biologische Bewirtschaftung an der gesamten Nahe zum Ziel gesetzt hat, sicher: »Im Boden liegt die Basis für jegliches Pflanzenwachstum, und aus der Gesundheit des Bodens resultiert die Kraft für eine gute Traubenqualität. Die läßt sich auf Dauer nur mit natürlichen Methoden erhalten.«

Weingut Im Zwölberich
Schützenstraße 14, D-55450 Langenlonsheim
Tel. 0 67 04 / 92 00, Fax 9 20 40

Der Künstler

Alfred Weber, »der Juwelier im Gelsenkirchener Goldschmiedehaus«, zählt zur jungen deutschen Avantgarde, die seit Jahren international Erfolg hat. Der Goldschmiedemeister und Schmuckgestalter wurde unter anderem mehrfach mit der Cellini-Medaille in Silber ausgezeichnet, erhielt das »Juwel des Jahres 1987« und Ehrenpreise in Japan. Zahlreiche Ausstellungen und öffentliche Aufträge, darunter das »Kreuz für die Feier der Heiligen Messe« mit Papst Johannes Paul II. im Gelsenkirchener Parkstadion. Der Dozent am Fortbildungszentrum des Zentralverbandes für das Deutsche Goldschmiedehandwerk kann auch auf Ankäufe vom Schmuckmuseum Pforzheim, dem Viktoria & Albert Museum in London und dem Musée des Arts Decoratifs, Palais du Louvre in Paris hinweisen.

Der Wein

89er Riesling Auslese, trocken
0,5 l ca. 87,00 DM
Fruchtig, ausdrucksvoll, elegant,
langer Nachgeschmack.
Haltbar bis weit über das Jahr 2000 hinaus.
Paßt auch zu Fisch, pikanten Strudeln
und gehobener vollwertiger Küche.

Zwitscherdrittschen im Kapellenhof

Septemberanfang, das ist die Zeit, die man sich für einen Besuch des Örtchens Selzen bei Nierstein freihalten sollte. Dort, im renommierten Gut Kapellenhof, finden alljährlich Weinkulturwochen mit interessanten Künstlern und – natürlich – Weinen statt. Ob ein Frühschoppen mit begleitender Klaviermusik oder eine Vernissage, ob ein Bläserquartett oder eine Theateraufführung – die Familien Schätzel wissen ihre zahlreichen Gäste stets aufs neue zu überraschen. »Unsere Einladungen werden an ca. 2800 Kunden verschickt. Dies sind hauptsächlich private Direktkunden, Fachhandel und Gastronomie.«
Wenn die Gastgeber ein weiteres Kapitel »Kunst und Wein« aufschlagen, ist für ein volles Haus gesorgt. »Tradition und Zeitgeist« – die Leitlinien des Kapellenhofes – verkörpern dabei die ideale Verbindung von Wein und Kultur. Denn: »Beide gehören zusammen, da sie mit die ältesten Kulturträger sind. Sie haben sich wechselseitig beeinflußt und angeregt. Deshalb wollen wir als traditionsreiches Weingut diese Beziehung weiter pflegen.« Warum dieser Aufwand? »Weil es unseren Weinfreunden, den Künstlern und uns Freude macht und auch zur Werbung für unseren Wein.«
Letzteres haben die »Oekonomierat Schätzel Erben«, so die offizielle Unterbezeichnung des Weinguts, eigentlich nicht mehr nötig. In nahezu allen Zeitschriften und Büchern, die sich mit dem Thema Wein befassen, ist der Kapellenhof präsent und wird häufig unter den 100 besten Weingütern Deutschlands geführt. Natürlich nicht grundlos: Neben zahlreichen Staatsehrenpreisen der Landesregierung stehen unter anderem auch drei Goldmedaillen der Internationalen Weinprämierung in London auf der umfangreichen Auszeichnungsliste. Nicht nur ein Resultat der Spitzenweine jedes Jahrgangs, die zum Teil noch in der »Schatzkammer« des Gutes lagern. »Von den großen Jahrgängen« liegen dort Raritäten, »bis zum Jahr 1921 zurück«.
Die Geschichte des Kapellenhofes begann im Jahre 1373. Einer urkundlichen Eintragung zufolge lebte damals der Kaplan der St. Ägidienkapelle – die gegenüber dem heutigen Gebäude stand – von den Erträgen der »Capell-Hube«. Im Mittelalter genossen die Mönche der bekannten Zisterzienserabtei Kloster Eberbach die Weine von den Südlagen des Gutes. Ende des 18. Jahrhunderts wurde der Betrieb privatisiert. Und knapp 100 Jahre danach heiratete Oekonomierat Emil Schätzel – dessen Vorfahren bereits seit 1350, zuerst in Rüdesheim, Weinbau betrieben hatten – in den Kapellenhof ein. Er ließ auch das heutige Gutshaus im schlichten Jugendstil errichten. Heute bewirtschaften die Familien Volker und Thomas Schätzel – zwei Generationen – das traditionsreiche Weingut, sinnvoll aufgeteilt, bei gegenseitigem Vetorecht.
Die Erträge aus den begrünten Weinbergen bestätigen den eingeschlagenen Kurs, schonenden, rebsortenreinen Weinausbau, vorwiegend im Holzfaß, mit zum Teil geschnitzten Faßböden, zu betreiben. Vor allem der Silvaner wird durchwegs hochgelobt, aber beim Probieren lernt man auch die guten Seiten des Rieslings sowie der Grau- und Spätburgunder kennen. Wie süffig die Weine sind, können Sie am besten dem 90er Etikett von Armin Hott entnehmen: »Zwitscherdrittschen« im Kapellenhof! Wie alle Originalbilder bei Schätzels ausgestellt und nach Voranmeldung in Ruhe zu besichtigen.

Weingut Kapellenhof
Oekonomierat Schätzel Erben
D-55278 Selzen
Tel. 0 67 37 / 2 04, Fax 86 70
Übernachtungen werden vermittelt

Die Künstler

Armin Hott (Etikett der Kollektion 90): Der 1960 in Landau geborene Hott, seit dem Studium der Kunsterziehung in Mainz als freischaffender Künstler tätig, zeigte während der Weinkulturwoche im September 1991, daß für ihn besonders die Tierwelt bestens dazu geeignet ist, den Wein und seine Liebhaber zu karikieren. Armin Hott erhielt u. a. 1985 den Förderpreis des Bundesverbands Bildender Künstler Rheinland-Pfalz sowie 1988 den Preis der Südpfälzer Kunstgilde.

Monika Gerdes (Etikett der Kollektion 91): Die Künstlerin befaßt sich vor allem mit Malereien, die in einer Mischtechnik vornehmlich auf dem Grundmaterial Seide entstehen. 1940 in Berlin geboren, ließ sich die Malerin bis Ende der 60er Jahre in München zur Sozialpädagogin ausbilden. Zehn Jahre später, 1979, gründete sie das Handwerklich-Künstlerische Zentrum Mainz. Die Dozentin an der VHS Rheinhessen ist seitdem auf vielen Einzel- und Gemeinschaftsausstellungen im In- und Ausland zu sehen.

Der Wein

91er Spätburgunder Weißherbst QbA, halbtrocken
0,75 l ca. 10,00 DM
Gehaltvoll, fruchtig, frischer Menüwein,
gute Burgunderart. Lange lagerfähig. Ideal zum Grillen.

Weitere »Künstler-Weine« auf Anfrage.

Ein Glas auf die Kapelle

»Am Anfang stand die Idee«, dann gestaltete Professor Kirchberger, »ein alter Freund unserer Familie, das bisher einzige farbige Künstleretikett, weil wir der Stadt Bad Dürkheim das Gelände zum Wiederaufbau der Kapelle schenkten«, berichten uns Heinz und Herta Karst. Diese alte Wallfahrtskirche wurde vor über 300 Jahren abgebrochen und erst 1990 durch eine Bürgerinitiative wieder errichtet, auf dem berühmten Michelsberg, dem ältesten Weinberg der Pfalz, auf dem nachweislich schon seit dem 12. Jahrhundert Wein angebaut wurde. Die Reben für eine diesbezügliche 90er Sonderfüllung, auf 1923 Flaschen limitiert, reiften direkt neben der Kapelle, und es scheint beinahe so, als ob die Rieslingtrauben speziell dafür ihr Bestes gegeben haben. Der Wein jedenfalls zählt zu Recht zu den Raritäten des Weinguts.

Das soll aber nicht bedeuten, Heinz und Herta Karst, »zwei Ur-Dürkheimer«, wüßten sonst nicht mit Wein umzugehen. Das sehr angesehene Familienunternehmen, das bereits in der achten Generation seit über 250 Jahren Weinbau betreibt, kann auch mit weiteren Spezialitäten aufwarten. Neben dem Riesling, der vor allem auf dem alten Weinberg überzeugende Qualitäten hervorbringt, sind auch milde Scheureben interessant. Und für eine 85er Huxelrebe Beerenauslese – noch erhältlich – »ernteten« die Karsts eine »Gold medal« in London. Nicht zuletzt entwickeln sich die Spätburgunder im Barrique-Faß »ganz individuell zu besonders aparten und charakteristischen« Weinen.

Doch Heinz Karst ist nicht nur leidenschaftlicher Winzer, der in seinem rustikalen Probierraum für Gäste der Kurstadt und Industrieunternehmen viele Weinproben unterhaltsam begleitet. Seit 1951 eröffnet er jährlich das größte Weinfest der Welt, den »Dürkheimer Wurstmarkt«, diese Symbiose von Freude, Heiterkeit und Frohsinn und Fluidum von Wein, Landschaft und Mensch, die dem Fest »allezeit ihren besonderen Stempel aufgedrückt« haben. Alljährlich am zweiten und dritten Wochenende im September findet er statt zu Füßen des Michelsbergs, dem er schließlich seine vielhundertjährige Tradition verdankt. Vielleicht existiert dieses bunte Markttreiben auch länger: »Wenn all die Mutmaßungen, die sich um diesen Berg und seine Kapelle ranken, zutreffen, dann könnten die Dürkheimer vielleicht sogar schon den 2000. Geburtstag ihres Pfälzer Großereignisses verpaßt haben. Für die verbürgte Geschichte jedenfalls steht das Jahr 1417, wobei der Beginn des Festes stets mit Pilgerfahrten hinauf zur Kapelle anfing.«

Daß man hier so stolz auf diese kleine wiederaufgebaute Kapelle ist, hat natürlich seinen Grund: Sie »symbolisiert eine Gemeinsamkeit Dürkheimer Bürger, wie sie viele in dieser Stadt gar nicht für möglich hielten«, sagt Helmut Leckron, Vorsitzender der Interessengemeinschaft Michaelskapelle. Da war eine Handvoll Leute, die Spaß an einer Idee hatte und viele andere für diese Sache begeistern konnte.« Die Aktion – neben »den Geistlichen beider Konfessionen«, getragen von der gesamten Verwaltung bis hin zum Landrat Georg Kalbfuß, den Handwerksbetrieben und zahlreichen Spendern – verdient denn auch Beachtung. Der Architekt und »Bauleiter« Alfred Funk erzählte dazu: »Da haben Leute, die seit fast 20 Jahren kein Wort mehr miteinander reden, gemeinsam ein Dach gedeckt.«

Aber nicht nur die Kapelle selbst ist schön geworden, auch das handgeschmiedete »Entreé«, und dazu passend ziert, als besonderes Schmuckstück, das bleiverglaste Fenster mit einem Sankt-Michaels-Motiv die Ostseite der Kapelle. Übrigens: Karsts haben nicht nur das Gelände gestiftet, von einem Teil des 90er Künstlerwein-Erlöses wird der weitere Ausbau der Kapelle mitfinanziert. Jeder Schluck also für einen guten Zweck.

Die Weine

91er Riesling Kabinett, halbtrocken
0,75 l ca. 11,00 DM
Feine Frucht, rassig, harmonisch.
Einige Jahre lagerfähig.
Paßt beispielsweise zu Spargelgerichten.

90er Riesling Spätlese, trocken
0,75 l ca. 16,00 DM
Schöne Fruchtaromen, elegant, gute Länge, hochwertiger Wein in antikblauer Flasche.
Noch gut 10 Jahre lagerfähig.
Paßt auch zu Fisch und Fleisch.

Weingut Joh. Karst & Söhne
Burgstraße 15
D-67098 Bad Dürkheim (Weinstraße)
Tel. 06322/2103, Fax 8120
Übernachtungsmöglichkeiten werden vermittelt

Der Künstler
Günther C. Kirchberger: Der 1928 in Kornwestheim geborene, international renommierte Künstler studierte an der Stuttgarter Akademie und eröffnete danach mit anderen Malern eine Lithographiewerkstatt. 1955 gründeten sie die »Gruppe 11«, die zwei Jahre später ihren internationalen Durchbruch in London hatte. 1973 wurde Günther C. Kirchberger an der FH Niederrhein zum Professor ernannt. »G. C. K. hat in seinem kontinuierlichen Dialog zwischen Form und Farbe neue künstlerische Akzente gesetzt. Seine Bilderwelt ist mehr als nur ein Fest für die Augen, sie ermöglicht ihm zugleich auch den Einstieg in meditative Bereiche unserer Wahrnehmung.« (siehe auch »Grosvenors Kulturdenkmäler«)

»Viele Künstler haben sich in der geschichtsträchtigen Pfalz, besonders an der Weinstraße, niedergelassen. Wein inspiriert sie.«

Swingende Woche der Weinkultur

Zur »Weinprobe mit Keramikausstellung« überraschte die Familie Kerpen ihre zahlreichen »sehr geehrten Weinfreunde« im April '89 – und seitdem sind die Tage von Christi Himmelfahrt bis zum Pfingstwochenende als fester Termin in vielen Kalendern dick angestrichen. Langweilig wird es dabei nie, außer der – stets vorzüglichen – Präsentation des neuen Jahrgangs, »versuchen wir die Ausstellungen möglichst vielseitig zu gestalten«. Neben Theaterabenden, 1992 zum Beispiel stand das Bühnenstück »Der Kontrabaß« von Patrick Süßkind auf dem Programm, erwarten den Besucher Jazzabende mit Rhythmen der Swinging 50ties, Liederzyklen von Schubert oder die Kreismusikschule Bernkastel-Wittlich, die den musikalischen Auftakt schon fast traditionsgemäß eindrucksvoll bestreitet. Schwerpunkt der 93er Kulturwoche war das Gala-Menü im Kelterhaus: ein exquisites 6-Gang-Menü mit »ausgewählten Weinen und musikalischer Feinkost«. Dabei natürlich auch stets im Blickpunkt die Arbeiten der ausstellenden Künstlerinnen oder Künstler und, nicht zu vergessen, die meist halbtrockene Kollektion Kerpen, ein geschmacklicher wie optischer Lekkerbissen, unschwer am Etikett zu erkennen.
Kein Genießer wird dabei von diesem Fest ausgeschlossen, denn neben »unseren Kunden«, so der gastfreundliche Besitzer und Riesling-Spezialist Martin Kerpen, »sehen wir auch gerne neue Gesichter, die sich für Kunst und Wein interessieren«. »Der Anlaß«, sagt er weiter, »Künstleretiketten zu verwenden, ergab sich aus der Idee, jedes Jahr eine weinkulturelle Woche zu veranstalten. Einzige Bedingung, die das Weingut an die Künstler stellt, ist das Kreieren eines speziellen Etiketts, das in irgendeiner Beziehung zu der eigenen Ausstellung oder zu unserem Wein bzw. Betrieb stehen soll.« Seine persönliche Einstellung zu Kunst am Wein: »Eine bessere Kombination kann es fast nicht geben, da beide – Kunst wie Wein – auf eine lange Tradition und Geschichte zurückgreifen können.«
Die Geschichte seines Weinguts begann vor immerhin sechs Generationen in dem Gebiet der weltberühmten Lage »Wehlener Sonnenuhr«. Die Weinberge liegen alle in südlichen Steillagen mit Devonschieferböden. Beim Ausbau der Weine – größtenteils in Eichenfässern – wird besonders auf die schonende Behandlung geachtet. Seit einiger Zeit zu Recht als Spitzenerzeuger apostrophiert, wartet das Riesling-Weingut seit dem 70er Jahrgang mit einem vermehrten Angebot trockener Weine aller Qualitätsstufen auf, eine Spezialität des Hauses, ohne jedoch die halbtrockenen wie milden – gelegentlich als feinherb bezeichneten – Weine zu vernachlässigen. Lohn der umfassenden Bemühungen: Zum siebten Male in Folge in der Liste der »100 besten Weingüter Deutschlands« des Wirtschaftsmagazins »DM« und eine »98 von 100 Punkten«-Auszeichnung in Parker's »Wine Advocate« für eine 90er Auslese. Darauf können die Kerpens nun wirklich stolz sein, schließlich vergibt auch der – nicht nur für den USA-Markt – einflußreiche Amerikaner diese Benotung nicht inflationär. Wer aus zeitlichen Gründen die Weinkulturwoche verpaßt, kann – am besten nach Voranmeldung – die Original-Vorlagen der Etiketten in dem Jugendstilhaus des Weinguts an der Uferallee in Ruhe betrachten und dabei auch den »Kunst-Riesling« probieren. Bereuen werden Sie es nicht.

Weingut Heribert Kerpen
Uferallee 6, D-54470 Bernkastel-Kues
Tel. 0 65 31 / 68 68, Fax 34 64
Übernachtungsmöglichkeiten werden vermittelt

Die Künstler
Maria-Luise Krapp (Etikett für die Kollektion '91, Abb. oben rechts): Begann 1948 ihr Studium an der Meisterschule für Mode in Hamburg. Sechs Jahre später schloß sie ihr Studium an der Hamburger Hochschule für bildende Künste in freier und angewandter Kunst und Kunstgeschichte ab. Tätigkeit in Industrie, bei Behörden und freischaffend. Ausstellungen seit 1972. Seit 1977 ist sie Dozentin für Malerei an der VHS Markgräflerland. Im Jahre 1989 erhielt Maria-Luise Krapp eine Auszeichnung beim Internationalen Syrlin-Kunstwettbewerb in Stuttgart.

Thomas Lutz (Etikett für die Kollektion '90, Abb. links): Geboren 1958 in Bernkastel-Kues, beendete er 1982 sein Studium in Grafik-Design an der FH Trier. Diplomabschluß mit Schwerpunkt Illustration/Buchgestaltung bei Professor Hugo Ritter. Danach zwei Jahre freiberuflich als Illustrator für Verlage und Werbeagenturen in München und Frankfurt tätig. Gründete 1984 in Bernkastel-Kues eine eigene Konzept- & Design-Agentur.

Claudia Moritz-Marten (Etikett für die Kollektion '92, Abb. unten rechts): Die 1964 in Köln geborene Künstlerin hatte bereits als Jugendliche einige Jahre Unterricht bei dem Kunstmaler Jo Stolz. 1981 absolvierte sie ihr Berufsgrundschuljahr in Farbtechnik und Raumgestaltung. Danach Fachoberschule für Gestaltung in Köln. Anschließend Praktikum in der Fachrichtung Gestaltung und Grafik. Bis 1987 ließ sie sich zur Reinzeichnerin ausbilden, anschließend arbeitete Claudia Moritz-Marten als Layouterin und Reinzeichnerin in verschiedenen Werbeagenturen. Seit 1990 ist sie selbständige Grafikerin, mit einigen Einzel- und Gruppenausstellungen im Erftkreis.

Die Weine

Riesling Qualitätswein,
halbtrocken (Kollektion '91)
0,75 l ca. 9,00 DM
1,5 l ca. 27,00 DM
Ein leichter, fruchtiger Wein mit kräftiger Säure und viel Spiel. Paßt vor allem zu Fischgerichten.

Riesling Auslese,
mild (feinherb) (Kollektion '90)
1,5 l ca. 40,00 DM
Ausdrucksvoll, körperreich, elegant, feiner Abgang, hat seine Zukunft noch vor sich. Noch gut 12 Jahre lagerfähig. Eignet sich auch als Aperitif und zu Fleischgerichten mit nicht zu pikanter Sauce.

Riesling Kabinett,
halbtrocken (Kollektion '92)
0,75 l ca. 10,00 DM
1,5 l ca. 30,00 DM
Gute Fruchtaromen, feinherb mit frischer Fruchtsäure, mit jugendlichem, harmonischem Abgang. Eignet sich auch zu Fisch und Pute.

Riesling für den Namensvetter

Das Weinetikett von Prof. Steinmann, entstanden aus dem »Wunsch, Weine, die eine besonders interessante Geschmackslinie haben, hervorzuheben«, ziert nun schon seit acht Jahren die Rieslingspezialitäten des Hauses. »Die Vorgaben waren«, so Besitzer Hugo Kohl, »daß das Bild wein- und landschaftsbezogen sein sollte, optimistisch, aussagenstark und modern, dabei leicht lesbar.« Das Ergebnis: Der Regenbogen, der gleichzeitig das Gestein, den Boden, den Schiefer symbolisiert, deutet an, was für das Gedeihen der Rieslingrebe wichtig ist, nämlich die Sonne, der Regen und die Erde. Das fast unglaubliche Wachstum der jungen, frühlingshaften Reben aus den keilhaften und knallharten Schiefersteinspitzen am Ende des Regenbogens macht deutlich, daß auch unter schwersten Bedingungen Frucht, Wein, ja Leben wachsen kann. Die konstant gute Qualität des Hauses, mit »sechs weltbekannten und berühmten Weinlagen, die wie Perlen an der ›römischen Mosel‹ liegen«, war auch der Anlaß zu einem nicht alltäglichen Auftrag: »Sehr geehrter Herr Kohl«, lautete das Schreiben vom Juni 1992, »für die Bewirtung der Gäste anläßlich des Weltwirtschaftsgipfels in München bitten wir Sie um Lieferung von 180 Flaschen Leiwener Laurentiuslay Riesling-Hochgewächs ...« Die halbtrockene Spezialität war der »Gipfel-Wein« des Kanzlers, wie sein Moselaner Namensvetter mit Stolz vermerkt. Auch mit feinen trockenen und milden Rieslingen kann das Weingut »in der Hochburg des antiken Weinbaus nördlich der Alpen« überzeugen. Und im Jahr 2001 gibt es das nächste Künstleretikett: »Wenn unser Weingut seit 200 Jahren ein Gesicht hat.«

Der Wein

90er Riesling Auslese, halbtrocken
0,75 l ca. 10,00 DM
Feine Fruchtaromen, gehaltvoll, »Wucht und Körper«, guter Abgang. Etwa 15 Jahre lagerfähig. Paßt auch zu Pasteten, Kalb- und Schweinefleisch.

Weitere »Künstler-Weine« auf Anfrage.

Der Künstler

Clas D. S. Steinmann: Der 1941 in Gießen geborene Maler studierte in Berlin bei Mac Zimmermann und Helmut Thoma. Seit 1972 ist er Professor an der FH Trier. Der Künstler kann auf zahlreiche Einzel- und Gruppenausstellungen in Europa und den USA verweisen. Seine Arbeiten sind realistisch, nicht surrealistisch, auch wenn manchmal die Schwerkraft schwerelos erscheint. Seine Bilder leben aus dem Konflikt zwischen dem Gewachsenen und dem Gebauten, zwischen Natürlichem und Künstlichem, zwischen Organik und Eugenik.

Weingut Hugo Kohl
Zummethöhe, D-54340 Leiwen
Tel. 0 65 07 / 34 24, Fax 43 88
Übernachtungsmöglichkeiten werden vermittelt

Der »Freiheits«-Wein

Ursprünglich war der Wein mit einem Etikett von Bernd Zimmer lediglich als Empfehlungsgeschenk seitens einer internationalen Bank vorgesehen, die mit ihrer Kredit-»Carte Gourmet« schon lange mit der Mövenpick-Gruppe zusammenarbeitet. Die Nachfrage nach dem »Freiheits«-Wein – abgeleitet von dem Werbe-Slogan der Bank – entwickelte sich jedoch so überraschend, daß die Kellereien Mövenpick in Stuttgart dieses feine italienische Gewächs fest in ihr umfangreiches Programm aufnahmen. Der noble Italiener stammt aus dem östlichen Teil des Friaul, dem Gebiet Colli Orientale de Friuli, in dem der Tourismus noch nicht so entwickelt ist und die Weine deshalb noch relativ unbekannt sind. Dabei sind sich Kritiker darüber einig, daß das Friaul, besonders der nordöstliche Teil, sicherlich eines der schönsten und reizvollsten Weinbaugebiete Italiens ist. Der hier vorgestellte Sauvignon von Dr. Rubini, der sein Weingut mehr aus Passion betreibt – er ist gleichzeitig Chefarzt des Krankenhauses in Udine –, gehört zu den besten Weißweinen Italiens aus dieser Rebsorte und zählt darüber hinaus zu den angenehmsten Weißweinen des gesamten Gebietes. Aber das ist nicht der einzige Wein mit Künstler-Etikett, den die Mövenpick-Gruppe derzeit exklusiv anbietet. »Wir gehörten zu den ersten, die in Deutschland Weine auf den Markt brachten, deren Etiketten ein Künstler gestaltet hatte«, erzählt der zuständige Mann in Stuttgart, Michael Grimm. Denn die »Tierserie« der Schweizer Weinselektionen von Mövenpick gibt es bereits seit über zwanzig Jahren. Mehr über diese interessanten Weine lesen Sie bitte im Kapitel über die Caves Mövenpick, Schweiz, Seiten 122/123.

Kellereien Mövenpick
Mörikestraße 67, D-70199 Stuttgart
Tel. 07 11/6 46 92 74, Fax 6 40 26 58

Der Wein

91er Sauvignon D.O.C.
0,75 l ca. 29,00 DM
Sehr fruchtig und frisch, aromatisch, voll und geschmeidig. Noch ein Jahr lagerfähig. Eignet sich auch zu Antipasti und zu Schalentieren.

Weitere »Künstler-Weine« auf Anfrage.

Der Künstler

Bernd Zimmer, Jahrgang 1948, studierte bis 1979 Philosophie und Religionswissenschaften an der FU Berlin. Nach einigen Ausstellungen – z. B das große Wandbild »New York« – erhielt er das Karl-Schmitt-Stipendium. Bis 1983 hielt sich der Künstler in der Villa Massimo in Rom auf, seine Bilder waren schon zu diesem Zeitpunkt in zahlreichen Galerien weltweit zu betrachten. Seine Malerei steht in einem kunstgeschichtlichen Zusammenhang. Er bekennt sich zu einem klaren Formwillen, der Warm-Kalt-Skala, so daß die Farben rein zur Geltung kommen. Zimmers Bilder machen die Energien in der Landschaft bewußt, die unserem heutigen Empfinden entsprechen.

Dreiklang und Schönheit

»Meine Einstellung zu Wein und Kunst? Nun«, antwortet die zielstrebige Weinbautechnikerin Barbara Medinger, »Wein und Kunst haben viele Gemeinsamkeiten: Beide sprechen die Sinne an, und um sie genießen zu können, braucht man Muse. Dazu vermitteln sie ein Lebensgefühl, bereichern den Lebensalltag und vermitteln Entspannung, Wohlbehagen. Sie regen zu geistigen Höhenflügen an, fördern die Phantasie und die Konversation, da jeder Mensch Kunst und Wein individuell interpretiert, mehr oder weniger darin sieht beziehungsweise schmeckt. Beide zusammen können zu einer vollständigen Harmonie werden, wenn Etikett, Flasche und Inhalt zueinander passen.« Wie es zu dieser Harmonie kam: Der Wunsch war des längeren schon vorhanden, in die Tat umgesetzt wurde er dann nach einem Gespräch mit Rudolf Wiese von der Galerie Wiese in Rotenburg, der den Winzern den Berliner Künstler Willibrord Haas und dessen Radierung »Triton« vorschlug.

Dreiklang und Schönheit: Eine sehr knappe wie einfache Beschreibung des Bildes, das nun die erste Wein-und-Kunst-Serie des württembergischen Weinguts Medinger auszeichnet. Ein Druck in Originalgröße ist im Weingut jederzeit zu besichtigen. Einige Exemplare dieser Radierung kann man noch über die Galerie beziehen – ebenso den Wein, den, so Wiese, »ich durch einen alten Studienkollegen aus Berlin kennen, schätzen und lieben lernte. Alles in meinem Leben ist eben Zufall, auch wenn ich viel geplant habe.« Wiese, dessen Galerie seit sechs Jahren existiert und der hauptsächlich abstrakte Kunst bekannter Künstler vertritt – »wobei ich Neuentdeckungen auch nicht vermeide« –, kaufte und trank Medingers Weine, auch Kunden der Galerie lernten ihn schätzen und Besucher der Ausstellungen des örtlichen Kunstvereins ebenso. Der Kontakt zu Willibrord Haas schließlich entstand durch seine Initiative, nachdem er einige seiner Grafiken in Köln und Darmstadt gesehen hatte. »Wein und Kunst sind zwei Dinge, die etwas mit Lebensqualität zu tun haben, darum ergab sich das Zusammentreffen zwangsläufig.« Barbara Medinger und Wiese werden im übrigen noch weitere gute Weine mit Etiketten interessanter Künstler zusammenbringen. Zum Beispiel: Reichert aus Berlin, Scholz in der Gegend von Lörrach und Zado bei Neuwied. Die offizielle Vorstellung von Haas' Etikett im Weingut wird voraussichtlich Ende dieses Jahres, nach der Fertigstellung eines neuen Verkaufsraumes, sein, mit geladenen Gästen, aus dem besten Kundenkreis und für Interessierte. Das nächste Etikett soll dann im Frühjahr 1994 präsentiert werden, man darf gespannt sein, auch auf den Wein.

Das junge Winzerpaar, das erst seit fünf Jahren selbst vermarktet, weiß nämlich mit seinen Weinen virtuos umzugehen. Auf den 4 Hektar großen Rebflächen, eingebettet in die sonnenverwöhnten Hänge des Rems, bringen vor allem Schwarzriesling-, Riesling-, Trollinger-, Spätburgunder- und, auf einer kleinen Fläche, auch Chardonnay-Reben gute Qualitäten hervor, deren Reife und Entwicklung durch regelmäßige Proben kontrolliert werden, bis sie zur Füllung geeignet sind. Nur gesunde, ausgereifte oder speziell edelfaule Trauben, nach den Vorgaben des umweltschonenden Weinbaus gepflegt, kommen dabei in moderne Gär- und Lagertanks – bei den Weißweinen achten die Weingärtner übrigens auf den Erhalt einer frischen, spritzigen Säure. Die Rotweine reifen ab Spätlesemostgewicht in Barriques. Das überzeugende Resultat: vielfach prämierte Weine, die die Medingers bestärken, weiterhin durchgegorene, trockene, ehrliche Weine zu präsentieren.

Der Wein

92er Schwarzriesling Kabinett, trocken
0,75 l ca. 13,00 DM
Kräftiger, feuriger Rotwein mit noch jungem markantem Körper, guter Abgang.
Etwa 6 Jahre lagerfähig.
Paßt auch zu herzhaft gewürzten Speisen, dunklem Fleisch und kräftigem Bergkäse.

Weitere »Künstler-Weine« auf Anfrage.

Weingut Siegfried und Barbara Medinger
Brühlstraße 6, D-71394 Kernen
Tel. 0 71 51 / 4 45 13
Übernachtungen werden vermittelt

oder Galerie Wiese, Verdener Straße 38,
D-27356 Rotenburg,
Tel. und Fax 0 42 61 / 8 42 67

Der Künstler

Willibrord Haas, 1936 in Schramberg/Schwarzwald geboren, lebt jetzt in Berlin. Mit seinen nachdenklichen und Lebensfreude zeigenden Bildern ist er einer der zur Zeit populären Künstler in Deutschland. Haas zu seinem Etikett: »Triton, Dreizack, Dreiklang, jawohl, alles das, aber jetzt kann ich's verraten: eigentlich ein Entwurf für ein monumentales Denkmal, mindestens 15 bis 20 Meter groß. Weil ich immer große Sachen machen will, gelingen mir nur die kleinen ›ganz groß‹, zumal ich dafür einen geschätzten Verleger gefunden habe, der das Bild zu seinem Lieblingsblatt gemacht hat. Für die große Ausführung fand ich aber keinen Bauherrn. Also, man beachte: Rot und Gelb glühen nach rechts weg, Blau einsam, aber mächtig nach links. In der Wurzel gibt es einen Bereich, wo alle drei Farben in einem erdigen, dunklen Ton sozusagen entspringen. Es gibt, wie bei fast allen Radierungen, sich überlagernde Strukturen. Besonderheit bei diesem Blatt ist, daß die zweite Struktur nur aus dem Plattenton gewonnen wird. Da hüllt der rote Plattenton den starken Bogen ein, meldet sich am oberen Rand wie eine schwebende Warmluftschicht. Der gelbe Plattenton leuchtet links unten auf, der blaue läßt eine senkrechte ›Gasse‹ hell, leuchtend, glühend erscheinen, bringt also fast eine vierte, umgebogene Form ein, aber eher als Imagination, denn als faßbare Form mit harten Grenzen. Eine weitere Struktur ergibt sich spielerisch durch einige starke ›Kaltnadelstriche‹, die uns daran erinnern, daß wir es mit Metall zu tun haben und daß das beileibe keine bunte Zuckerwatte ist! Um auf die Musik zu kommen: Ich höre Trompeten, ich höre Händel, klar, bestimmt, festlich, fast triumphierend. Die trüben Novemberschatten haben in diesem Blatt keinen Platz. Die habe ich in anderen Radierungen angesiedelt. Das alles macht das Blatt zu einem Programm: Freue Dich, sei ehrlich. Und: Die Wahrheit ist schön, und Schönheit ist keine Lüge!«

Deutscher Naturlyrismus

Selten ist die Kombination Wein und Kunst so eindeutig nachvollziehbar wie bei diesem rheinhessischen Betrieb unter der Leitung von Dietrich Wohlgemuth. »Als Sohn des Künstlers«, der Maler Daniel Wohlgemuth heiratete 1929 die Weingutserbin Marie Mundorff, »habe ich eine von Kindheit an gereifte Einstellung zur Kunst, und durch meine berufliche Tätigkeit ist diese Verbindung direkt gewachsen«, berichtete uns der Sohn des Winzer-Malers. Und: »Seit ältesten Zeiten hat sich die darstellende Kunst mit dem Wein beschäftigt. Er begegnet uns in den frühen Hochkulturen, in der Erzählerfreude der griechischen Mythologie und in Gleichnissen biblischer Sprache. Die Renaissance kennt die Symbolik des Weines nicht weniger als das Barock, und bis zur Moderne hin ist das Interesse am Wein in der Kunst nicht geringer geworden. Was ist das beide Verbindende? Ist es das Dionysische, das beiden in gewisser Weise innewohnt, oder ihre behutsame Grenzstellung zur Welt des Traumes, die beiden maßvoll zu eigen ist? Immer ist Kunst für die Menschen das, was die Träume für den einzelnen sind. In ihnen werden geheime Wünsche offenbar, die Vergangenes spiegeln, Künftiges ahnen lassen. Wer Kunst recht zu ›lesen‹ weiß oder den Wein recht zu genießen versteht, dem offenbaren sie beide jene feine Dosis Wahrheit, wie wir sie allein zu ertragen vermögen.« »Welchen Wein wollen wir wählen zu unserem Gespräch?«, fragt Dietrich Wohlgemuth und schlägt folgendes vor:

»Den ›Neuen‹, der ein wenig ungebärdig ist, doch frisch und anregend, der Gegenwart in uns aufruft und schnell zu hitzigen Debatten führen kann. Ihn werden wir der ›modernen‹, der zeitgenössischen Kunst vorbehalten. Denn sein Temperament ist wie sie: Wir mögen ihn zuweilen noch unharmonisch finden, oder alle künftige Größe und Reife in ihm ahnend genießen, immer aber ist Zukunft in ihm und wache Gegenwart, die uns mit einem Male tiefer bewußt wird.

Bei einfacher Volkskunst mag uns *der Landwein* begleiten. Wir nennen sie ›einfach‹, weil sie im Prinzip die Grundlage bildet zu aller künstlerischer Gestaltung, entstanden aus der Betätigung zahlreicher Menschen, die ihre Umwelt schöner, harmonischer gestalten wollten, ohne allzu großen Anspruch, dem Alltag eine eigene, eine persönliche Prägung zu geben.

Ein Qualitätswein wäre angemessen für Stunden, in denen wir, den Ausblick erweiternd, vielleicht zurückschauen auf erlebnishafte Reisen, die uns nachhaltige Eindrücke bedeutender Landschaften und Kunstwerke vermittelten oder nach dem Besuch von Ausstellungen und Museen, die uns beeindruckt haben.

Die Spätlese sei einzelnen Künstlern zugedacht, solchen, die wir besonders zu schätzen wissen, wenn wir ihrem Lebensgang nachspüren, ihr Werden, ihr Reifen verfolgen, uns ihre späte Arbeit vor Augen halten.

Die Auslese hat ihr Pendant in der Kunst: Das von den Jahren Gefilterte und Geprüfte, Namen, die aus der Fülle der Zeit ihre Gültigkeit gewonnen haben, alle von großem Gewicht und in ihrem Gehalt von reifer, anspruchsvoller Aussage. Sie liegen nicht leicht auf der Zunge, man muß sich um sie bemühen, wie um alle großen Dinge in der Welt, will man sie erkennen und wirklich in sich aufnehmen.«

Ein guter Übergang zu den Weinen des qualitätsorientierten Winzers: »Meine Weine«, sagt er, »aus den uralten Weinberg-Lagen der früheren Güteklasse 1 sind heute Raritäten, weil sie nur in geringem Ertrag geerntet werden.« Seine Spezialität sind dabei Rotweine aus der ältesten und größten Rotweingemeinde im Wonnegau. Allen voran die trockenen Spätburgunder überzeugen durch ihren sortentypischen Geschmack. Aber auch im Weißweinbereich sind temperamentvolle Gewächse zu entdecken: Sehr gelungen der Graue Burgunder und Riesling ab Spätlesequalität und der vollmundige Ortega als Beerenauslese. Nachahmenswert sind übrigens die Weinbeschreibungen in der Preisliste mit Angabe der Lagerfähigkeit.

Weingut Mundorff-Wohlgemuth
Katzensteinerstraße 45
D-67598 Gundersheim
Tel. 0 62 44 / 3 09, Fax 53 62
Übernachtungsmöglichkeiten
werden vermittelt

Der Künstler

Daniel Wohlgemuth: 1876 »als Sohn eines Landwirts und Mühlenbesitzers« in Albisheim geboren, besuchte Daniel Wohlgemuth die Kunstgewerbeschulen in Offenbach und Straßburg. Mit 24 Jahren kam er an die Münchner Akademie und lernte in der Malklasse von Franz von Stuck Hans Purrmann kennen, der ihm später schrieb: »Sie gestalten, Sie komponieren und kennen keine geistlose Naturimitation. Was sie einmal geschaffen haben, das hält die Zukunft offen ...« Der Maler des Deutschen Naturlyrismus reiste viel und gern, liebte aber jenes Land (um Gundersheim, wo er sich ab 1929 niederließ), das ihm Heimat war und uns darum in vielen seiner Bilder begegnet. »Er gehört«, so der Kunsthistoriker Hornschild, »zu den großen Pfälzer Malern seiner Generation. Besonders seine späteren Bilder gewinnen eine Tiefe und einen Ernst, in der die naturgegebenen Grundformen zu beinahe dichterischen Aussagen gestaltet werden.« Als der Künstler 1967 starb, hinterließ er »ein reifes, mehr als 1600 Ölbilder, Zeichnungen und Aquarelle umfassendes Werk«.

Die Weine

92er Riesling Auslese,
halbtrocken
0,75 l ca. 10,00 DM
Typische Rieslingfrucht, »erregt die Geschmacksnerven«, vollmundig, gute Länge. Etwa 10 Jahre lagerfähig. Paßt vor allem zu Braten mit Gemüsebeilagen und Fisch in Sahnesauce.

92er Spätburgunder Spätlese,
halbtrocken
0,75 l ca. 10,00 DM
Feine Fruchtaromen, körperreich, nachhaltig. Gut 10 Jahre lagerfähig. Eignet sich zum Sonntagsessen, beispielsweise zu leichteren Braten.

Weitere »Künstler-Weine« auf Anfrage.

Löwe und Lamm im Paradies

»Anlaß für das Löwe- und Lamm-Etikett«, erzählt Dr. Peter Pauly, Besitzer einiger der interessantesten und besten Mosel-Lagen, »war die Einführungspredigt unseres neuen Dechanten. Er sprach über Jesaias XI, 1–9: die Vision des Paradieses. Als Präsident des Lions-Clubs Mittelmosel stiftete ich dieses Etikett mit dem dazugehörigen Wein dem Club zur 25jährigen Charter-Feier.«
Zwischenzeitlich ist der 6. Jahrgang dieses Weines, der 91er, im Verkauf: »Jedes Jahr ein Künstler-Etikett herauszubringen, macht sicherlich viel Freude, erfordert aber strikte Limitierung der Flaschenzahl.« Und: »Einer Lage, Geschmacksrichtung und Qualitätsstufe alljährlich das gleiche Etikett zuzuordnen, läßt sich nur durchführen, wenn man sich auf ein oder zwei Künstler-Etiketten beschränkt, sonst ist nach einigen Jahren das Guts-Etikett vom Markt.« Weshalb er diese Lage dazu ausgewählt hatte? »Die Vision des Paradieses, hier schien mir der Name Würzgarten am geeignetsten, denn der Ürziger Würzgarten ist ein besonderer Moselwein, von dem es heißt, er sei wie ein Geschenk aus dem Paradies: den Geist schärfend und Harmonie stiftend.« Dies hat auch die Bernkasteler Künstlerin Birgid Lord auf dem Etikett dargestellt, das den Löwen im Paradies zeigt: Der Wolf ist bei dem Kalb zu Gast, der Panther lagert bei dem Böcklein und Lamm und Löwe fressen miteinander. Das andere Etikett zeigt die Aesopsche Fabel vom Fuchs, dem die Trauben zu hoch hingen. Beide Originalbilder kann man im Weingut besichtigen.
»Ich muß unter dem, was der Künstler bisher produziert hat, etwas finden, was mich anspricht«, begründet der auf Umwegen zum Winzerberuf gekommene »Wein-Doktor« die Wahl der Künstlerin. Bereut hat er sie nicht und weitere Etiketten sind in Zukunft nicht auszuschließen. Ebensowenig bereut hat er seine Winzerkarriere. Nach dem Abitur folgte er den Bitten seiner Eltern und verbrachte einige Zeit u. a. auf dem renommierten Gut Schloß Johannisberg. Dann studierte er Weinbau und Kellerwirtschaft in Geisenheim, anschließend Betriebswirtschaft, mit Schwerpunkt Recht, Steuern und Wirtschaftsprüfung. Durch den frühen Tod des Vaters übernahm er, nicht unbedingt programmgemäß, die Leitung des elterlichen Weinguts und heiratete wenig später Helga Berres. Auch sie leitete ein interessantes Weingut und hatte einen kunstambitionierten Großvater, der zu Beginn des Jahrhunderts etliche Weinszenen gemalt hat, vor allem »Mönche, die mit Wonne und Lust Wein prüfen und trinken«. Insgesamt kann die Familie auf mehrere alte Winzergeschlechter zurückblicken, die einen Teil der heutigen, 18 Hektar umfassenden, Weinberge während der Säkularisation zu Beginn des 19. Jahrhunderts aus dem Besitz der berühmten Eifel-Abteien erworben haben. Aus den zusammengeführten Weingütern entstand, wie in »Alles über Wein«, zu lesen war, »ein wirtschaftlich prachtvoll dastehender, exportfreudiger Musterbetrieb der Mosel«, der vor allem Wert auf die Eigenart der einzelnen Sorten legt – aus Weinlagen von Weltruf, wie »Bernkasteler Doctor« oder »Ürziger Würzgarten«. Die reintönigen, sehr anregenden Riesling- und Spätburgunder-Weine, die nicht belasten und an ihrer unverwechselbaren Art erkennbar sind, begeistern nicht nur in den USA und Japan. Was an der kontinuierlichen Aufnahme in die Top 100 der Zeitschrift DM und an zahllosen Gold-Prämierungen der DLG leicht zu erkennen ist. »Großer Wert«, sagt Dr. Pauly, »wird auf die Erzeugung trockener Spät- und Auslesen gelegt« und auch der hohe Anteil an Beeren- und Trockenbeerenauslesen sowie Eiswein sorgen für internationale Schlagzeilen.
Übrigens: Mit dem Fuchs-Etikett werden die Weine des Weinguts auf Wunsch ausgestattet, z. B. für Präsente oder exklusiv für einen Fachhändler.

Weingüter Dr. Pauly-Bergweiler, Peter Nicolay
Gestade 15, D-54470 Bernkastel
Tel. 065 31/30 02 und 20 63, Fax 72 01
Übernachtungsmöglichkeiten werden vermittelt

Die Künstlerin
Birgid Lord, 1955 in Bernkastel-Kues geboren, studierte bis 1980 freie Malerei und Grafik an der Hochschule in Karlsruhe. Ein Jahr zuvor war sie bereits Preisträgerin der Akademie. Landeskunstausstellungen in Rheinland-Pfalz folgten. Im Jahre 1982 Ankauf des Kultusministeriums Rheinland-Pfalz, wenig später erwarb das Ministerium für Wissenschaft und Kunst in Stuttgart eine Arbeit der jungen Künstlerin. Ein Landesstipendium führte sie nach Paris-Citè des Arts. Ankauf des Ministère de la Culture Paris anläßlich einer Ausstellung im Centre National des Arts Plastiques. Seit 1985 weitere Ausstellungen und Förderpreise.

Die Weine

91er Riesling QbA
»Fuchs und Traube«, halbtrocken
0,75 l ca. 11,00 DM
1,5 l ca. 30,00 DM
Gutes Säure-Süße-Verhältnis, feine Fruchtaromen, reintönig. Ein paar Jahre lagerfähig. Paßt zu Geflügel, leichten Gerichten, und auch zu kräftigeren Speisen.

91er Riesling Kabinett
»Löwe und Lamm«, trocken
0,75 l ca. 14,00 DM
1,5 l ca. 34,00 DM
Feinfruchtig, leichter trockener Kabinett, reintönig, feine Säure. Einige Jahre lagerfähig. Paßt zu leichten Gerichten, Fisch und Geflügel.

Romantische Weinhexe

»Es ist natürlich eine Kunst, aus Trauben ein solch zauberhaftes ›Gesöff‹ wie Wein zu machen, das so viele Nuancen und Farbigkeit aufweist. Die Wein-Macher waren seit jeher sehr stolz auf ihre Zauberei und haben Fässer und Schilder verziert, ihren Weinen kunstvolle Namen gegeben. Da Wein zur Begeisterung und nicht zur Flüssigkeitszufuhr getrunken wird, ist das Ritual und das Gefäß einfach Teil der Handlung: Kraftprotzen trinken aus Humpen, Genießer aus feinen Gläsern. Namen und Bilder schmücken seit jeher den Wein. Auch steht der Wein selbst in einem mystischen Zusammenhang als Göttertrank, die Mystik der Bilder paßt dazu. Dinge des persönlichen Gebrauchs werden seit jeher verziert, es ist Teil persönlicher Zärtlichkeit zur Gestalt des täglichen Lebens. Und dieser Zierrat hatte oft etwas Bedeutsames, Beschwörendes, Bannendes. So beschwören auch schöne Etiketten die guten Geister des Weins. Ist Kunst auf Wein Kommerz? Was sonst? Wein, der nicht genossen wird, entgeht seiner Bestimmung, deshalb muß der Wein verkauft werden. Kunst, die nicht gesehen wird, ist tot. Nur wenn ein buntes Etikett einen schlechten Wein zu Markte trägt, dann ist es schlimm. Das aber ist dann der Betrug des Menschen, nicht des Künstlers.«

Claus Petschmann, der sympathische Neckargemünder Kunstverleger, organisiert seit Jahren nicht nur Ausstellungen – unter anderem alte Grafiken zum Thema Wein – oder verlegt Radierungen, Original-Plakate und andere »Druck«-Sachen, ein »Spezialgebiet ist auch die Projekt-Beratung für Nutzer von Kunst, deren Tätigkeitsbereich nicht die Kunst ist«. So vermittelte er für das Weingut Reichsrat von Buhl und für das Haus Dallmayr (Näheres in den jeweiligen Kapiteln) die beiden Künstler Dieter Portugall und Gerhard Hofmann – mit großem Erfolg, der in den nächsten Jahren weitere Etiketten der beiden Häuser nach sich ziehen wird.

Für Claus Petschmann, der »auch alle lieferbaren Weine mit Künstler-Etiketten besorgt und bei Bedarf zu Präsenten individuell entwickelt«, war die gute Resonanz der Grundstein weiterer Wein- und Kunst-Aktivitäten, dieses Mal in eigener Regie. »In der Konzeption meines Verlages ist Kunst die gestaltende Arbeit einer Person mit Stärken und Schwächen. Der Kontakt zum Kunstwerk und Künstler soll spürbar sein und Aufmerksamkeit wecken beim Nutzer und beim Genießer.« Bei solchen »Künstler«-Weinen fällt das nicht schwer.

Bestens gelungen: die »Weinhexe« der belgischen Künstlerin Katrien Caymax und zwei Etiketten aus der Suite »Romantische Straße«, die demnächst von renommierten Künstlern »weiterbefahren« wird. Auch der Flascheninhalt bürgt für Qualität, mit ausgesuchten Weinen des Reichsrats von Buhl.

Ebenfalls bei Petschmann zu haben sind noch einige hochinteressante Originalradierungen von René Carcan und Georges Dussau mit jeweils drei »Künstler-Weinen«, die vom renommierten Aachener Kunstverleger und Galeristen Ricardo de Bernardi in Auftrag gegeben wurden.

Edition Claus Petschmann
Elisabeth-Walter-Straße 18
D-69151 Neckargemünd
Tel. 0 62 23/7 26 20, Fax 7 35 77

Die Künstler

Katrien Caymax (Etikett »Weinhexe«): Die belgische Künstlerin wurde 1951 in Meeuwen geboren und schloß mit 22 Jahren ihre graphische und malerische Ausbildung ab. Seitdem arbeitet sie als erfolgreiche freischaffende Künstlerin und war in über 50 Ausstellungen in Deutschland, Frankreich, Marokko, den Niederlanden, Ex-Jugoslawien, Spanien und der Schweiz zu betrachten. Die weibliche Figur ist eins ihrer Hauptthemen, ihre Malart verweist oft auf vergangene, urtümliche Kulturen. Ölmalerei und Radierungen sind ihre bevorzugte Technik.

Jos. K. Biersack (Etikett »Neuschwanstein«): Geboren 1951 in Weiden in der Oberpfalz, studierte der Künstler an der Nürnberger Akademie für Bildende Künste. Er kann auf zahlreiche Einzelausstellungen in Deutschland, Italien, Österreich, den Niederlanden und der Schweiz verweisen. Biersack erhielt unter anderem offizielle Aufträge und Kunstpreise in Italien. Seine bevorzugte Technik ist das Aquarell, seine Motive sind der Lebensraum der Menschen: Stadt, Häuser, nahe und ferne Landschaften, Träume.

Die Weine

91er Riesling Spätlese, trocken
0,75 l ca. 20,00 DM
Feine Fruchtaromen, gute Säure, »weinig, saftig«, ansprechende Länge.
Gut 7 Jahre lagerfähig.
Eignet sich zu »markanten Gerichten, wie z. B. geräuchertem Fisch« und Speisen mit kräftigen Saucen.

90er Riesling Kabinett, halbtrocken
0,75 l ca. 14,00 DM
Zarter Pfirsichton, gut ausgewogenes Säure-Süße-Verhältnis, elegant.
Noch gut 6 Jahre lagerfähig.
Eignet sich zu »leichten Vor- und Zwischenspeisen«.
Weitere »Künstler-Weine« auf Anfrage.

Allgäuer Variationen

Manchmal ist es an der Zeit umzuziehen – diese Ankündigung an seine Kunden scheint das Dauermotto des belgischen Weinhändlers Bert Van den Abeele zu sein, der seit etlichen Jahren in der Umgebung des Bodensees zu Hause ist, und erst vor kurzem wieder neue Büroräume bezogen hat. Konstant ist aber auch sein Erfolg, vorwiegend Weine aus ökologischem Anbau im Süden Deutschlands zu verbreiten – seit kurzem vermehrt mit künstlerisch gestalteten Etiketten, die exklusiv von ihm angeboten werden.

Zur Verbindung von Kunst und Etikett kam Van den Abeele im Frühjahr 1991 eher zufällig, obwohl er schon lange mit dem in Bad Waldsee geborenen Künstler Richard W. Allgaier befreundet ist. Den Anfang der geglückten Liaison bildeten einige Brände, die der sympathische Belgier bei einem Freund probierte und die ihn durch ihre Aromen und den milden Geschmack faszinierten. Bis dahin mochte er keine alkoholreicheren Getränke als Wein, aber seitdem ist er »ein stiller Genießer mit Maß« geworden. Und nach einem ausführlichen Test bei dem Destillateur kam ihm der kreative Gedanke, diese Produkte auf optisch interessante Weise anzubieten.

Die acht verschiedenen Brände im Angebot des Weinhändlers, die nun jeweils ein Etikett von Allgaier zieren, werden von einer kleinen Brennerei zwischen dem Bodenseegebiet und dem Allgäu hergestellt und dort ein bis zwei Jahre faßgelagert, bis sie angenehm weich zu genießen sind. Van den Abeele ist nicht der einzige geblieben, der sich davon begeistern ließ: Denn zwischenzeitlich haben die fruchtigen Genüsse vor allem den Feinkosthandel und die gehobene Gastronomie – darunter sehr bekannte Namen – erobert.

Der Künstler

Richard W. Allgaier, Jahrgang 1949, absolvierte seine Ausbildung an der freien Grafik-Schule in München, und begann 1973 seine »Lehr- und Wanderjahre« durch den Mittelmeerraum, Asien und Lateinamerika. Seine Bilder, den Formen der Natur »abgelauscht«, beschreiben seinen Weg durch die verschiedenen Kulturen, immer auf der Suche nach Neuem. Allgaier zieht es vor allem dahin, wo die Natur immer neue Botschaften offenbart, frei nach dem Motto: Das Natürliche ist immer schön. Seine freie und spontane Malweise ermöglicht ihm, momentane Eindrücke einzufangen. Seine Bilder zeigen Geschichten: aus einzelnen Schritten wird ein Weg, aus dem Betrachten wird das Verstehen.

Die Brände

Weinhefebrand, 0,5 l ca. 50,00 DM
Fruchtige Note, dezenter Weinhefegeschmack, harmonischer Holzton.

Weitere »Künstler-Brände« auf Anfrage.

Pelisande Weine
Forellenweg 3, D-88239 Wangen
Tel. 07522/29280, Fax 29289

Der Zukunftswein

»Handwerk ist, wenn man guten Wein macht«, antwortet Hansjörg Rehklau auf die Frage nach seinen Gedanken zum Thema unseres Buches. »Kunst dagegen, wenn man ausgezeichneten Wein macht.« Nun beherrscht der Umtriebige – »eigentlich hat mein Tag 26 Stunden« – zum einen die Kunst des Weinmachens, zum anderen ist er von Kunst regelrecht eingerahmt – im wahrsten Sinne des Wortes. Zuerst nämlich entwickelte und verkaufte Rehklau Bilderrahmen im großen Stil, die dank eigener Produktion ansehnliche Gewinne abwarfen – mit denen er wiederum den kontinuierlichen Aufbau seiner Galerie finanzierte. »Ich verkaufe aus Prinzip nur Kunst, die mir selbst gefällt, und das konnte ich mir so von Anfang an leisten.« Nun hat er seit 1975 in erster Linie eine Galerie für zeitgenössische Kunst mit den Ausstellungsschwerpunkten: noch lebende Maler, Bildhauer, Gold- und Silberschmiede, von nationalem beziehungsweise internationalem Niveau.

Weintrinken war für den sympathischen Genießer lange »nur ein Hobby«. Bis er 1979 für seinen Schwager, den Künstler Georg Bernhard, zu dessen 50. Geburtstag ein passendes Geschenk suchte. Durch Zufall bekam er ein Angebot, in Wachenheim an der Deutschen Weinstraße einen romantisch gelegenen, älteren, terrassierten Weinberg zu kaufen. Eine Hälfte bekam sein Schwager, der andere Teil blieb in seinem Besitz, den er, einmal auf den Geschmack gekommen, fast jedes Jahr um alte aufgelassene Weinberge in unmittelbarer Nachbarschaft, alles wertvolle Hang- und Terrassenlagen, erweiterte und eigenhändig rekultivierte – unter ökologischen Gesichtspunkten. Seitdem wächst dort wieder ausgezeichnetes Traubenmaterial, früher Kerner, jetzt alles Riesling, das von Weinbergsnützlingen sowie seltenen Vogelarten gegen Schädlingsbefall geschützt wird und sehr schöne, langlebige Weine ergibt (Näheres demnächst im »Großen Buch der Bio-Weine«). »Es lag natürlich auf der Hand, daß ein Galerist Etiketten von seinen Künstlern machen läßt. Wobei manchmal alleine die Etiketten so teuer waren wie ein preiswerter Konsumwein«, erzählt Hansjörg Rehklau, der das Phänomen der engen Verbindung von Wein und Kunst so erklärt: »Wo Wein wächst, ist Kultur beheimatet. Das hängt zusammen, wie man gut in der Toscana sehen kann, wo Horst Antes (siehe Seite 128/129) zum Teil arbeitet, und hat eine lange Tradition, wie bereits im Alten und Neuen Testament aufgeführt ist. Künstler werden von Weingebieten angezogen, da vielleicht das Licht anders ist oder das Klima. Tilman Riemenschneider zum Beispiel hatte auch einen eigenen Weinberg.«

Nun kennen bisher nur sehr wenige die feinen Erzeugnisse des Wein-Galeristen, da sie vorzugsweise privat ausgeschenkt wurden. Das wird sich jedoch ab Frühjahr '94 ändern, dank weiterer Rebflächen: Dann wird der neue Riesling erstmals angeboten, zu etwa 14,00 DM pro Flasche, aber nur in Kartons. Für Einzelflaschenversand hat Rehklau einfach keine Zeit. Kein Wunder, da der leidenschaftliche Hobbykoch neben seiner zeitintensiven Arbeit als Galerist auch noch seit 4 Jahren wirklich edlen Trester- und Hefebrand erzeugt und nun schon seit 15 Jahren (empfehlenswerten) gut gereiften Essig herstellt: vom einfachen Wein- bis hin zum Trockenbeerenausleseessig, dazu Balsamico- und Champagneressig, im Gegensatz zum Wein jetzt schon erhältlich. Aber – wie auch beim Riesling leider schon absehbar – nie für längere Zeit. Rehklau verkauft nur, was ihm gefällt – und er hat einen guten Geschmack!

Der Wein

»Kunst ist, wenn man einen ausgezeichneten Wein macht.«

Der 93er Wachheimer Schloßberg ist ab Frühjahr 1994 im Verkauf.

Die Weine zu den auf den folgenden zwei Seiten abgebildeten Etiketten sind leider nicht mehr zu erwerben.

Hansjörg Rehklau
Alte Gasse 11
D-86152 Augsburg
Tel. 08 21/51 54 01

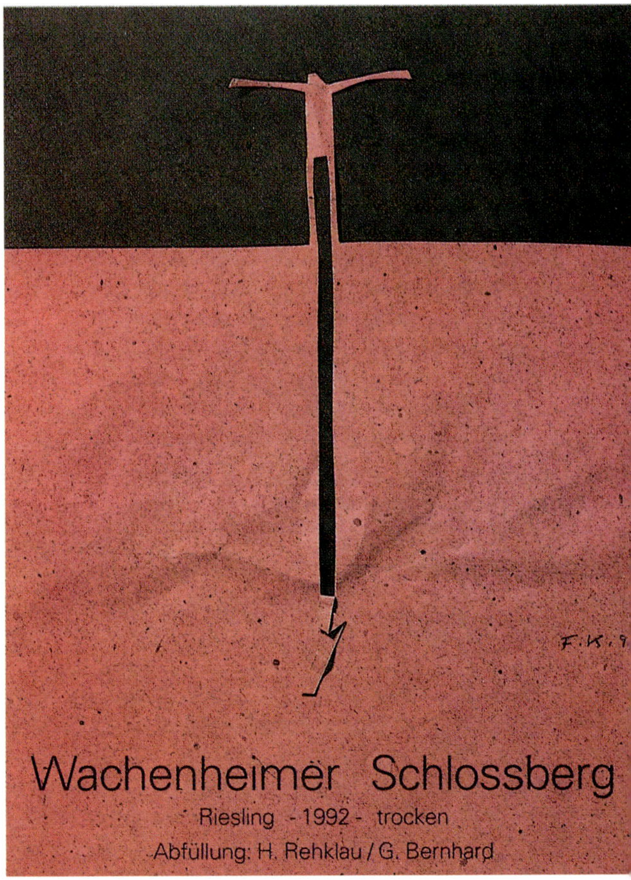

Die Künstler

Hannsjörg Voth (83er Etikett): Die Werke des 1940 geborenen Voth, der nach einer Handwerkslehre an der Kunstschule in Bremen studierte, sind zwischenzeitlich in Museen und Galerien in Singapur und Hongkong, in Buenos Aires und Sao Paulo, in New York oder Chicago bis Paris zu sehen. Zu seinen bekanntesten Arbeiten zählt die »Himmelstreppe«, ein 16 m hoher Lehmbau mit 52 Stufen, errichtet mit dreißig Leuten aus benachbarten Oasen, »den ganzen Winter über«. Vorbilder waren antike Treppen auf Kreta und die Stufen des Amphitheaters von Epidauros. Etwas näher für uns: das »Steinhaus mit Seelenloch« in Berlin, 1984; »Die Himmelsleiter« realisiert 1983 in Freiburg im Breisgau; das »Erdkreuz« aus Baumstämmen, 17 × 17 m, in München, 1982. Alle seine Arbeiten, so ein Kritiker, haben den Charakter von mythischen Symbolen, ohne jedoch von einem Mythos legitimiert zu sein. Wie der »Platz der Macht«, 13 Stämme in einem Kreis von 18 m Durchmesser, in der Lüneburger Heide, der wie ein Kultort erscheint, ohne je einer gewesen zu sein.

Fritz König (92er Etikett): Der 1924 in Würzburg geborene Künstler studierte an der Münchner Akademie und fand dort Zugang zu dem Bildhauer Anton Hiller. Geprägt durch Kindheitserlebnisse und Kriegsschrecken, klingen die Themen Einsamkeit und Angst, Schmerz, Verlust und Flucht gelegentlich in seinen Werken an. Fasziniert von religiösem und profanem Brauchtum, befaßt er sich später auch mit der Thematik Votiv, Kreuz und Epitaph. Werke des weltweit renommierten Villa-Massimo-Stipendiaten und Mehrfachpreisträgers (z. B. Skulpturpreis des Internationalen Lithurgischen Instituts Rom anläßlich der 58er Biennale in Venedig) sind u. a. vor dem Kanzler-Bungalow in Bonn, im Innenhof des Germanischen Nationalmuseums, Nürnberg, vor der Universität Regensburg, auf dem Gelände des ehemaligen KZs Mauthausen, Österreich, und auf der Plaza des World Trade Center, New York, zu betrachten.

Franz Bernhard (88er Etikett): Nicht erst seine Großplastiken im Stuttgarter Abgeordnetenhaus und vor den Arbeitsämtern in Aachen und Braunschweig brachten dem Künstler, Jahrgang 1934, internationale Anerkennung. Nach dem Abitur »in verschiedenen Berufen tätig«, studierte er an der Kunstakademie Karlsruhe und erhielt 1968 den Villa-Romana-Preis, ein Jahr danach das Romstipendium der Villa Massimo. Der Mehrfachpreisträger (z. B. Hans-Thoma-Preis des Landes Baden-Württemberg, Kunstpreis des Landes Rheinland-Pfalz, Prix de la Ville de Mulhouse der IV. Biennale Européenne de la Gravure) gestaltete auch eine Serie von Großzeichnungen, die eigenständig neben das plastische Werk treten, ihre Verwandtschaft zur Entwurfszeichnung aber nicht verleugnen. »Man soll«, so Bernhard, »in diese Zeichnungen wie in eine Türe eintreten können und wird dabei wie bei den Plastiken einer eigenständigen Welt begegnen. Ausgangspunkt meiner ›Figuren‹ ist der Mensch. Es geht mir nicht um das Erarbeiten eines ›Abbildes‹, sondern um die Realisation eines ›Bildes‹.«

Karl Hagedorn (86er Etikett): Der gebürtige Güntersberger studierte Ende der 50er Jahre an der Münchner Kunstakademie und wurde in dieser Zeit vor allem durch seine Mosaiken bekannt. 1959 wanderte der Künstler in die Vereinigten Staaten aus, lebte und arbeitete dort in St. Paul, Minnesota, und lehrte an der Hamline University sowie am St. Paul Art Center. Seit 1967 ist Hagedorn vor allem in den USA und in Deutschland regelmäßig bei Ausstellungen vertreten. Seine Werke sind u. a. in der Kunsthalle Nürnberg, in zahlreichen Firmen, wie General Electric, und im Brooklyn Museum in New York zu sehen, wo er seit 1973 lebt.

Kunst im Schloß

Als ein wesentliches Kriterium für die Wiedereinführung der Künstleretiketten in den 70er Jahren bezeichnete der langjährige Betriebsleiter Dr. Karl-Heinz Zerbe den Umstand, »daß in der Zwischenzeit die Etikettengestaltung vor Kitsch kaum noch zu überbieten war. Damit sollte also auch der Geschmack und die Ästhetik der Anwender und Abfüller gesteigert werden.« Klare Worte aus Schloß Reinhartshausen, dem idyllisch gelegenen Weingut an der »Rheingauer Riesling-Route«. Die Bandbreite der Resonanz reichte von begeisterter Zustimmung auf einigen Schreibmaschinenseiten bis hin zur totalen Ablehnung. Dazu erinnert sich Dr. Zerbe an einen Kunden, der ihm telefonisch sein Mißfallen äußerte: »Ihr Wein ist sehr gut. Schicken Sie mir noch zwölf Flaschen davon, aber entfernen Sie vorher dieses moderne Etikett, sonst sende ich ihn wieder zurück.«

Eine derartige Reaktion erklärte sich wohl in erster Linie »aus der Gewöhnung des Konsumenten an die traditionsbezogene Selbstdarstellung und Werbung der heutigen Weinwirtschaft, die sich der Kunst nur insofern bedient, als sie auf längst Vergangenes zurückgreift«. Wein und Kunst sei aber stets eine Verbindung innerhalb der jeweiligen Zeit gewesen, und deshalb will das Weingut »an die echte geschichtliche Beziehung zwischen Wein und Kunst anknüpfen«. Die ungewöhnlich starke, meist positive Resonanz auf die begrenzte Auflage war jedenfalls der Start für weitere, nun jährlich erscheinende »Künstler-Weine«, die in drei Ausführungen angeboten werden: vom numerierten, signierten Sonderdruck bis zum einfachen Offset-Etikett, wie es aus preislichen Gründen von nahezu allen Weingütern angeboten wird. Den Weinen läßt man übrigens Zeit zum Reifen. So wird zum Beispiel Ende dieses Jahres erst der 87er Jahrgang vorgestellt, versehen mit einem Etikett des berühmten deutschen Künstlers A. R. Penck.

Das Künstleretikett für jeden Jahrgang hat bei diesem Weingut Tradition. Sie geht zurück auf Prinzessin Marianne der Niederlande, eine frühere Ahnherrin des Schlosses, die bereits vor 140 Jahren Künstler mit der Etikettengestaltung beauftragt hatte. Nach dem Ableben der Kunstmäzenin, die in den Räumen des heutigen Schloßhotels eine der größten Sammlungen niederländischer Malerei des 16. bis 18. Jahrhunderts unterhielt, geriet diese Idee wieder in Vergessenheit – bis zum Jahr 1977. Und so findet die Edition von Weinetiketten moderner (interessanter) Künstler ihren Sinn nicht nur darin, heutiges Wirtschaften mit heutigem künstlerischen Schaffen zu verbinden. Sie ist auch die Fortführung einer speziellen kunstbezogenen Tradition auf Schloß Reinhartshausen. Wobei sich, neben der Kunstrichtung, auch etwas anderes verändert hat: Während die Prinzessin »Atelier und Wohnung« zur Verfügung stellte, lädt man heute den Künstler zu einem Wochenende ein, um ihm eine entsprechende Weinatmosphäre zu bieten. Was er aus dem Erlebten macht, bleibt ihm überlassen. Einzige Bedingung: »Als Grundmotto ist der Wein vorbestimmt« – und »die Vergütung erfolgt ausschließlich in Natural«.

Letzteres ist vom Feinsten. Nicht umsonst besitzt das Weingut knapp 70 Hektar Rebflächen, meist in »Lagen von Weltruf rund um den Erbacher Marcobrunn«. Die Hauptrebe ist natürlich der Riesling, dessen 1921er Goldbeerenauslese bei einer Versteigerung schon mal 25 000 DM erbrachte. Weitere Stärken des Renommierbetriebes sind vor allem feine Weiß- und Spätburgunder sowie der Chardonnay, der auf der herrlichen Rheininsel Mariannenaue sehr gute Qualitäten liefert. Hier wird zum Teil ökologischer Weinbau praktiziert – mit meist überzeugenden Resultaten (Näheres im »Großen Buch der – besten – Bio-Weine«, Seiten 70ff).

Außer den wechselnden Etiketten hält Dr. Zerbe – »der Erfinder des Spargelweins«, wie die Washington Post schlagzeilte (als er der Zeitschrift Wine spectator mit Erfolg einen halbtrockenen Riesling zum Spargel vorschlug, nachdem diese vorher Wasser und Wein erst hinterher empfohlen hatte) –, noch Weine mit Gemälden von Essensvorschlägen bereit. Kunst und Genuß: Hier ist – und trinkt – man richtig.

Schloß Reinhartshausen
Erbach im Rheingau, D-65346 Eltville
Tel. 0 61 23/40 09, Fax 42 22
Übernachtungsmöglichkeit im Schloßhotel

Die Künstler

Barlach Heuer (Etikett »La Vigne – Die Rebe«, Edition 82): Der 1930 in Elmshorn geborene Künstler war das Patenkind von Ernst Barlach. Nach einer Tischlerlehre studierte er 1949 an der Hamburger Hochschule. Seit 1952 lebt er vorwiegend in Frankreich, »meist in Paris oder an der Atlantikküste«. Zahlreiche Ausstellungen im In- und Ausland. Seine Werke wurden von vielen Sammlungen angekauft, z. B. von der Bibliothèque Nationale in Paris, Maison de la Culture in Le Havre, Albertina, Wien und Kunstmuseum Düsseldorf. ». . . der wachsende Auftrieb der Rebe – das Geschehen zwischen der Polarität von Erde und Jenseitigem ist hier zum Explosiven gesteigert – unterstreicht die Vertikalität der Flasche – die Äste umarmen sie geradezu . . .«

Manuel Schoebl (Etikett »Der Weinkenner«, Edition 77): Der Künstler wurde 1950 in Bad Zell am Harmersbach im Schwarzwald geboren. Nach der Schulzeit war er vier Jahre lang Gitarrist und Keyboardspieler. Nach ausgedehnten Reisen folgte das Studium der Wirtschaftswissenschaften. Ab 1974 intensive malerische Arbeiten als Autodidakt. Zahlreiche Ausstellungen mit Textilobjekten. Seit 1982 fertigt er Auftragsarbeiten im Bereich Stoffdesign. Als Mode- und Stoffdesigner seit 1985 selbständig.

Die Weine

»Nicht umsonst sagt man vom Wein, daß er ein komplexes und mehr dimensionales Kunstwerk darstellt.«

82er Riesling Spätlese, mild
0,75 l ca. 33,00 DM
Feines Fruchtbukett, nuancenreich, ausdrucksvoll, feiner Nachklang.
Bald trinken.
Eignet sich als Aperitif, zum Dessert oder »danach«.

77er Traminer Kabinett, trocken
0,75 l ca. 40,00 DM
Würziger Duft und Geschmack, vollmundig, reife Art.
Bald trinken.
Paßt auch gut zu exotischen Gerichten, z. B. mit Safran oder Curry.

Die Künstler

Friedrich Hechelmann (Etikett »Rheinlandschaft«, Edition 76): »Seine Bilder wecken längst vergessene Träume . . .«, sagt man über den 1948 in Isny im Allgäu geborenen Künstler. Nach der Schulzeit studierte er an der Wiener Kunstakademie. Hechelmann drehte preisgekrönte Filme – Idee, Ausstattung und Regie sind für ihn selbstverständlich geworden, ebenso die Ausstattung für Opernverfilmungen im Auftrag von August Everding und Herbert von Karajan. Dazu illustriert er Bücher, die jung und alt begeistern. Er sprengt mit seinen genialen Bildern die Maßstäbe herkömmlicher Märchenillustrationen. Er entführt den Betrachter aber auch in seine großformatigen Tafelbilder – tief empfundene Landschaften.

Die Weine

76er Riesling Auslese, mild
0,75 l ca. 107,00 DM
Hochfeine Aromen,
subtile Geschmacksnuancen,
langanhaltender Nachgeschmack.
Noch ein paar Jahre lagerfähig.
Eignet sich zum Dessert
»als Abschluß eines Festmahles«.

86er Riesling Spätlese, halbtrocken
0,75 l ca. 29,00 DM
Gute Fruchtaromen, feingliedrig,
langer Nachgeschmack.
Noch ein paar Jahre haltbar.
Eignet sich vor allem zu Fischgerichten und weißem Fleisch.

Prof. Jupp Jost (Etikett »Das Innenleben des Weins«, Edition 86): Der Künstler, Jahrgang 1920, studierte an der Hochschule für Bildende Künste, der Städel-Schule, in Frankfurt. Seit 1950 freiberuflich tätig. Seine Arbeiten in »Malerei, Glas, Mosaik, Guß und Edelstahl werden vor allem von Staat, Kirche und Industrie« angekauft. Das Künstleretikett von Prof. Jupp Jost zeigt das vielfältige Innenleben des Weines aus mikroskopisch-künstlerischer Sicht: Hefen und andere Pilze, Bakterien und kristalline Ausfällungen wie zum Beispiel Weinstein. Der Freund des Rheingaus wird darin die Blume des Weines entdecken und wenn er will, auch die »blaue Blume« der Romantik finden.

Weitere »Künstler-Weine«
in begrenzter Menge auf Anfrage.

Haute Culture aus Hattenheim

Die Geschichte des ersten modernen deutschen Künstleretiketts ist untrennbar mit fünf Namen aus der kulturell-kulinarischen Riesling-Hochburg, dem Rheingau, verbunden: dem kreativen, herausragenden Hattenheimer Winzer- und Weinhändlerpaar Catherine und Stefan Ress, dem leidenschaftlichen Sammlerehepaar Mieke und Jan Teunen auf Schloß Johannisberg und dem international bekannten Künstler Heinz te Laake, mit Wohn- und Ateliersitz auf Schloß Reinhartshausen.

Te Laake, der bereits im Ausland 1969 sein erstes Künstleretikett gestaltete, hatte mehr im Sinn, als Kunst und Wein lediglich durch ein Etikett zu verbinden: Dem Künstler müsse die Verantwortung für die Gesamtgestaltung der Flasche übertragen werden, vom Etikettenpapier bis zum Druckverfahren und Form und Farbe der Flaschenkapsel. Außerdem schien ihm ein schmaler Bildstreifen einfach zu wenig, um einen künstlerischen Anspruch umfassend darzustellen. Nur, es fand sich kein Auftraggeber für die Realisierung dieser Ideen.

Das sollte sich ändern, als er durch die Vermittlung der Familie Teunen 1978 in den Rheingau übersiedelte und dank deren Kontakte das Winzerehepaar Ress kennenlernte. Der kunstinteressierte Stefan Ress und seine in Paris geborene Frau Catherine, ehemalige Kunst- und Psychologiestudentin, wagten das Experiment: »Es war nicht einfach, meinen Vater, der damals Seniorchef war, davon zu überzeugen, einen knapp fünfstelligen Betrag in ein völlig neues Projekt zu investieren«, erzählt der sympathische Winzer, der vor kurzem zum Chef der Rheingauer VDP-Gruppe gewählt wurde. Um so größer war die Befriedigung, als viele Kunden Gefallen an der neuen Gestaltung fanden und dazu in der FAZ umfassend über diese Sensation berichtet wurde. 2100 Flaschen einer exzellenten 76er Riesling Auslese mit numerierten Künstleretiketten, davon 200 im aufwendigen Originaldruckverfahren, vom Künstler signiert (Serie B), und dazu 100 Vorzugsdrucke in handvergoldetem Rahmen (Serie A), erhoben die Kreation zu einem eindrucksvollen Gesamtkunstwerk – Haute Culture aus Hattenheim.

»Eine gute Flasche Wein ist ein Kulturereignis«, so das Motto von Stefan Ress, »und erfordert eine Präsentation, die über diese plumpe Bezeichnung hinausgehen sollte. Außerdem sind gute Konzepte im Konkurrenzkampf mindestens genauso wichtig wie erstklassige Weine.« Dazu liege die Förderung der Kultur ebenso wie soziales Engagement im Verantwortungsbereich eines Unternehmers – nicht nur in wirtschaftlich guten Zeiten. Von Rezession spürt der Winzer dank seines ausgewogenen und hervorragenden Weinangebotes nichts, »man darf sich nur nicht auf seinen Lorbeeren ausruhen«.

Das ist nicht zu befürchten. Demnächst gibt es bereits die 13. Edition, diesmal von einer Deutschen, die seit Jahren in Asien lebt und die dortige Kultur in ihr Schaffen einbezieht. »Anything goes« ist dabei der Grundsatz für die Flaschenkunstwerke, was man an den bisherigen Objekten leicht feststellen kann, wie beispielsweise an der dreidimensionalen Kunst, die der Ungar Imre Kocsis kreierte: verpackungstechnisch ein ungeheurer Aufwand, meint Ress dazu, was der Künstler bei seinem Entwurf wohl nicht bedacht habe: anything goes – eben. Das gilt für den Winzer, mit 30 Hektar teilbegrünten Rebflächen nicht nur qualitätsmäßig einer der Großen, auch in seinem Betrieb: Zur Zeit erweitert er seine Präsentationsräume und richtet sie mit stilvollen Antiquitäten – der Domäne seiner Frau – und Originalkunstwerken neu ein, um so einem noch größeren Publikum den Zugang zur Kunst zu ermöglichen und den Genuß erstklassiger Weine, vor allem Riesling und Spätburgunder Weißherbst, zu erleichtern.

Ganz im Stil des wiedererwachten Rheingauer Anspruchs, mit kulturellen Ereignissen, herrlicher Architektur, feiner Küche und vorbildlichen Weinen zu den Glanzlichtern Europas zu zählen. »Glorreiche Rheingau Tage«, wie sich das große Fest im November nennt: bei Ress spürt man sie immer.

Weingut Balthasar Ress
Rheinallee 7
D-65347 Hattenheim
Tel. 0 67 23 / 30 11, Fax 17 11
Übernachtungsmöglichkeiten
werden vermittelt

Die Künstler

Matthew Spender (Etikett der Edition XI): Der Sohn eines bekannten Literaten und einer Musikerin, Jahrgang 1945, studierte in Oxford und an der Slade School of Art in London. Mit 22 heiratete er die amerikanische Künstlerin Maro Gorky. Beide zogen 1968 nach Italien, wo er sich als Maler, Bildhauer, Schriftsteller, Landwirt und Winzer betätigt. Seit 1972 ist Spender Professor der Accademia del Disegno in Florenz. Der vor allem in Europa angesehene Künstler fertigte für Ress den Holzschnitt »Frau mit Trauben«. Demnächst wird auch eine Plastik im Garten des Winzers zu sehen sein. Der Regisseur Bernardo Bertolucci schrieb über seinen Freund: »Ich habe immer geglaubt, daß das Leben Matthew Spender mit den Materialien wie Farbe, Terracotta und Holz so konfrontiert, wie ein kleines Kind, das in das Wasser geworfen ist, bevor es sich das Schwimmen beigebracht hat, um nicht zu ertrinken.«

Claudia Keller (Etikett der Edition XII): Die 1942 in Dessau geborene Künstlerin studierte an den Kölner Werkschulen und an der Düsseldorfer Akademie. Über ihre Arbeiten sagt sie: »Jede Phase des Malprozesses erfordert eine Entscheidung: Gebe ich den sich aufdrängenden Assoziationen, Erinnerungen an Erlebtes, Gesehenes, Geträumtes nach oder schiebe ich sie beiseite, mache mich frei davon, lasse die Farben walten und ihre eigene Form bestimmen? . . . ich male nicht meine Stimmungen, sie fließen höchstens mit ein, ich male nicht mich und meine Gefühle – ohne sie wäre dennoch kein Bild möglich. Meine Arbeitsweise ist eine Verbindung von Emotion und Kalkül. Da ich mich bis vor drei Jahren fast ausschließlich mit Zeichnung befaßt habe, dazu noch lange Zeit Schwarz-Weiß, ist die Ausdrucksform ›Malerei‹ für mich ein aufregendes neues Feld.«

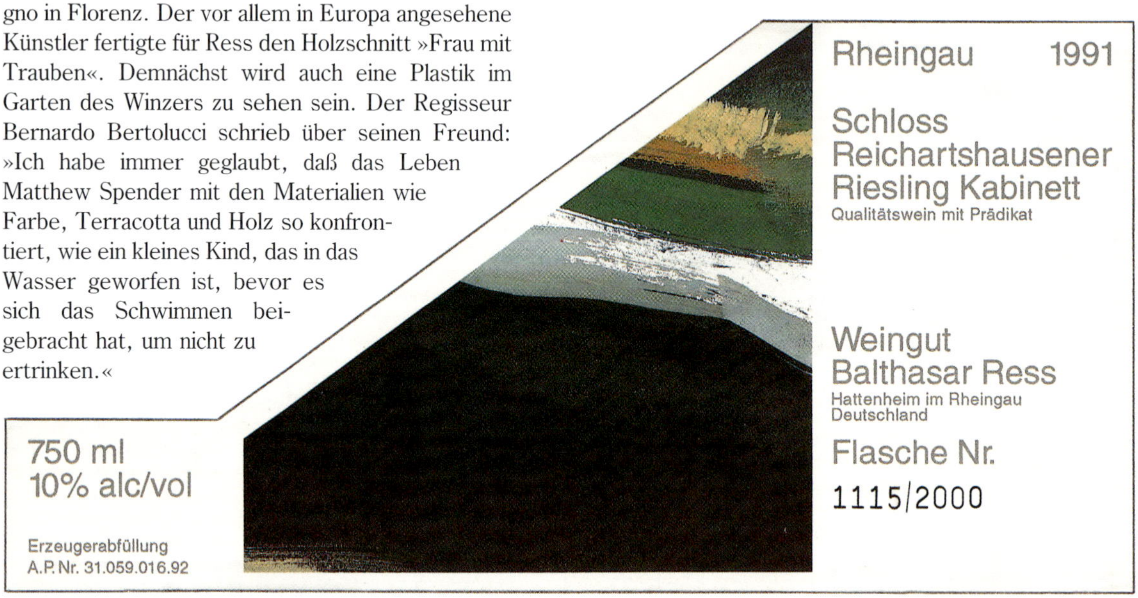

Leo Yerxa (Etikett der Edition VIII): Geboren 1947 im Couchiching Reservat bei Fort Frances, Ontario, Kanada, wurde der Künstler in indianischer Tradition und Kultur erzogen. Nach Studien von grafischer Gestaltung in Ottawa und autodidaktischen Studien stellte er erstmals 1974 in Ontario aus. Mit seinen Federstrichzeichnungen und Entwürfen für die Olympia-Münze Serie VI wurde er 1976 einem breiteren Publikum bekannt. Yerxa, der teils in Ottawa, teils im Reservat seiner Familie lebt, gestaltete auch das Ron-Shakleton-Denkmal für die University von Western Ontario. Seine Kunst ist vorwiegend in Kanada und in den USA zu sehen. Aquarelle und Collagen bestimmen sein künstlerisches Werk. Der Wein dieser Edition ist leider nicht mehr lieferbar.

Die Weine

90er Riesling Spätlese, trocken
0,75 l ca. 40,00 DM
Feine Aromen, vollreifer dicker Wein, extraktreich, langer Abgang. Noch gut 10 Jahre lagerfähig. Paßt gut zu Edelfisch und Wildgeflügel.

91er Riesling Kabinett, halbtrocken
0,75 l ca. 36,00 DM
Feine Fruchtaromen, spritzig, schlank und sehr säurebetont. Etwa 10 Jahre lagerfähig. Eignet sich auch zu Fischgerichten und feinen Salaten.

Weitere »Künstler-Weine« in begrenzter Auflage

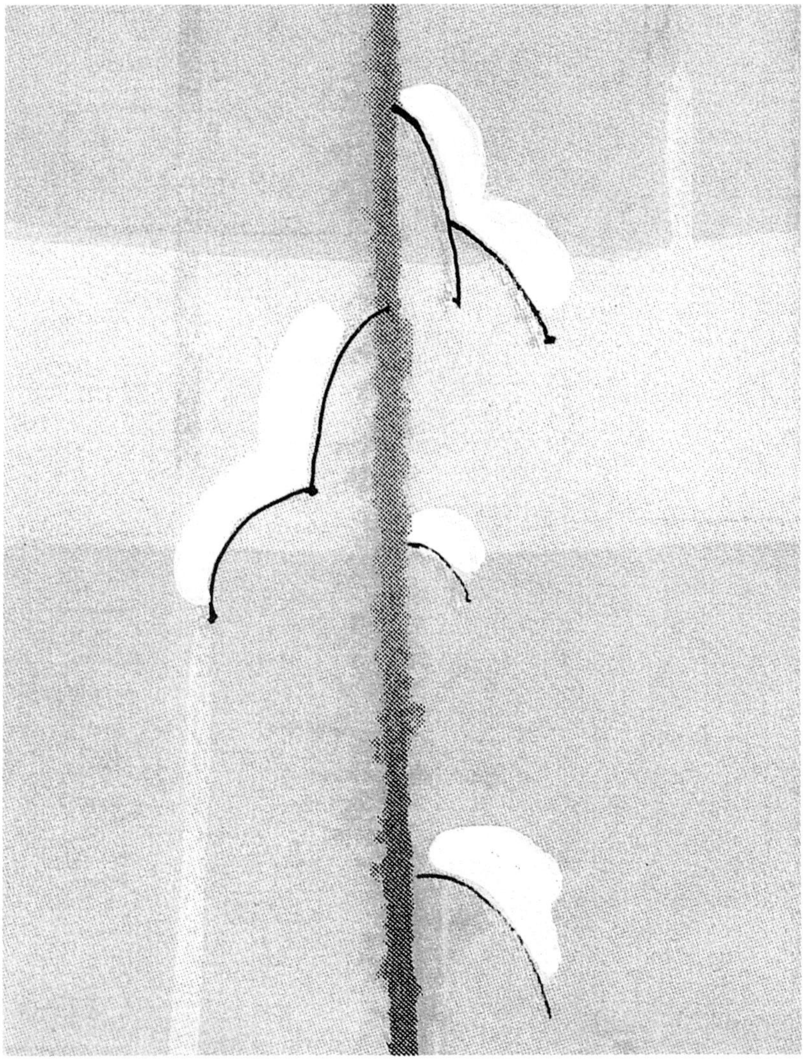

Leuchtendes Rot

. . . ist die Farbe eines für Franken ungewöhnlichen Weines, den Gerhard Roth seit der Premiere, dem 88er Jahrgang, durch Künstleretiketten adeln läßt. Die Werke und auch der persönliche Eindruck waren für den Wiesenbronner dabei entscheidend, die beiden Künstler, Brigitte Friebel und Gerhard Meingast, um eine Gestaltung der Etiketten für den besonderen Wein in limitierter Designer-Bordeaux-Flasche zu bitten, einen im Barrique ausgebauten Lemberger, von dem es leider nur noch den gerade abgefüllten 91er gibt. Denn: »Es ist ein gewisses Kunstwerk der Natur und des Winzers, einen guten Wein zu erzeugen, und so ist eine natürliche Affinität von Kunst und Wein vorhanden.« Die Künstler, und das gilt auch für das erste Rivaner-Etikett von Gisela Dorn, haben hier für die Gestaltung stets freie Hand, nur soll »sich mit Phantasie der Geschmack und der Ursprung des Weines im Etikett spiegeln«. Wer die Weine einmal probiert, wird sich von den gelungenen Resultaten überzeugen können. Wobei die 91er Abfüllung des Lembergers nach unserer Meinung noch ein bißchen besser gelungen ist als die gelobte 90er. Wie diese und ihre Vorgänger ausgefallen sind, können Sie am besten im Weingut selbst nachvollziehen – beim Betrachten der Originale.

Ungewöhnlich für Franken ist, neben den Künstleretiketten, auch der relativ hohe Anteil an Rotweinen, den der Winzer anzubieten hat: »Ein gutes Drittel unserer acht Hektar Rebflächen ist mit fünf Rotweinsorten bestockt.« Die Liebe zu den roten Genüssen hat Roth vom Großvater geerbt, der die Portugieserrebe in dieser Gegend einführte, allerdings – im Gegensatz zum Neffen – mehr dem Genossenschaftswesen frönte. Der Mittvierziger Gerhard Roth aber wollte lieber seine »Traubenproduktion mit dem ›Erzeugnis Wein‹« selbst krönen und nahm mit dem Austritt aus der Genossenschaft gleichzeitig die ökologische Wirtschaftsweise auf: Denn in seiner Familie waren Allergien gegen herkömmliche Pflanzenschutzmittel vorhanden, er selbst bildete da keine Ausnahme. Gelohnt hat sich für ihn die Umstellung – vom Anbau bis hin zu energiesparenden Sonnenkollektoren. So berichtet des öfteren die Tagespresse von Kitzingen bis München über ihn, beim Bayerischen Fernsehen war er zu Gast und auch in der ARD bei einem Beitrag über den ökologischen Weinbau. Ebenso liest man regelmäßig in Fachzeitschriften über ihn und seine Spezialitäten, und in der nächsten Auflage unseres »Großen Buchs der Bio-Weine« ist schon Platz für ihn reserviert. Seine Stärken sind zweifellos die »Rot›h‹-Weine«: zum Beispiel der »Außergewöhnliche«-Purpur, eine Cuvée aus Domina, Spätburgunder, Portugieser und Lemberger. Natürlich werden auch die traditionellen Weißweinreben angebaut, dabei sind vor allem seine Silvaner- und Rieslingweine hervorzuheben und, seit kurzem, ebenso der Rivaner (Müller-Thurgau).
Kein Wunder, wenn Roth einen bekannten Künstler eines anderen Genres gern zitiert: »Trunken müssen wir alle sein!/ Jugend ist die Trunkenheit ohne Wein;/Trinkt sich das Alter wieder zu Jugend,/So ist es wundervolle Tugend,/Für Sorgen sorgt das liebe Leben,/ Und Sorgenbrecher sind die Reben.« Wer da so hemmungslos den Weinkonsum ankurbeln wollte, ist kein Kreativer aus der Werbung, sondern kein geringerer als der deutsche Großmeister der Literatur, Johann Wolfgang von Goethe.

Die Weine

91er Lemberger, Barrique, trocken
0,75 l ca. 22,00 DM
Leuchtendes, dichtes Rot, Bukett von Wildkirschen, zartes Cassis, kräftig, anhaltender Nachgeschmack. Gut 10 Jahre lagerfähig. Paßt zu Wildgerichten, z. B. Wildschwein und Feldhase.

92er Rivaner Kabinett, trocken
0,75 l ca. 9,00 DM
Frischer Duft nach Frühlingsblumen, zarter Muskatgeschmack, prickelnder Abgang. Gut 4 Jahre lagerfähig. Eignet sich auch zu leichten Speisen.

Weingut Gerhard Roth
Büttnergasse 11, D-97355 Wiesenbronn
Tel. 09325/373, Fax 1240
Übernachtungsmöglichkeiten werden vermittelt

Die Künstler

Brigitte Friebel (Etikett für den Jahrgang '90): Geboren 1953, war nach dem Kunst- und Germanistikstudium an der PH Ludwigsburg und der Uni Stuttgart 13 Jahre lang, bis 1989, als Lehrerin tätig. Seit 1984 nimmt die Künstlerin mit Wohnort Lauffen/Neckar an zahlreichen Ausstellungen im In- und Ausland teil und ist seit vier Jahren überwiegend freischaffend tätig. Schwerpunkte künstlerischer Arbeit: Decalcomanien, Seidenbilder, Mischtechniken, Aquarelle und Wachsmalerei.

Gerhard Meingast (Etikett für den Jahrgang '91): Von der Art her ist der 1940 in Asch geborene Künstler ein Flächenmaler – er sucht die Stimulanz aus der Farbe. Durch Farben, Linien und Punkte versucht er, Spannung ins Bild zu bringen. Das Mitglied im Malerverein Nürnberg – Arbeiten in Öl, Aquarell und Acryl sowie Plastiken und Collagen – gewann auf internationalen Ausstellungen Silber in Villach '90 und Gold im polnischen Zakopane '92. Für die Zukunft geplant: eine Skulptur, 10 m hoch.

Gisela Dorn (Etikett für den Jahrgang '92): Die 1949 in Würzburg geborene Künstlerin kam vor 10 Jahren zum Malen und später zur Aquarelltechnik. Nach zwei Studienlehrgängen entwickelte sie ihren eigenen Stil, vom Stilleben bis zum Abstrakten. Nach der ersten – erfolgreichen – Ausstellung wurde sie zu weiteren eingeladen. Gerhard Roth: »Frau Dorn soll weiterhin für unseren leichten Sommerwein die Etiketten entwerfen.«

Stiftungs-Weine

»Weinmachen ist, wenn es mit dem Ziel der höchstmöglichen Qualität betrieben wird, auch eine Art von Kunst. Aus dieser Voraussetzung heraus gibt es zwischen guten Winzern und Künstlern, die diesen Namen verdienen, eine geistige Verwandtschaft. Dies hat sich«, so der junge und zielstrebige Winzer Hermann Steitz, »auch bei der Arbeit mit verschiedenen Künstlern herauskristallisiert.«

Der eigentliche Anlaß aber, einmal im Jahr ein Etikett von einem Künstler gestalten zu lassen, war im Grunde ein »neuer Wein mit einer alten Geschichte«. Dieser Wein wurde in einem über 100 Jahre alten Weinberg geerntet, den die Vorbesitzer im traditionellen gemischten Satz angepflanzt hatten. Es wurden Setzreben aus anderen Weinbergen geschnitten und, ohne auf die Sorte zu achten, in die 860 qm des Weinbergs gepflanzt. Die Rebstöcke überstanden damals unbeschadet die verheerende Reblausplage. Heute besteht der Weinberg zu ca. je einem Drittel aus Silvaner und Riesling, zu je zehn Prozent aus Gutedel, Gewürztraminer und Blauem Silvaner sowie etwas Spätburgunder und einigen Stöcken Saint Laurent, Elbling und Portugieser.

1988 dann, zum 25jährigen Bestehen der ersten Flaschenweinvermarktung, faßte Hermann Steitz den Entschluß, die Weine dieses alten Weinbergs separat auszubauen und ihm den Namen »Locher« zu geben, benannt nach dem Spitznamen der Vorbesitzer, die in einer hochtalartigen Senke (»im Loch«) lebten. Das Ergebnis überzeugte, und »wenn man schon so einen einmaligen Wein hat, kann man es auch wagen, ihn mit einem Künstler-Etikett auszustatten«.

Um so mehr, als in der benachbarten Stadt Rockenhausen die Kahnweiler-Gedenkstiftung beheimatet ist, benannt nach Daniel-Henry Kahnweiler, dem international berühmten Freund und Förderer genialer Künstler und verdienstvollen Vermittler zwischen deutscher und französischer Kultur. Kahnweiler, Ehrenbürger der Stadt, wagte 1908 in seiner Wahlheimatstadt Paris die erste öffentliche Ausstellung kubistischer Malerei, obwohl Braques und Picassos diesbezügliche Bilder vorher auf allgemeine Ablehnung gestoßen waren. Der spätere Erfolg aber gab ihm recht. (Kahnweiler: »Man kann sagen, daß 1912 bis 1914 der Höhepunkt des Kubismus gewesen ist. Er war so siegreich, daß eigentlich damals alle Maler von Talent in Frankreich kubistisch malten.«) Kahnweiler schloß, die Entwicklung vorausahnend, Exklusivverträge mit Braque, Derain, Gris, Léger, Picasso und Flaminck und zeigte die Bilder »seiner« Maler nun auch weltweit – mit entsprechendem Erfolg. 1979, kurz nach seinem Tod, wurde die Gedenkstiftung gegründet, die nun alle zwei Jahre einen mit 10 000 DM dotierten Preis verleiht.

Steitz bat die Stiftung um Mitarbeit bei der Suche nach einem Künstler, der das Outfit dieses auf etwa 600 Flaschen begrenzten Weins kreiert. Daraufhin vereinbarte man, daß unter den ersten des jeweiligen Kahnweiler-Preises ein Künstler ausgewählt wird, der bei der Wahl der Flaschenformen und der Etiketten vollkommen freie Hand hat. Ziel ist dabei auch, junge Künstler unter 35 Jahren einem breiteren Publikum vorzustellen. Beispielsweise während der jährlichen »Locher«-Präsentation für kunst- und/oder weininteressierte Kunden am 1. Mai, bei der gleichzeitig eine Ausstellung des beteiligten Künstlers zu sehen ist (mehr demnächst im »Großen Buch der Bio-Weine«).

Die Originalbilder sind übrigens das ganze Jahr im Weingut zu besichtigen. Dabei sollte man sich auch nicht die Weine und Branntspezialitäten (z. B. Schlehengeist) des Hauses entgehen lassen. Dem sympathischen Anfangsdreißiger Steitz gelingen – neben dem Locher – vor allem Silvaner- und Rieslingweine ausgezeichnet.

Weingut und Brennerei Hermann Steitz
Alsenzstraße 7, D-67811 Dielkirchen-Steingruben
Tel. 0 63 61 / 10 62, Fax 88 25
Übernachtungsmöglichkeiten werden vermittelt

Die Weine

92er »Locher«
Qualitätswein b.A.
0,5 l ca. 25,00 DM
Duftet nach Ananas und Avocado, komplexer Wein, gute Länge.
Etwa 12 Jahre lagerfähig.
Paßt auch zu geräucherter Putenbrust mit Avocado.

91er Riesling, trocken
ist leider nicht mehr lieferbar

Die Künstler

Walter Schüler (Etikett '92): Der 1959 geborene Künstler schloß nach dem Staatsexamen für Kunsterziehung ein Studium, Freie Kunst, in Stuttgart an. 1990 wurde er Preisträger der o. e. Stiftung. Für Schüler steht heute die Arbeit an kleinformatigen, spontanen Handzeichnungen im Mittelpunkt. Diese Blätter thematisieren Vorgänge im Unbewußten und das Prinzip der Wandlung. Ihre Sprache ist einfach, direkt, vieldeutig in ihren Anspielungen und von einer improvisierten, zeichenhaften Sinnbildlichkeit. Im 92er Etikett kommen der schillernde Geschmack des Weines zum Ausdruck, organische Wachstums- und Reifeprozesse und eine gesellschaftliche Funktion des Weines: die Zusammenkunft.

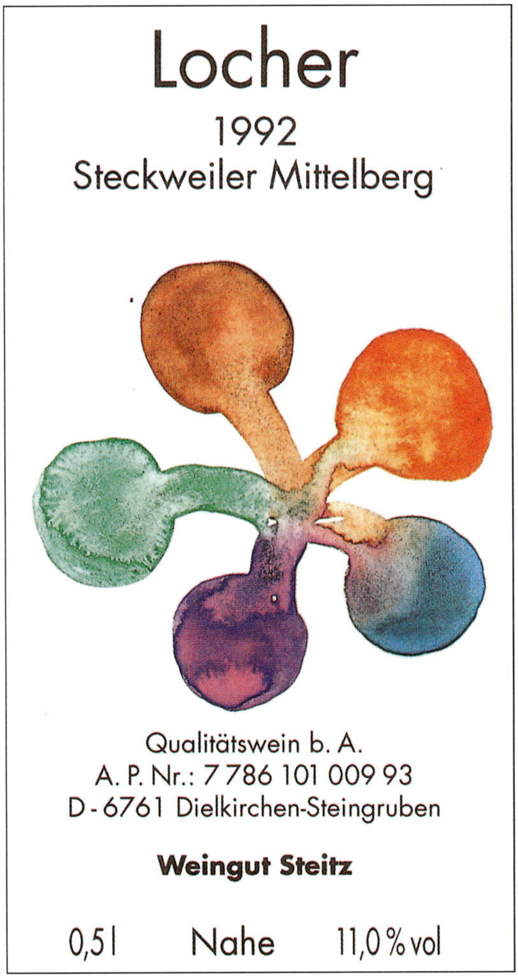

Silvia Rudolf (Etikett '91): Die gebürtige Heidelbergerin, Jahrgang 1957, Studium an der FH Kaiserslautern, ist freiberuflich tätig. 1990 erhielt sie den »Hans-Purrmann-Preis«. Ausgangspunkt ist die konkrete Situation: ein Körper, ein Gesicht, Landschaften, Stimmungen . . . Die, natürlich subjektive, Realität wird in Skizzen festgehalten. Nun kann solch eine erste Bestandsaufnahme jedoch Veränderung, Deformation, Transformation erfahren; es beginnt die experimentelle Phase. Und dieser Prozeß ist der spannendste; sein Ende ist gänzlich offen. So kann aus einer Aktstudie eine Landschaft entstehen, und von einer Weintraube bleibt nicht mehr als ein Loch . . . Und so entstand das Etikett: die Weinberge reduziert auf ihre Grünschattierungen, für die 8 Rebsorten stehen die 8 Löcher = Locher. – Fertig.

Das Blumen-Spiel mit dem Sommer-Bären

»Wir wollten keine Wein-Themen bei unseren Künstler-Etiketten«, beschreibt Dr. Stodden, die Mitinhaberin des Weinguts, die thematische Vielfalt ihrer jährlichen Wein-Kunst-Edition. Was den Künstlern gerade am Herzen lag, sollte zum Ausdruck gebracht werden. »Unsere Intention dabei war, daß Weinkultur und Kunst seit Urzeiten zusammengehören und wir das auch für uns deutlich machen wollten. Schließlich haben auch die meisten Künstler einen gewissen Bezug zum Wein«, ohne dabei stets Reben zu zeichnen.
Die ersten Kontakte ergaben sich durch die Freundschaft mit der »semiprofessionell« malenden Dorle Schweiss, die für Stoddens die ersten Etiketten entwarf: »Fleur« und »Primavera«. Danach folgten die Künstler-Bekanntschaften »irgendwie automatisch«, erzählt die zwischenzeitlich nicht mehr praktizierende Ärztin. »Das Weingut und drei Kinder sind genug Arbeit. Wenn man sich dabei nur um die eigene Achse dreht, bekommt man keine Kontakte. Man muß die Augen offen halten.«
Das scheint auch das neue Motto an der Ahr zu sein. So sind die noch jungen Veranstaltungen »Gourmet und Wein« inzwischen soweit, daß sich »hier eine Art deutsche Toscana« entwickeln kann. Südländische Lebensinhalte im deutschen Rotweinparadies? Was spräche denn dagegen?
Auf keinen Fall das Flair und die Qualität dieses Weinguts, mit einer Rebfläche von etwa 6,5 Hektar, das derzeit in der 4. Generation im Familienbesitz ist. Dem Winzer und Diplomvolkswirt Gerhard Stodden gelingen nicht zuletzt durch eine rigorose Reduzierung des Anschnitts vortreffliche Rotweine. Die bewußte Inkaufnahme geringerer Erträge – in den Spitzenlagen und in alten, wurzelechten Weinbergen liegt der Ertrag bei 35 bis 40 Hektoliter pro Hektar – und die strenge Sortierung des Lesegutes im Weinberg durch mehrmalige, selektive Traubenlese sind hierfür Grundvoraussetzung. Die individuelle Betreuung der Weine im Keller, der Ausbau und die ausschließliche Lagerung in Eichenfässern sind ein weiterer Grundstein für maximale Qualität. Dazu werden seit 1989 Rotweine im neuen Eichenfaß – Barrique – ausgebaut und gelagert: Schwere, große Spätburgunder – mit über 70 % die wichtigste Rebsorte – mit wuchtigem Körper und großem Gehalt sind das Ergebnis dieser Rotweinbereitung. Zahlreiche Auszeichnungen und Heraushebung in anerkannten Publikationen testieren diese intensiven Qualitätsbestrebungen. »Das hat sich sogar bis zur Regierungsspitze herumgesprochen«, sagt Gerhard Stodden: »Die kamen von selbst auf uns zu, und seitdem kredenzen der Bundespräsident und die Bundesregierung bei Gala-Dinners große Rotweine unseres Hauses.« Doch nicht nur ein paar Spitzen zu haben ist wichtig, auch der einfache Wein muß schmecken, und genau das tun nicht nur die zu zwei Drittel trocken ausgebauten Ahrweine aus meist steilen Schieferlagen.
Davon kann sich jeweils im Mai bei der großen alljährlichen Vernissage – dieses Mal war der schwedische Botschafter zu Gast – Prominenz aus Politik und Wirtschaft selbst überzeugen. Der jeweilige Etiketten-Künstler verteilt dabei seine Exponate über den ganzen Betrieb. Einen Monat lang sind diese Bilder jeweils im Weingut zu besichtigen. Dazu finden ständig wechselnde Ausstellungen heimischer Künstler statt. Weltoffenheit als Lebensstil ist das Motto der Besitzer. Man kann es spüren.

Weingut Jean Stodden
Rotweinstraße 7–9
D-53506 Rech/Ahr
Tel. 02643/3001, Fax 3003
Übernachtungsmöglichkeiten werden vermittelt

Die Weine

92er Spätburgunder Qualitätswein, trocken
0,75 l ca. 24,00 DM
Vielfältige Frucht, kräftig, sehr beerig, guter Nachgeschmack.
Gut 10 Jahre haltbar.
Eignet sich auch zu dunklem Fleisch, Wildgeflügel und Käse.

88er Spätburgunder Kabinett, trocken
0,75 l ca. 20,00 DM
Gut ausgeprägte Frucht, körperreich, feiner Nachgeschmack.
Noch etwa 6 Jahre haltbar.
Paßt zu gutem Braten, auch zu Wild.

Weitere »Künstler-Weine« auf Anfrage.

Die Künstler

Dorle Schweiss (Etikett »Primavera«, Edition Nr. 2): Die beiden ersten Etiketten »Fleur« und »Primavera« gestaltete die jetzt zum engeren Freundeskreis gehörende Dorle Schweiss. Sie betreibt mit ihrem Mann eine eigene Staudengärtnerei, ist deshalb künstlerisch »semiprofessionell« tätig. Jeden September hat sie ihre eigene Ausstellung in ihrem Betrieb.

Elisabeth Lindberg (Etikett »Der Bär«, Edition Nr. 6): Die 1950 geborene Schwedin studierte Werbegrafik und Buchillustration. Bis 1980 war sie vor allem als Kinderbuchillustratorin tätig. Danach Instrukteurin und Designerin in einer Frauen-Kooperative für Textilverarbeitung und Schneiderei in Äthiopien. Anschließend arbeitete sie als Art Director in Schweden, dann als Lehrerin für grafisches – und Textildesign auf den Seychellen. Die Arbeiten der Künstlerin sind in vielen Schulen sowie in der Botschaft in Guinea Bissau ausgestellt. Seit 1991 ist sie wieder verstärkt in Galerien in ihrer Heimat zu sehen. Das Motiv soll die Kraft des Bären, mit einem Lachs im Bauch, mit der Frucht und Fülle des 92er Spätburgunders in Einklang bringen.

Federn der Phantasie

»Ohne künstlerischen Sinn«, erzählt der Moselaner Winzer Rudolf Trossen, mit Hang zur bodenständigen Weinpoesie, »kann man auch keinen guten Wein machen.« Unter »gut« versteht er »wirkliche, ausdrucksvolle, lebendige Weine, also Weinindividualitäten« und nicht nur »saubere, klare Weine, die jeder Technokrat herstellen kann«. »Ein idealer Winzer muß Künstler sein. Na ja, werden wollen«, schränkt er ein, denn »wieviele Federn der Phantasie werden unsereins schon in der Schule und Ausbildung ausgerupft«.

Dabei spiele doch der Wein zusammen mit der Kunst eine höchst aufschlußreiche Rolle in der Geschichte. Zum Beispiel sei die Entstehung der Tragödie im Griechenland des 7. Jh. v. Chr. »ohne den Dionysoskult nicht denkbar«. Tragödie heiße Bocksgesang und meine Satyrchöre als Begleitung beim kultischen Ritual der Dionysosverehrung: Wenig später entstand aus selbigem Grund die Komödie. Dionysos, der Gott des Rausches, der Ekstase. Die Symposien der griechischen Adelsgesellschaft, Ausgangspunkte für die Säkularisierung von Tanz, Musik, Dichtung, Theater, Literatur, Malerei. Alle Kunst war zunächst »Tempelkunst«, also sakral gebunden. Mit dem »Symposium« aber tritt die Kunst aus dem heiligen Bezirk heraus, nicht mehr Eingeweihte oder Priester sind jetzt die Künstler im Dienste des Gottes, sondern der »Kultivierte«, meist adelige Bürger der griechischen Städte. Die Verbindung von Wein und Kunst als Huldigung an eine Tradition, der sich auch Goethe nicht entziehen konnte oder, wie es Trossen salopp vermutet: »Goethe – der Große! –, ohne Wein wäre der ›Faust‹ wohl nicht entstanden.«

Nach Trossen entstehen die »Weinindividualitäten aus dem unabwägbaren Zusammenspiel von Boden, Pflanze, Umkreis, vermittelt, tangiert von Kopf, Herz und Hand des Winzers«. Nicht umsonst »ist der Wein das sensibelste Getränk der Erde, mit seinen vielhundertfachen Inhalts- und Aromastoffen«. »Alles drückt sich in ihm aus: vom sanften Strahlen der Venus im Stier, jeder Sonnenstrahl, jeder Aprilschauer, alles was Winzerhände tun, Sonne, Wolken, Wind und dazu das Leben im Boden.« Und das ist hier an der Mosel ein Boden in einer reizvollen Flußlandschaft, geprägt von 2000jähriger Weinkultur. Auf diesen Weinbergen grünt und blüht es (»Wingert heißt ja auch Weingarten«), Marienkäfer, Raubmilben und Spinnen tummeln sich, verfolgen die gefürchteten Rebschädlinge.

Seit 1978 übrigens, nach der Betriebsübernahme vom Vater – die Weinbautradition der Familie läßt sich bis ins 12. Jahrhundert zurückverfolgen –, betreiben die beiden Trossens, Rita und Rudolf, ökologischen Weinbau. Warum? »Einen gesunden Boden und gesunde Pflanzen zu haben, ist kein Zustand, sondern die Folge umweltgerechter Bewirtschaftung (mehr darüber im »Großen Buch der Bio-Weine«, Seite 56/57).

Die Resultate sind säurebetonte Rieslingweine, »ausdrucksvolle Originale« eben, die zum Großteil trocken ausgebaut werden. Blauer und grauer Verwitterungsschiefer geben Trossens Weine den typischen, ursprünglichen Geschmack, der die Mosel und ihre Rieslingweine in aller Welt berühmt gemacht haben.

Wenn der Sinn des Erzeugers so »künstlerisch« sein soll, wie hält es Trossen dann mit der Kunst auf der Flasche?

»Nun«, sagt er, »das ist die logische Folge für mich, etwas Natürliches, Organisches und soll eine atmosphärische Verbindung mit Wein, Winzer und Landschaft haben. Jedem das Seine, aber für mich ist der Wein die Kunst – und schöne Flaschen oder Etiketten dürfen ihn schmücken.« Dabei mag er »keine beliebigen Farborgasmen, kein kaltes Design, keine schwülstige Ornamentik und die Distanz darf nicht zu groß sein – keine schrille Verpackung zu einem müden Wein ohne Individualität«.

Die Weine

92er Riesling Kabinett, halbtrocken
0,75 l ca. 11,00 DM
Erfrischender Duft, gute Säure, »belebende Anmut«.
Etwa 5 Jahre lagerfähig.
Eignet sich gut zu Fischgerichten.

92er Riesling Spätlese, trocken
0,75 l ca. 17,00 DM
Gute Fruchtaromen, warmer, tiefer Ton, samtig-herbe Art, feiner Nachgeschmack.
Noch 8 Jahre haltbar.
Paßt zu Fisch und kalten Braten.

92er Riesling QbA, trocken
0,75 l ca. 10,00 DM
Leichte, duftige Art, fruchtig, kräftige Säure.
Etwa 4 Jahre lagerfähig.
Paßt vor allem zu kalten Fleischgerichten und rustikaler Küche.

Weitere »Künstler-Weine« auf Anfrage.

Weingut Rudolf Trossen
Bahnhofstraße 7, D-54538 Kinheim
Tel. 0 65 32 / 27 14
Übernachtungsmöglichkeiten werden vermittelt

Der Künstler

Werner Krumsiek: Der gebürtige Dortmunder, Jahrgang 1967, lernte »Land und Leute« an der Mosel während seines Zivildienstes kennen. Dabei entstanden erste Skizzen und Zeichnungen zum Thema Wein. Krumsieks Entwürfe sollen auch das Zusammenspiel und die Einigkeit zwischen den Elementen, dem Menschen und seiner Arbeit wiederspiegeln. Er sieht seine Etiketten nicht als bloße Flaschengestaltung, sondern als letzte Formgebung und Charakterbeschreibung des Weines. Krumsiek unterhält eine Agentur für gastronomische Projektberatung. Seit einiger Zeit ist er Mitbetreiber des Kunst- und Kulturbahnhofs Norf bei Düsseldorf. Schwerpunkte dort sind Ausstellungen, Kleinkunst und Konzerte.

»Lohn eines Jahres,
kostbarer Saft,
funkelt im Glase,
tanzt auf den Zungen,
lächelt ins Herz,
Wein ist's geworden!«

Im Markgräflerland: ein badischer Avantgardist

»Schon vor 10 Jahren haben wir einen 82er Spätburgunder Rotwein mit einem handsignierten Künstleretikett ausgestattet, haben uns aber dann hauptsächlich mit den Bildern unseres örtlichen Künstlers Adolf Riedlin befaßt – und diese als Motive verwendet.« Hartmut Schlumberger, Besitzer des gleichnamigen Privatweingutes im Markgräflerland, möchte damit die besonderen Weine eines Jahrgangs hervorheben und kann sich über mangelnde Resonanz, vor allem in der Top-Gastronomie, nicht beklagen. Bei der Auswahl des Künstlers spielten nicht nur gute verwandtschaftliche Beziehungen zu Lebzeiten Riedlins eine Rolle, auch die Motive des Malers (und Weinbergbesitzers), der überwiegend Bauern darstellte: »Ein großer Wein kann mich begeistern und ansprechen wie ein edles Kunstwerk, wobei ich den Winzer und Kellermeister nicht als Künstler, sondern als soliden Bauern und Handwerker mit ›gutem Geschmack‹ sehe, der die Liebe zum Rebstock und die Leidenschaft zum Wein mit einbringt.« Das ist bei Schlumberger zweifelsohne gegeben, der beachtliche Weine hervorbringt, die nicht nur geprägt sind von fachlichem Wissen und beruflichem Ehrgeiz, sondern auch vom Boden, auf dem sie gewachsen sind, und der liebevollen Pflege im Holzfaß – Weine, die Erinnerungen wecken an Land und Leute.

Etliche Bilder des verstorbenen Künstlers, zu dessen 100. Geburtstag im letzten Jahr eine umfassende Retrospektive stattgefunden hatte, sind im Weingut jederzeit zu besichtigen. Keinesfalls versäumen darf man dabei die Weine des »Kunst-Handwerkers«: vom Spätburgunder-Barrique bis zum Gutedel, vom Riesling bis zum Weißburgunder – Gewächse, die überzeugen.

Privat-Weingut H. Schlumberger
Weinstraße 19, D-79295 Laufen
Tel. 0 76 34/89 92, Fax 82 55
Übernachtungsmöglichkeiten werden vermittelt

Der Künstler

Adolf Riedlin, im badischen Laufen 1892 geboren (gest. 1969), begann nach einer Malerlehre seine Studien an der Kunstgewerbeschule Karlsruhe, an der Großherzoglich Badischen Akademie, ebenfalls in Karlsruhe, und an der Stuttgarter Akademie. Das Vor- und Nachkriegsmitglied der Badischen Seccession Freiburg hielt u. a. in eindrucksvollen Farben viele bäuerliche Motive fest.

Der Wein

92er Riesling Spätlese, trocken
0,75 l ca. 14,00 DM
Feine Fruchtaromen, »harmonisch eingebettete Säure«, extraktreich, gute Länge.
Etwa 8 Jahre lagerfähig.
»Hervorragender Begleiter festlicher Tafelfreuden« – z. B. Fisch, Meeresfrüchte, Fleisch.

Weitere »Künstler-Weine« auf Anfrage.

Neues von den »Klosterdoktoren«

Man trinkt einen Schluck Ruhe, wenn man einen guten Wein genießt, heißt es in der traditionsreichen Weinkellerei Weigand. Denn: die Hektik unserer Tage hat der Beschaulichkeit und Ruhe des Weines noch nichts anhaben können. Er reift nicht schneller, sondern, wie in diesem Fall, in tief in das Felsgestein gebauten Gewölbekellern, vorwiegend in Holzfässern.
Alles, was da zum Beispiel aus den eigenen Weinbergen in Schornsheim, Rauenthal und Bingen in Ruhe heranreifen darf, genießen seit Jahren Weinfreunde von Japan bis Südamerika, darunter auch berühmte Fürstenhäuser, führende Hotels und bekannte Persönlichkeiten aus Politik, Wirtschaft und Kultur. Das Markenzeichen der Binger Weinspezialisten sind vor allem die Weine der Marke »Klosterdoktor«: Cuvées – »wie bei hochwertigen französischen und italienischen Weinen, um einen vollendeten Geschmack zu komponieren« – vom Kabinett bis zur Auslese, »aus den besten Ernten der allerersten Lagen«. Anläßlich der freundschaftlichen Zusammenarbeit mit Peter Buchner entstand für den Jahrgang 1992 erstmals auch ein Künstleretikett, das einen sehr interessanten ungarischen Ausbruch-Wein ziert. Der bisherige Erfolg mit dem neuen Kleid trägt auch in der Gastronomie wohlverdiente Früchte: »Wir werden in Zukunft jedes Jahr ein neues Künstleretikett vorstellen, vielleicht auch zwei.«

Weinkellerei A. Weigand
Mainzer Straße 54–56
D-55411 Bingen
Tel. 0 67 21 / 1 33 11, Fax 1 32 37

Der Künstler

Peter Buchner: Dieses Etikett wurde von dem Passauer Weinspezialist und »Maler aus Leidenschaft« Peter Buchner gestaltet. Näheres über ihn können Sie im Kapitel »Der ›Qualitäts‹-Komponist« (Seiten 18–20) lesen.

Der Wein

Von den Vorgängern der Weigandschen Kellerei bezog schon Goethe seinen Wein.

92er Blaufränkischer Ausbruch, mild
0,75 l ca. 18,00 DM
Nach Brombeeren duftender Ausbruch-Wein, vollmundig, »edle feine Süße«, gute Länge.
Noch etwa 8 Jahre lagerfähig.
Eignet sich auch als Dessertwein.

Rieslingblatt im Morgentau

»Frisch wie ein taudurchglänzter Morgen, ein Ahnen von der tagsüber aufgenommenen Wärme«, liest man in der Begleitschrift zur Edition No. 3, die allen Kunden – und Neugierigen – zugesandt wird: »Glänzendes Geschmeide, wenn sich die ersten Strahlen der Sonne im Morgentau brechen – jungfräuliche Schönheit des heraufziehenden Tages – Nässe und Wärme, Leben und Fruchtbarkeit, Wechselspiel der Natur.«

»Die Malerin Dietlind Schmiedek hat dieser Stimmung in ihrem Etiketten-Entwurf meisterhaft Ausdruck verliehen«, sagt Udo Mattern, Besitzer des Weinguts Weedenbornhof – und damit hat er zweifelsohne Recht. Die Begegnung der Farbvirtuosin Schmiedek mit dem Weinvirtuosen Mattern geschah, wie so vieles Erfreuliche, eher zufällig. Ihm gefielen ihre Bilder, und er folgte einer Einladung zur Vernissage, sie fand seine Erzeugnisse gelungen und folgte einer Einladung in sein Weingut.

Zu diesem Zeitpunkt feierte man dort gerade 500 Jahre Riesling-Anbau, »ein Anlaß, um die Kunst des Sehens und des Schmeckens in Übereinklang zu bringen«, wie Mattern erzählt. Vier Etiketten lang bewährt sich bereits das Zusammenspiel, und der Winzer sucht dafür Künstler-Weine aus, die nicht nur fein schmecken, sondern auch für den Verbraucher erschwinglich sind.

Die finden sich immer, bei zwölf Hektar Rebfläche und einer selbstauferlegten Ertragsbegrenzung. »Ein alter Familienbesitz eben, mit neuen, zeitgemäßen Ideen«, wie Udo Mattern sein Weingut beschreibt, in das er vor mittlerweile knapp elf Jahren eingestiegen ist und nun seit über einem Jahr selbst führt. Zusammen mit seiner Frau Heidrun und den Schwiegereltern hat der Enddreißiger 1987 voll auf die Zukunft gesetzt und den Betrieb erweitert. Die Entwicklung gab ihm Recht. Und so kann der Winzer alljährlich am Pfingstwochenende bei seinem »Jazz & Oldies Fest« im schönen alten Hof eine illustre Genießerschar begrüßen, die den kostenlosen Transfer zu den Hotels der Umgebung auch weidlich nützt. Bei frischen Zechweinen vom Faß bieten die Gastgeber dazu »kulinarische Überraschungen«, hinter denen sich neben frischem Spargel noch feiner Lachs, Scampis und gut zum Gemüse passende Bratwürste verbergen. Die nicht nur vom Wein verursachte fröhliche Stimmung läßt das Fest für alle in guter Erinnerung bleiben. Schade nur, daß dieser Zeitpunkt für die Vorstellung des jeweils neuesten Schmiedek-Etiketts etwa vier Monate zu früh ist. Aber man mag sich damit trösten, die bisherigen Wein-Aquarelle – im Original übrigens kaum größer als das Etikett – auf dem Weingut bewundern und eventuell noch einen der limitierten Drucke erstehen zu können.

Und dann gibt es ja auch noch den »Vorgänger«, der einem den Zeitpunkt mühelos überbrücken läßt. In diesem Fall sogar zwei: einen herrlichen Eiswein aus der Huxelrebe, dessen Etikett die Stimmung der Jahreszeit fühlbar einfängt, und einen 91er Riesling, der, als optischer Leckerbissen, gegen geringen Aufpreis mit einem Präsentkarton versehen wird. Sein Etikett zeigt das Grün der Felder und den Abendhimmel, durchkreuzt von einem gebündelten Regenbogenprisma. Dieser Wein ist in Verbindung mit dem Etikett nun wirklich ein wahres Gesamtkunstwerk. Doch sollten Sie auch die anderen Weine nicht unbeachtet lassen, zum Beispiel die Spätburgunder, die zum Großteil im Holzfaß trocken ausgebaut werden, ein Steckenpferd des Winzers.

Weingut Weedenbornhof
Am Römer 4–6, D-55234 Monzernheim
Tel. 0 62 44/3 87, Fax 5 73 31
Übernachtungsmöglichkeiten werden vermittelt

Die Weine

91er Riesling Kabinett, trocken
0,5 l ca. 19,00 DM
Frisch wie ein taudurchglänzter Morgen, trocken, spritzig, leicht. Mit ausgeprägter Säure. Hat noch einige Jahre Lagerpotential. Paßt beispielsweise zu Fischgerichten.

91er Huxelrebe Eiswein, lieblich
0,25 l ca. 27,00 DM
»Ein überraschendes Fruchterlebnis, inspirierte uns so stark, daß wir ihn in unsere Künstleredition aufnahmen.« Lese bei minus 10° C. Sehr lange haltbar. Als Aperitif oder zum Abendausklang.

Die Künstlerin

Dietlind Schmiedek: Nach ihrem Studium Grafik-Design und Textil-Design in Münster »begann ich meine Tätigkeit als freischaffende Malerin und Designerin: in erster Linie Bilder, Aquarelle und Aquacrylbilder auf Leinwand, ich bemale Stoffe, Textilien und Keramik. Dann bin ich noch als Farbdesignerin tätig, erstelle Farbkonzepte für Banken, Hotels und Firmen mit exklusivem Teppichdesign, handgemalten Gardinen usw.« Vom Briefpapier bis zum Glasfenster reichen die Aktivitäten der Künstlerin, mit ihrem guten Auge für Farbkompositionen, die jeweils in der Adventszeit ihre feste Ausstellung hat. »Mit diesen Gesamtkunstwerken befindet sich Dietlind Schmiedek in der Tradition so klingender Namen wie Michelangelo, Tiffany oder Gaudi«, sagt Kunstkritiker Peters mit Überzeugung, »und für unsere Stadt- und Wohnkulturen brauchen wir ganzheitliche Kunsträume mehr denn je.«

Fellbach: Avantgarde in Württemberg

»Des Lebens tiefste Weisheit«, wußte schon der persische Dichter Hafis im 14. Jahrhundert, »liegt im Wein.«

»Wo Wein wächst«, erkannten gut 600 Jahre später die Weingärtner der Fellbacher Genossenschaft, »gedeiht auch die Kunst. Sie ist die Verkörperung der Phantasie und gestalteter Ausdruck menschlichen Geistes.« »Daher«, so verkündet das jeweils mit dem Wein ausgehändigte Zertifikat mit Unterschrift des Künstlers, »dokumentiert unsere WGF-Edition ›Wein und Kunst‹ die Verbundenheit mit Kunst und Künstlern.« Schließlich habe, erzählt Heinz Frick, Geschäftsführer des 310 Mitglieder umfassenden Betriebes, bereits »Goethe produktivmachende Kräfte im Wein entdeckt«. Das »Erleben von Kunst und Wein miteinander zu verknüpfen schien uns deshalb verlockend. Inspiriert wurde ich zudem auch auf einer Reise nach Frankreich, als ich mit den Rothschild-Etiketten in Berührung kam.«

Und so starteten die Fellbacher – die ersten in Württemberg und wohl so ziemlich die einzigen überhaupt, die Kunstgenuß ausschließlich auf Magnumflaschen anbieten – ihre Edition in einer limitierten Auflage von 1000 Flaschen »als Referenz an örtliche Künstler und an alle Kunst- und Weinfreunde, die das Besondere zu schätzen wissen«.

Besonderes wird tatsächlich geboten: So sind die meisten Weine Spät- oder Auslesen, die zum Teil bis zu 17 Monaten in den Fässern reifen durften, wie die gerade noch erhältliche 90er Riesling Auslese, ein wirklich prächtiger Wein des großen Jahrgangs oder die demnächst angebotene 92er Spätburgunder Spätlese »aus den besten Lagen« der Umgebung. Dazu ist Fellbach bekannt als »Trollinger-Gemeinde«, wie nicht nur eine 89er Spätlese, ebenfalls mit Künstler-Etikett, eindrucksvoll unterstreicht. Die Weingärtner, 1991 mit dem Umweltpreis der Stadt Fellbach ausgezeichnet für vorbildliches Handeln im umweltschonenden Weinbau, verstehen nun mal ihr anspruchsvolles Handwerk. Auf derzeit 165 ha Rebflächen gedeihen die Weine, die in früheren Jahrhunderten an den Tafeln von Grafen bis hin zu Kaisern, sogar von den Zaren in Petersburg, hoch gepriesen wurden und heute in die ganze Welt verschickt werden.

Auch bei der Auswahl der Editionen gibt man sich besondere Mühe: Die Serie wird in jedem Jahr einem Fellbacher Künstler gewidmet. Eine kleine Kommission der Genossenschaft sucht ihn jeweils aus, ebenso das Werk, das für die Edition in Frage kommt. »Meistens«, so Heinz Frick im schönen heimischen Dialekt, »wird die Vorstellung des Weines mit einer Ausstellung des Künstlers verbunden«, in den Räumen der Fellbacher Bank, »zu der natürlich auch Prominenz eingeladen wird.« Über mangelnde Resonanz brauchen sich die Weingärtner von Fellbach, wo ein halbes Jahrtausend Weinbautradition hinter dem Fortschritt steht, nicht zu beklagen, gut 300 Gäste lassen sich jeweils dichtgedrängt beim Stehempfang mit Wein optisch wie kulinarisch verwöhnen.

Auch wer nicht daran teilnimmt, kommt zum unbeschwerten Wein- und Kunstgenuß. Heinz Frick: »Wir kaufen das jeweilige Werk dem Künstler ab. Die Bilder sind bei uns jederzeit in unserem Weinprobiersaal zu besichtigen.«

Weingärtnergenossenschaft Fellbach eG
Kappelbergstraße 48
D-70734 Fellbach
Tel. 07 11 / 58 78 61, Fax 57 18 24
Übernachtungsmöglichkeiten
werden vermittelt

Die Weine

92er Spätburgunder Spätlese, trocken
Wird demnächst als 93er Edition vorgestellt.
1,5-l-Flasche mit Kiste ca. 55,00 DM
Schöne Fruchtaromen, fester
Körper mit guter Dichte, nachhaltig.
Etwa 12 Jahre lagerfähig.
Eignet sich vor allem zu Rindersteaks,
Lamm und Wild.
(Etikett nicht abgebildet)

90er Riesling Auslese, trocken
1,5-l-Flasche mit Kiste ca. 55,00 DM
Feine Fruchtaromen, ansprechende Säure,
»Fruchtigkeit und Rasse zeichnen
ihn besonders aus«, langer Abgang.
Noch gut 12 Jahre lagerfähig.
Paßt vor allem zu Fisch, Geflügel
und hellem Fleisch.

90er Schwarzriesling Auslese, trocken
leider nicht mehr lieferbar.

Die Künstler

Uli Roesner (Etikett der 92er Edition): Der 1924 geborene Künstler studierte Kunst in Berlin und Stuttgart bei Gollwitzer und Henninger. Als freier Maler und Grafiker arbeitet er seit 1961 in Fellbach. Gestalterische Arbeiten u. a. im Bereich »Kunst am Bau und im öffentlichen Raum«. Roesner forcierte schon frühzeitig in seinen Bildern die Architektur der wahrgenommenen Landschaften, der naturbezogenen Formen. Hier liegt auch das Zentrum seiner »abstrakten« Arbeiten – und »abstrakt« ist in Anführungszeichen gesetzt, weil es sich um sehr konkrete Probleme der Anschauung und der Wahrnehmung handelt. Auf spielerisch-witzige Weise werden alltägliche Formen, die als naturwüchsig gelten oder als endgültig definiert erscheinen, in ihrer Umfeldbedingtheit und damit auch in ihrer Wandelbarkeit vorgeführt.

Horst E. Gross (Etikett der 91er Edition): Das Aquarell des Künstlers, Jahrgang 1928, spiegelt ein herbstliches Thema wider. Durch die Farbtöne entsteht eine Assoziation zum Weinbau, zur Weinberg-Erde, zu Trauben und zum Wein selbst. Gross studierte in Stuttgart: Akt und Porträt bei Heinrich Kübler, Landschaft bei Hermann Hübsch, Bildhauerei bei Karl Brüllmann. Seine vielseitigen Techniken – Zeichnung, Radierung, Pastell, Aquarell, Acryl, Öl, Mischtechnik, Terrakotta – brachten ihm zahlreiche Preise ein. Die Verbundenheit von Gross mit seiner Heimat Fellbach spiegeln viele seiner Werke wider, in denen er reizvolle Ansichten der Gegend zeigt. Seine Porträts und Landschaften zeichnen ihn als empfindungsreichen Beobachter aus. Er selbst sieht sich als romantischen Impressionisten.

Edle Orchideen im Glas

Als vor knapp sechzig Jahren 46 mutige Winzer aus wirtschaftlicher Not eine Genossenschaft gründeten, konnten selbst die Optimisten unter ihnen nicht ahnen, daß einmal bei Fachgesprächen über die besten badischen Rotweine ihr Betrieb mit an der Spitze stehen würde. Fast zwanzig Jahre lang verfügten die Mitglieder über keine eigenen Arbeitsräume, der Wein wurde im Keller unter dem Pfarrhaus eingelagert. Heute kann die Winzergenossenschaft Sasbach am Kaiserstuhl, die kleinste selbständige in dieser Gegend, eine modern-traditionelle Kellerwirtschaft aufweisen, mit einem (so die Zeitschrift Alles über Wein) »beachtlichen, überaus gepflegten Holzfaßkeller«: vor allem ein Verdienst der Mitarbeiterinnen und Mitarbeiter um Geschäftsführer Rolf Eberenz und Kellermeister Gerhard Staiblin, die den Betrieb kontinuierlich auf einen hohen Qualitätsstandard führten.

Die besten Erzeugnisse aber sollten einen besonderen Rahmen erhalten. Mit zwei 85er Spätburgunder Rotwein Spätlesen begann die Serie der »Orchideenweine«: »Diese Serie«, so Rolf Eberenz, »wird aber grundsätzlich nicht in zeitlich regelmäßiger Folge fortgeführt, vielmehr achten wir äußerst streng darauf, nur Weine herausragender Qualität mit diesen Etiketten auszustatten. So kommt es immer wieder vor, daß wir einige Monate keinen Wein aus dieser Serie liefern können, bis dann vielleicht der nächste Wein eines neuen Jahrgangs ausgebaut und gereift ist.«

Wieso aber ausgerechnet Orchideen als Künstler-Etiketten? Orchideen sind botanisch eine äußerst interessante Pflanzengruppe, die in der Bundesrepublik 55 streng geschützte Arten umfaßt. Hiervon kommen am Kaiserstuhl, dem klimatisch und naturräumlich dafür besonders prädestinierten kleinen Gebirge, 33 Arten vor. Diese wertvollen edlen Pflanzen schienen den Kaiserstühlern der Verbindung mit ihren besten Weinen würdig. Zusammen mit einem Naturschutzwart und dem Künstler wählen sie die Orchideen für den jeweils anstehenden Wein aus. Dabei werden nur Arten berücksichtigt, die am Kaiserstuhl auch wirklich wachsen. Diese Serie »edler Weine« kommt nicht nur bei Liebhabern dieser Pflanzengattung gut an, ob Gastronomie, Fachhandel oder Endverbraucher, Absatzsorgen kennt die dynamische Winzergenossenschaft, im Gegensatz zu etlichen anderen Betrieben, jedenfalls nicht. Das liegt nicht allein an den »edlen Orchideen im Glas«, die Sasbacher sind auch für ihre »normalen« Rotweine – mit einem über 40prozentigen Anteil am Gesamtanbau – allgemein bekannt und haben es auch mit den anderen Sorten nicht nötig, sich zu verstecken. Allen voran die Weiß- und Grauburgunder überzeugen daneben im Geschmackstest. Auch »Kleine« machen zuweilen große Weine!

Ein Besuch lohnt sich jedenfalls: Sasbach, früher Mittelpunkt dieser südbadischen Kulturlandschaft, hat neben interessanten Freizeitmöglichkeiten einen wohl einmaligen wissenschaftlichen Lehrpfad, der dem Gast unter dem Motto »Vulkan, Wein, Wald, Wasser und Geschichte« einen guten Überblick über die kulturgeschichtliche Entwicklung am Kaiserstuhl und Oberrhein vermittelt.

»Der Wein ist ein uraltes Kulturgut unseres Landes«, sagen die Sasbacher. Insofern darf er keineswegs nur von der kommerziellen Seite her als Ware betrachtet werden. Die Kunst sollte den Wein unbedingt begleiten, und umgekehrt sollte der Wein auch stets ein Thema der Kunst sein. Deshalb auch ist Kunst am Wein unbedingt positiv zu beurteilen. Darauf kann man ruhig ein Glas trinken.

Winzergenossenschaft Sasbach am Kaiserstuhl
Jechtinger Straße 26, D-79361 Sasbach
Tel. 07642/1044, Fax 8897
Übernachtungsmöglichkeiten werden vermittelt

Der Künstler

Erich Hauger, geboren 1928, begann Lehren als Farb- und Fotolithograph sowie als Dekorationsmaler. Beide Ausbildungen mußte er durch Kriegsdienst und Gefangenschaft abbrechen. Danach startete er als Portrait- und Schriftenzeichner in verschiedenen Werbeateliers. Seit 1949 ist er selbständiger Graphiker und verbrachte einige Jahre in Basel, wo er diverse Zeichenkurse belegte. Seine Arbeitsbereiche sind neben Fotografie, Heraldik und Schrift, die Gestaltung von Postern, Prospekten und Etiketten.

Die Weine

Die »Orchideenweine« sprechen gewissermaßen für sich selbst: Nur Weine, die sich qualitativ deutlich abheben, werden in diese Serie aufgenommen.

90er Spätburgunder Spätlese, trocken
0,75 l ca. 20,00 DM
Feine Fruchtaromen, dunkles, ausgeprägtes klares Burgunderaroma, körperreich, langer Nachgeschmack. Ca. 10 Jahre haltbar. Paßt gut zu Wildgerichten und Lamm.

90er Weißer Burgunder Auslese, trocken
0,75 l ca. 26,00 DM
Feines Bukett, intensive exotische Fruchtaromen, harmonisch, feiner Nachgeschmack. Gut 10 Jahre lagerfähig. Paßt zu weißem Fleisch, Geflügel, Fisch.

90er Spätburgunder Spätlese, mild
0,75 l ca. 20,00 DM
Duft nach Kirschen, Brombeeren, Schlehen, typische Burgunderart, gehaltvoll, langer Nachgeschmack. Ca. 10 Jahre haltbar. Mehr ein Dessertwein oder für den Abend.

Badische Akte

»Weingarten selbst, wie auch die gesamte mittelbadische Umgebung zwischen Bruchsal und Karlsruhe, hat stets große Maler gehabt – und hat sie immer noch«, erzählt Stefan Knopf, Geschäftsführer der dortigen Winzergenossenschaft. »Das ist ein Maler- und Künstlerdorf, und um dies noch mehr in den Vordergrund zu rücken, haben wir uns vor sieben Jahren zu unserer Künstleredition entschlossen. Inzwischen haben wir die Sache ausgedehnt auf Weingarten und Umgebung«, beschreibt der zielstrebige fünfundvierzigjährige Weinexperte, der 1985 in den Genossenschaftsbetrieb berufen wurde und maßgeblich an der Entscheidung für eine Künstleredition beteiligt war. Die vier ersten Editionen bis zum Jahrgang 1991 sind jedoch mittlerweile restlos ausverkauft, und wie es aussieht, wird auch die 92er Kollektion nicht mehr allzu lange erhältlich sein. Ein kleiner Trost: Man kann sich wenigstens die Originalgemälde zum Teil ansehen, sofern sie noch nicht verkauft sind.

Die Badener lassen sich übrigens keine neuen Etiketten von Künstlern gestalten, sondern verwenden jeweils ein malertypisches Bild, welches bereits vorhanden ist und machen daraus ein Etikett. Auf der Rückseite der Weinflasche findet man auch immer die Geschichte des jeweiligen Künstlers.

In den erwähnten Künstlereditionen – »es müssen anerkannte Könner sein« – findet man neben regionalen Größen auch international renommierte Künstler, und ebenso vielfältig sind die Werke, die für diese gelungenen Publikationen ausgewählt wurden, wenngleich eine gewisse Tendenz zu Frauendarstellungen unverkennbar ist: »Die Sitzende« von Fritz Fronius, »Liegender Akt« von Artur Graf, »Monika« von Wilja-Ludwig Keck, »Akt« von Rudi Fielitz und »Stehender Akt« sowie »Die Entlarvung« von Picasso-Freund Helmut E. Meyer.

Aber auch anmutige Stilleben begegnen uns: »Kleiner Strauß« von Christine Ehmann, »Stilleben mit Büchern« von Artur Graf und »Astern-Komposition« von Dietrich Gilde, der hauptberuflich mit der Herstellung von »Essensgenüssen« in seinem bekannten Restaurant beschäftigt ist. Aber auf Themenbereiche festlegen läßt sich die Winzergenossenschaft erfreulicherweise nicht, was im Bild »Alexander VI.« von Lüpertz-Meisterschüler Uwe Lindau gut zum Ausdruck kommt. Vielfältig künstlerische Interpretationen eben – wie das Weinsortiment: Der qualitätsorientierte Betrieb vor den Toren der Stadt Karlsruhe bietet seinen Kunden vom Spätburgunder bis zum Auxerrois die ganze Palette der Burgunder-Familie an, dazu Riesling, Silvaner, Müller-Thurgau, Gewürztraminer und Schwarzriesling. Die zum Teil mit höchsten Auszeichnungen bedachten Prädikatsweine der 1935 gegründeten Genossenschaft sind auch außerhalb Badens begehrt. Sicher nicht zuletzt aus folgendem Grund: Die knapp 600 Mitglieder sorgen auf insgesamt 150 Hektar Rebflächen für einen erfreulich gemäßigten Durchschnittsertrag von 67 Hektoliter pro Hektar, was nicht nur auf zum Teil »über 30 Jahre alte Rebanlagen« zurückzuführen ist. Vor allem die Burgunder- und Rieslingweine »bedanken« sich dafür auf ihre ureigene Weise: mit gutem Geschmack.

»Unser Haus ist ein besonderer Freund absolut trokkener Weine – mit zum Teil unter 1 g Restsüße«, verlautet aus der Chefetage, und »unsere Spezialität ist der Barrique-Ausbau« (vor allem Burgundersorten und Schwarzriesling), aber nicht wesentlich weniger bei den Abnehmern beliebt sind die milden Qualitäten, wie ein Blick auf die Preisliste verrät. Absatzsorgen scheint für die Winzergenossenschaft Weingarten jedenfalls ein Fremdwort zu sein. Es wird nicht widersprochen.

»Vom Rebstück am Petersberg dürfte mancher Merowinger und Karolinger König den ›Petersberger‹ aus wingarten ultra rhenu genossen haben«, sagt man im historischen Weinörtchen. Heutzutage, weiß man, sind die Weine noch besser. Gut nachzuvollziehen am letzten Augustwochenende: beim alljährlichen Weingartener Wein- und Straßenfest.

Winzergenossenschaft Weingarten
Kirchbergstraße 17
D-76356 Weingarten
Tel. 07244/2468, Fax 2498
Übernachtungsmöglichkeiten
werden vermittelt

92er Weißer Burgunder Kabinett, mild
0,75 l ca. 15,00 DM
Feine Fruchtaromen, gut eingebundene Säure, vollmundig, anhaltender Geschmack.
Etwa 8 Jahre lagerfähig.
Paßt vor allem zu Desserts.

Der Künstler

Helmut E. Meyer (Etikett »Stehender Akt«): Meyer absolvierte 1926, mit 15 Jahren, eine Lehre als Kunstglaser und Glasmaler. Anschließend studierte er am Theater Karlsruhe das Fach Bühnenbildner. Danach Student an der Karlsruher Kunstakademie, Schüler von Babberger und Hubbuch. Aus »kunstpolitischen Gründen« wurde er 1933 entlassen. Emigrierte kurz darauf nach Südfrankreich. Bei seinem Paris-Aufenthalt lernte er auch Picasso kennen. 1937 wurde er amnestiert und kehrte nach Deutschland zurück. Der »absolute Maler«, wie er sich selbst nennt, ist durch zahlreiche Ausstellungen inzwischen längst international anerkannt. U. a. verlieh man ihm die Bundesverdienstmedaille, Akademia d'Italia mit Goldmedaille, den Kulturpreis der Freunde der bildenden Kunst, München und die Silberne Bürgermedaille der Gemeinde Weingarten.

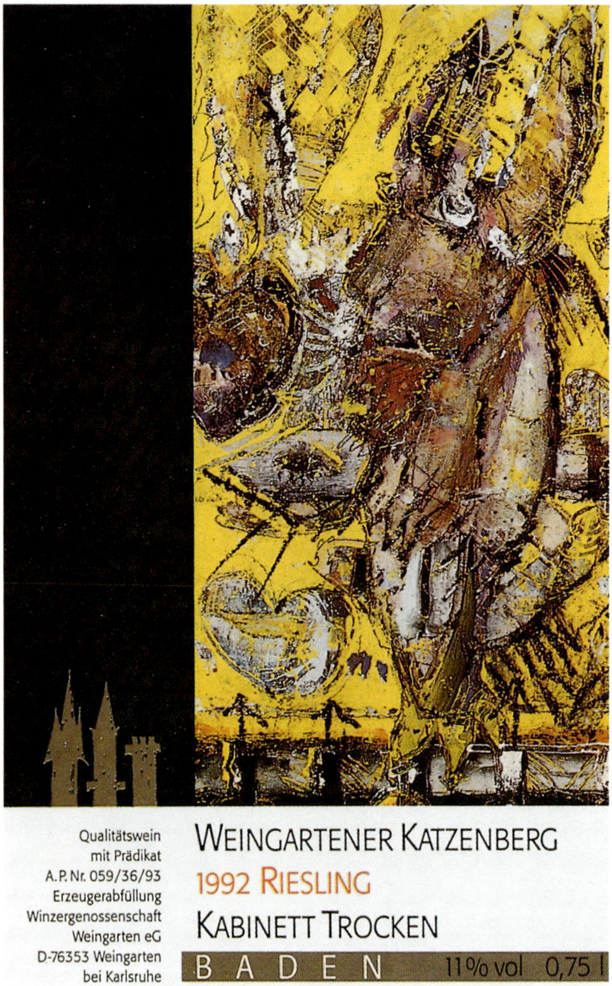

Rudi Fielitz (Etikett »Akt«): Der in Karlsruhe lebende Künstler, 1948 in Mecklenburg geboren, besuchte die Dresdner Akademie. 1970 »verließ« er die damalige DDR über die Ostsee und studierte bei dem Kunstmaler Keller. 1980 Mitglied des Badischen Kunstvereins. Studienreisen nach Paris, Barcelona und Schweden. Der Künstler versucht, den Alltag auf die Leinwand zu bannen. Seine Bilder vermitteln nicht allein lebensbejahende Botschaften, sondern durchaus besinnliche Töne, hintergründige Gedanken im Farbenspiel. Sein Thema ist das Leben, rückblickend mit Künstleraugen betrachtet, die Psyche des Menschen, seine Launen und Ängste. Fielitz begeistert mit mysteriösen Bildräumen, mit Licht- und Schattenwirkungen. Er hält dem realen Leben wie den Emotionen einen Spiegel vor.

92er Grauer Burgunder Kabinett, trocken
0,75 l ca. 15,00 DM
Feine Fruchtaromen, harmonisch, »schlanker Wein«, guter Nachgeschmack. Etwa 8 Jahre lagerfähig. Eignet sich auch zu leichten Gerichten und Fleisch.

Uwe Lindau (Etikett »Alexander VI.«): Geboren 1950, studierte Lindau zuerst Rechtswissenschaften in Heidelberg, ehe er 1974 sein Studium der Malerei an der Akademie in Karlsruhe begann und Meisterschüler von Markus Lüpertz wurde. Lindaus Bilder sind wahre Labyrinthe, ungemein viele Details verbergen sich darin. Figuratives, Gegenständliches scheint plötzlich auch aus Abstrakt-Expressionistischem auf, verschwindet wieder, und plötzlich sieht man darin etwas anderes. So regen sie um so mehr zum Schauen an, weil man immer etwas Neues darin findet. Jede Eindeutigkeit zerrinnt optisch auf der Bildfläche. Formassoziationen entstehen und vergehen, springen ins Auge und verflüchtigen sich im nächsten Augenblick in der Menge der Zeichen, Chiffren und Formen.

92er Riesling Kabinett, trocken
0,75 l ca. 15,00 DM
Feiner Duft, gute Säure, typischer Sortencharakter, nachhaltiger Geschmack. Etwa 8 Jahre lagerfähig. Paßt vor allem zu Fisch, Hähnchen und hellem Fleisch.

Die Zungensprünge der Schneckenfrau

»Bereits während meiner Schulzeit hatte ich eine sehr starke persönliche Beziehung zur Kunst«, erzählt Elisabeth Wittmann, Ehefrau und Mitarbeiterin des weltweit erfolgreichen Betriebsleiters Günter Wittmann. »Und durch meinen Schwager lernten wir einige Berliner Künstler kennen, darunter auch Elvira Bach, die damals (Mitte der Achtziger) als ›Junge Wilde‹ bekannt war, eine der wenigen Malerinnen, die sich international durchgesetzt hat.«

Zuerst hatten die Wittmanns für sich selbst eine interessante Kunstsammlung aufgebaut, bevor ihnen die Idee kam, Weine – »unseren jeweils besten Riesling eines Jahrgangs« – mit einem Künstleretikett auch optisch hervorzuheben. »Das ist einfach zwangsläufig, wenn man sich intensiv mit Kunst befaßt.« Mit dem Jahrgang 1983 »haben wir dann den Anfang gemacht«. Die Resonanz war ausgesprochen positiv, noch besser als erhofft, und seitdem entwerfen international bekannte Maler – die meisten verkörpern den Zeitgeist – das Etikett für den ausgesuchten Wein. Dabei handelt es sich stets um eine typische Arbeit des jeweiligen Künstlers, denn: »Wir machen keine Vorgabe, sondern wollen ein Gemälde mit dem aktuellen Stil des Künstlers.« Was man auch leicht an den sehr verschieden gestalteten Etiketten »ablesen« kann.

Zugegeben »Wein und Kunst«, das »hat uns anfangs geholfen, auf den Wein aufmerksam zu machen«, was allerdings schon seit längerem nicht mehr nötig ist. »Excellent Producers« nennt Parker, Jr.'s *»The wine advocate«* den rheinhessischen Betrieb und vergibt schon mal die Traumnote 98 von 100 Punkten (z. B. für eine 89er Riesling Auslese), auch *Vinum* (»Wittmann – der Riesling-Meister«) reiht ihn vollkommen zu Recht unter die »sehr überzeugenden Riesling-Produzenten« ein. »Zungensprünge« also nicht nur auf dem Etikett.

Doch auch mit vorzüglichen Weinen aus anderen Rebsorten können die gastfreundlichen Wittmanns aufwarten. So zum Beispiel mit der häufig unterschätzten Neuzüchtung Albalonga ab dem Spätlese-Bereich – auch hier gab es bereits 98 Punkte für eine 89er Trockenbeerenauslese mit der Beurteilung »magnificant, von unbegrenzter Lebensdauer«. Ebenso mit den Burgundersorten, einem feinen Rivaner oder der Huxelrebe, um nur einige Erzeugnisse herauszugreifen.

Angesichts dieser Top-Qualitäten, übrigens zu erfreulich moderaten Preisen, mag es den einen oder anderen schon ziemlich überrascht haben, daß dieser Betrieb vor nunmehr über drei Jahren den letzten Schritt zum ökologischen Weinbau vollzog, und Mitglied beim renommierten Verband Naturland wurde (mehr darüber können Sie im »Das große Buch der Bio-Weine – Die besten Weine aus ökologischem Anbau«, Seite 82, Verlag BusseSeewald, nachlesen). Ein Schritt, der eindrucksvoll unter Beweis stellt, daß Bio-Weine bedeutend besser als ihr allgemeiner Ruf sind. Die Wein-Qualitäten der Wittmanns haben sich jedenfalls nicht zum Negativen verändert. Die Inhaber sind sogar der Überzeugung – und da stehen sie nicht alleine –, daß »durch schonenden Anbau die Weine eher noch besser« werden. Demnächst also 99 Punkte?

Für den Genuß der flüssigen Kostbarkeiten (»Ihre Weine haben nur einen Nachteil – die Flaschen sind im Nu geleert«) vor Ort empfehlen sich vor allem die warmen Jahreszeiten, wenn Sie in den herrlichen, etwa 9000 qm umfassenden Gartenanlagen der innovativen »Drei-Generationen«-Familie probieren können. Die Originale der Etikettenentwürfe, »besonders gut gefallen uns informelle Künstler«, sind und bleiben, für jeden sichtbar, im Büro ausgestellt. Wer deshalb nicht gleich in die Nähe von Worms fahren mag: die Kunst-Weine gibt es (fast) bundesweit auch im Fachhandel. Und nun wünschen wir Ihnen eine genußvolle Weinprobe mit Kunstbetrachtung.

Weingut Wittmann
Mainzer Straße 19
D-67593 Westhofen
Tel. 06244/7042, Fax 5578
Übernachtungsmöglichkeiten
werden vermittelt

Die Künstler

Rissa (Karin Götz) (Etikett »Schneckenfrau« der Edition 91): Die 1938 in der Nähe von Chemnitz geborene Malerin lernte bei ihrem Studium an der Akademie Karl Otto Götz kennen. Nach dem Staatsexamen in Kunsterziehung findet sie ab 1964 zur eigenen künstlerischen Konzeption. Ein Jahr später heiratet sie Götz und arbeitet als freie Malerin. Beide verfassen das Buch »Probleme der Bildästhetik«. 1975 Professur an der Düsseldorfer Akademie, zwei Jahre später gründet sie mit Bernd Finkeldei die Malergruppe »Axiom« und verfaßt (als Professorin Rissa) das Manifest dieser Gruppe. Ihre großformatige Figurenmalerei baut sich aus gegeneinander gesetzten Farbfeldern auf. Die Schneckenfrau als Symbol und Hüterin naturgerechten Weinanbaus?

Kazuo Shiraga (Etikett der Edition 92): Der 1924 geborene Japaner studierte in seiner Heimat klassische japanische Malerei, orientierte sich jedoch, angeregt durch den deutschen Expressionismus, bald an westeuropäischen Vorbildern. Die Künstler der »Brücke« und der »Blauen Reiter« veranlaßten ihn »zum heißen Weg der abstrakten Malerei«. Seit den 50ern nimmt er an Ausstellungen der Shinseisaku-Gruppe in Tokio teil. Beitritt in die Gruppe Gutei, dem Verein der konkreten Kunst Japans. Die Suche nach rein optischen Ausdrücken führte Kazuo Shiraga schließlich zum Action-Painting. Mitte der 50er Jahre beschäftigte er sich »als der erste« mit Fuß-Action-Painting, die logische Folge »meines von Leidenschaft besessenen Schaffens«.

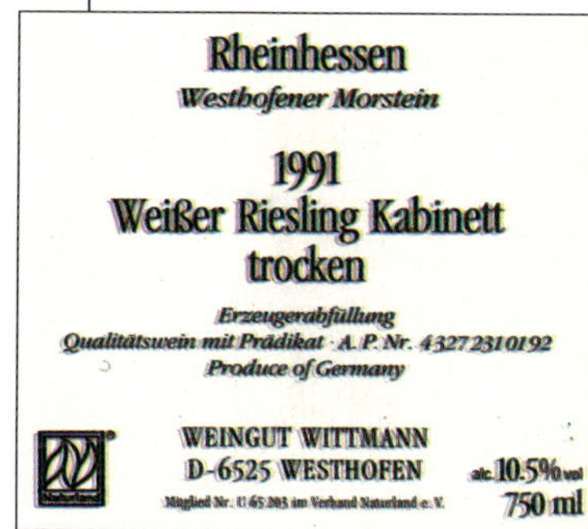

Karl Otto Götz (Etikett »Zungensprünge« der Edition 91): Der Künstler, Jahrgang 1914, widmete sich in den 30ern abstrakten Arbeiten, und erhielt ein Mal- und Ausstellungsverbot durch die Nazis. Behielt seinen Stil bei und perfektionierte ihn während des Krieges. Im Jahre 1948 erhielt er den Kunstpreis »Junger Westen«, ein Jahr später wurde er Mitglied der Cobra-Gruppe. 1952 fand die berühmte »Quadriga«-Ausstellung in Frankfurt/M. mit Otto Greis, Heinz Kreutz und Bernhard Schultze statt. Im selben Jahr malte er die ersten informellen Bilder. Ab 1959 war er 20 Jahre lang Professor an der Düsseldorfer Akademie. Seine Bilder sind reich an Assoziationsspielräumen. So lassen sich die »Zungensprünge«, die ein junger spritziger Riesling verursacht, sehr überzeugend nachvollziehen.

Die Weine

91er Riesling Kabinett, trocken
0,75 l ca. 14,00 DM
»Zungensprünge«: Fruchtig, leicht, anregende Eleganz. Mit seinem guten Säuregerüst noch etliche Jahre haltbar. Paßt auch zu Fischgerichten.

91er Albalonga Spätlese, mild
0,5 l ca. 15,00 DM
»Schneckenfrau«: Feine Fruchtaromen, grandiose Spätlese mit eigener, dezenter Natursüße. Als Aperitif oder zum Abendausklang.

92er Riesling Spätlese, trocken
0,75 l ca. 16,00 DM
Feine Fruchtaromen, gute Säure, körperreich, elegante Dichte, feiner Abgang. Gut 10 Jahre lagerfähig. Eignet sich auch zu Rindfleisch und Geflügel.

Siebeldinger Kunst-Geschmacks-Wochen

»Aus unserer privaten Neigung zur Kunst und dem Kontakt zu befreundeten Künstlern«, sagt Christa Roth-Jung, Weinbauingenieurin und – neben Herbert Roth – Mitbesitzerin des renommierten Wein- und Sektguts Wilhelmshof, »entstand vor einigen Jahren die Idee, eine Kunstausstellung in unserem Gut zu veranstalten, die so gut von Kunstinteressierten aufgenommen wurde, daß seither einmal jährlich die ›Siebeldinger Kunstwoche‹ bei uns stattfindet.« Traditionell gestaltet einer der ausstellenden Maler ein Künstleretikett, das einen herausragenden Wein des zurückliegenden Jahrgangs ziert und den es nur in limitierter Auflage gibt – zu einem erfreulichen Preis-Geschmacks-Verhältnis.
Die Einladung erfolgt durch die Presse und persönlich an Kunstinteressierte, ein offenes Haus also, das jeweils im Juni – Termine auf Anfrage – über guten Besuch nicht zu klagen braucht. Herbert Roth: »Ein ganz normales Weinfest würde uns den zigfachen Umsatz bringen.« Auch die Vorbereitungen sind natürlich wesentlich intensiver als bei einem »normalen« Hoffest. Die Auswahl und Einladung der Künstler, von Schmuckdesignern oder Bildhauern, von klassischen oder Jazz-Musikern, nicht zu vergessen die Küchenkünstler, allesamt begrüßt vom Leiter der Kreismusikschule Südliche Weinstraße, Michael Schwering, erfordert viel Ehrgeiz, Gespür und jede Menge Arbeit. Die aber so nachhaltig belohnt wird, daß beispielsweise bei der Matinee die Plätze knapp werden. Voranmeldungen sind daher ratsam.
»Zu den Betrieben, die vornehmlich im Laufe der letzten Jahre für qualitative und innovative Furore sorgten, gehört auch das Wein- und Sektgut Wilhelmshof...«, wußte vor kurzem die Zeitschrift Gourmet zu berichten, und auch in anderen Blättern ist man des Lobes voll über den reinen Direktvermarktungsbetrieb, dessen Gewächse auch zunehmend bei der gehobenen Gastronomie Anklang finden. Vor allem die Rieslingweine sowie die Weiß- und Grauburgunder gehören zu den Top-Angeboten des Hauses, das sich seit dem 17. Jahrhundert nachweislich in Familienbesitz befindet. Und da »ein hochwertiger Wein, ausgestattet mit einem schönen Künstleretikett, für uns ein doppelter Genuß ist«, wie die feinsinnige Mitbesitzerin erzählt, wurden in den letzten Jahren ausschließlich diese Sorten mit dem besonderen Etikett »veredelt«.

Was noch über die kreativen und qualitätsbewußten Roths gesagt werden sollte: 1988 schlossen sich, unter Vorsitz von Herbert Roth, ein paar Dutzend Winzer zu der Vereinigung »Sektgüter der Rheinpfalz« zusammen. Sie alle haben sich einem strengen Qualitätsbewußtsein verschrieben. Und so ist es gar nicht erstaunlich, daß vor etwa einem Jahr, bei einer Verkostung in der Redaktion des Sterns ein Sekt aus dem Hause Wilhelmshof sogar einen erheblich teureren Konkurrenten aus der Champagne schlug. Was nicht eben dazu beigetragen hat, die Zuteilungskontingente aufzulockern. Manchmal müssen sich die Kunden – leider – nur mit zwei Flaschen Sekt pro Person abfinden. Da hat man bei den Künstlerweinen noch etwas mehr Chancen, auch wenn diese nach nicht sehr langer Zeit nur noch in den Kellern – oder Wohnzimmern – der zahlreichen Kunden zu finden sind. Zumindest ein »optischer Trost«: Die Original-Bilder sind fast jederzeit im Weingut zu besichtigen.

Wein- und Sektgut Wilhelmshof
Queichstraße 1, D-76833 Siebeldingen
Tel. 0 63 45 / 18 17, Fax 74 32
Übernachtungsmöglichkeiten werden vermittelt

Die Weine

90er Riesling Spätlese, trocken
0,75 l ca. 17,00 DM
Duftig, rassig, ein hochedler, feinnerviger Wein mit einem zarten Pfirsich-Apfelaroma und langer Lebenserwartung. Paßt auch gut zu Fischgerichten.

91er Weißer Burgunder Spätlese, trocken
0,75 l ca. 16,00 DM
Feinblumig, guter Abgang, durch dreimaliges Auslesen aus den über dreißig Jahre alten Rebstöcken gewonnen. Universeller Essensbegleiter, paßt gut zu Fisch und Meeresfrüchten.

92er Riesling Spätlese, trocken
0,75 l ca. 17,00 DM
Feines Pfirsich-Apfelaroma, filigran und gehaltvoll, langer Abgang. Gut 8 Jahre lagerfähig. Eignet sich auch zu Fisch- und Fleischgerichten.

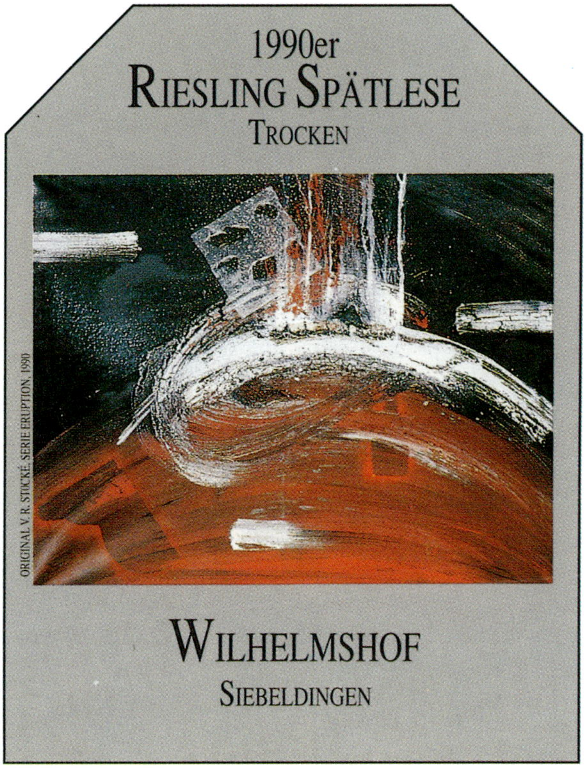

Rainer Stocké (Etikett der Kollektion 90): Der 1951 geborene Künstler lebt und arbeitet in Frankenthal/Pfalz und in Ste Maxime in Frankreich. Seit über zwanzig Jahren arbeitet er als freischaffender Maler und Designer. Bereits mit 19 hatte er seine ersten Ausstellungen, weitere folgten vor allem in der Schweiz, Deutschland, Frankreich und den USA. Zahlreiche Besprechungen in allen Medien. Seine Werke sind auf Postern, in Kalendern und Bildbänden »verewigt«.

Bernd Kastenholz (Etikett der Kollektion 92): »Fetzig-verweht tanzen die ›Theatervögel‹ im schillernden Grund der Komposition. In einer wechselnden, farbschwingenden Gestik vergehen die geheimnisvoll vitalen Gestalten fast in einer dynamisch-spritzigen Bewegung, verlassen die gewohnte Wirklichkeit und laden zum unbeschwerten Fabulieren ein.« Mehr über den Künstler Kastenholz erfahren Sie im Kapitel »Romantische Weinhexe – Edition Petschmann« (Seite 64/65).

Die Künstler

Yoki Takahashi (Etikett der Kollektion 91): Der 1943 in Japan geborene Maler studierte an der University of fine art in Tokio und an der Akademie München. Lehraufträge in München, am Salzburg-College, an der Sommerakademie Salzburg und der Akademie des Saarlandes. »Es ist eine Welt, in der Großes und Kleines, Wichtiges und Nebensächliches miteinander verknüpft zu sein scheinen. Eingebettet in eine unerschöpfliche Mannigfaltigkeit von spielerischen Farberlebnissen und geheimnisvollen Strukturen . . . eine lyrisch-dynamische Komposition, in der die verschiedensten Elemente zu einem harmonisch-heiteren Ganzen werden.«

Britzinger Himmelsstiege

Im vierzigsten Jahr ihres Bestehens entschloß sich die Winzergenossenschaft Britzingen nach gründlichen Überlegungen zu einem ungewöhnlichen Schritt: dem Erwerb einer goldenen Himmelsleiter. Dieses üblicherweise schwierige Unterfangen vertraute sie dem Künstler Thomas Hartmann an, der – seit längerem durch Aquarell-Himmelsstudien bekannt – am geeignetsten schien, solch kühnes und gleichermaßen seit Jahrtausenden begehrtes Unterfangen durchzuführen. Und wirklich – die ehrgeizigen Wein-Genossen aus dem Badischen konnten verkünden: »1990 bringen wir erstmals ein Künstleretikett unter dem Motto ›Himmelsstiege‹ heraus«, dem bald weitere folgen sollten.

Nun hat die Etikettenbezeichnung für den jahrgangsbesten Weißherbst, »sie bezieht sich auf den Gewannennamen, in dem die Trauben für diesen Wein geerntet wurden«, noch einen anderen Hintergrund. Die Himmelsstürmer aus dem sonnenverwöhnten Markgräflerland erreichten in den letzten Jahren bei Weinbewertungen stets vordere Plätze, und auf der DM-Hitliste der »deutschen Kooperativen« stand man in den Jahren 90–91 sogar auf dem ersten Rang. Nicht von ungefähr, denn die gut 230 Winzer unter der Leitung des rührigen Geschäftsführers Bernhard Renkert achten auf Ertragsbeschränkung und sauberes Lesegut. Wer zuviel abliefert, erhält weniger Geld, das spornt natürlich an. »Viel Wein ist dünner Wein«, lautet die Devise, was nicht allen Betreibern der insgesamt 180 Hektar Rebflächen anfangs so recht gefallen wollte. Da griff das Schicksal ein und bescherte vor allem 1989 auch dem badischen Weinanbaugebiet eine der berüchtigten Superernten, was dazu führte, daß die Mengenreiter anderer Güter ihre Weinseen zu Billigstpreisen verkaufen mußten und ihre Reben bei anonymen Großkellereien ablieferten, die fade badische »Qualitätsweine« für zwei Mark und . . . in den Handel brachten. Den Britzinger Wein-Genossen ging es da erheblich besser. Mengendisziplin zahlt sich aus, das erkannten nun auch die letzten Zweifler.

Nicht nur die Geschäftsleitung ist ehrgeizig: So hat der langjährige Kellermeister Hermann Zenzen, ein gebürtiger Moselaner, erheblichen Anteil am bundesweiten guten Ruf der Kooperative. Vor acht Jahren regte er beispielsweise die Entwicklung einer »Exklusivserie« an. Unter dieser Sonderserie werden ausschließlich Spezialitäten aus den Rebsorten Gutedel, Weißer, Grauer Burgunder und Spätburgunder in eleganten Schlegelflaschen angeboten – aus Rebstöcken, die mindestens zwanzig Jahre alt sein müssen. Lohn der Überzeugungs- und Kellerarbeit: Die jährlich etwa 60 000 Flaschen sind relativ schnell verkauft, auch an die Spitzen-Gastronomie. »Die eigene Affinität zur Verbindung Wein und Kunst«, so Bernhard Renkert, ist durchweg als positiv zu bezeichnen.« (Darum hängen die Originale auch meist in seinem Büro, wo man sie nach Voranmeldung besichtigen kann.) Der Künstler erhält Hintergrundinformationen über die Produktaussage, die dem Wein mitgegeben werden soll. Die weitere Gestaltung bleibt dann allein dem Künstler überlassen. Thomas Hartmann schuf dann auch für den 3. Oktober, dem Tag der Deutschen Einheit, ein Bild mit zwei Turteltauben, das einen bestechenden Spätburgunder Rotwein ziert. Der wird jährlich, dem Anlaß gemäß, bis zum Ausverkauf für kurze Zeit angeboten und dann bis zum nächsten Einheitstag wieder eingelagert. Das dritte Etikett, wie die »Himmelsstiege« jeweils für den neuen Jahrgang verwendet, wurde zuerst für das 40jährige Jubiläum der Britzinger Winzer entworfen: für den traditionell Markgräfler Wein, den Gutedel, der sich hier von seiner besten Seite zeigt. Diese Kreation vermittelt dem Betrachter eine heitere, sommerlich-ausgelassene Atmosphäre, typisch für diesen Wein und auch für die Zukunftsaussichten der ehrenpreisprämierten Winzergenossen.

Die Weine

90er Spätburgunder Rotwein Kabinett, trocken, **»Exclusiv«**
0,75 ca. 28,00 DM
Feine Fruchtaromen, viel Eleganz, ausgeprägter Burgunder, langer Nachklang.
Lagerfähig bis zum Jahr 2000.
Paßt zu dunklem und kräftigem Fleisch und zu Käse.

90er Spätburgunder Weißherbst Spätlese, lieblich
0,75 l ca. 16,00 DM
Viele Fruchtaromen, gutes Süße-Säure-Spiel, gehaltvoll, guter Abgang.
Noch etwa 5 Jahre haltbar.
Dessertwein und »zum Kaffeekränzchen«.

90er Gutedel Kabinett, trocken
0,75 l ca. 8,00 DM
Zartes Bukett mit Nußaromen, fruchtig-frisch, ganz trocken.
Jetzt bald trinken.
Eignet sich zu leichten Gerichten, auch zur Suppe oder zum Vesper.
(Etikett nicht abgebildet.)

Winzergenossenschaft Britzingen
Markgräflerstraße 25–29, D-79379 Müllheim
Tel. 0 76 31/40 11, Fax 40 13
Übernachtungsmöglichkeiten werden vermittelt

Der Künstler

Thomas Hartmann: Der gebürtige Mannheimer, Jahrgang 1955, arbeitet seit seinem zwanzigsten Lebensjahr als freier Künstler. Nach siebenjähriger erfolgreicher Auslandserfahrung erkundigte sich der Künstler nach den wärmsten und sonnenreichsten Orten Deutschlands. Seitdem lebt und arbeitet er in Badenweiler. Bekannt wurde er auch durch seine Himmelsstudien, die er mit Aquarellen und einer besonderen Blattgoldtechnik ausdrückt. Weitere Betätigungsfelder: Landschaftsmalereien und Bilder über Wein und Wetter. Demnächst sind weitere Etiketten für die Wein-Genossenschaft eingeplant. Das nächste Projekt soll einen Barrique-Wein optisch hervorheben.

B A D E N

1990
Britzinger Rosenberg
Spätburgunder Rotwein
Kabinett Trocken
Qualitätswein mit Prädikat
A. P. Nr. 006/29/91

0,75 l · 11,5% vol

ERZEUGERABFÜLLUNG
WINZERGENOSSENSCHAFT
BRITZINGEN EG
D-7840 MÜLLHEIM-BRITZINGEN

B A D E N

1990
Britzinger Rosenberg
Spätburgunder Weißherbst
Spätlese
Qualitätswein
mit Prädikat

A. P. Nr. 006/081/91
0,75 l · 11% vol

ERZEUGERABFÜLLUNG
WINZERGENOSSENSCHAFT
BRITZINGEN EG
D-7840 MÜLLHEIM-BRITZINGEN

Friedenswein für Rußland

»Im allgemeinen werden von uns keine Vorgaben an den Künstler bezüglich des Bildes gemacht«, erzählt Johannes Artner, Besitzer des 9 Hektar großen Weingutes in Höflein. Einzige Ausnahme bildet die Friedenscuvée: »Hier haben wir einen Weißwein kreiert, dessen Erlös für den Ankauf von dringend benötigten Heiz- und Schulmaterialien für russische Kinder aufgewendet wird. Das Bild entstand in unserer Volksschule, nachdem der Lehrer mit den Kindern über die ehemalige Sowjetunion sprach – unter dem Motto: ›Mein Freund in Rußland.‹« Der gesamte Betrag – 100 Schilling pro Flasche, es darf auch mehr überwiesen werden – kommt vollständig den Schulen zugute, und damit die Spenden auch richtig verwaltet werden und kein Groschen irgendwo »versickert«, hat sich ein Wirtschaftstreuhänder bereit erklärt, die Kontrolle zu übernehmen. Ein nicht alltäglicher Spendenaufruf, der für reichhaltige Resonanz sorgte – und noch immer seine Gültigkeit hat. Es darf also weiterhin für russische Kinder getrunken werden.

Ansonsten gilt für die Winzerfamilie die Meinung: Ein Künstleretikett ist nicht vorprogrammiert, und das Etikett soll die Besonderheit eines Weines unterstreichen, der Wein wählt dabei sein Etikett selbst. Das heißt: »Wenn uns ein Bild besonders an einen bestimmten Wein erinnert, versuchen wir den Künstler für uns zu gewinnen, damit er das Bild für ein Etikett adaptiert.«

Der ursprüngliche Anlaß für die Etikettengestaltung durch Künstler ergab sich eher zufällig: »Guter schwerer Wein beflügelt meine Phantasie. Geistige Schranken brechen – fast wie beim Träumen. Ein Kunstwerk kann das auch.« Und bei Galeriebesuchen entdeckte Johannes Artner die beiden Bilder, die für seinen Cabernet Sauvignon Barrique und den Riesling so typisch waren: »Das Rote Mal« von Eduard Angeli – das Original ist noch im Weingut zu besichtigen – und den »Grau-Grünen Umlauf« von Drago Prelog, dessen Gemälde leider schon verkauft ist.

Das Stammbuch der Familie Artner reicht bis ins Jahr 1650 zurück. Das Haus war schon immer ein Bauernhaus, und da es in Höflein schon seit der Römerzeit Wein gibt, dürfen wir annehmen, daß bereits ihre Ahnen Weinstöcke anpflanzten. Heute wachsen auf den hügeligen Lagen um Höflein die Reben der Familie Artner auf meist steinigen oder sandigen Lößböden, und da sie versucht, in Kreisläufen zu wirtschaften, baut sie zwischen den Rebstöcken Gründüngungspflanzen an, welche nach der Verrottung als Nahrung für die Reben dienen. Was denen offensichtlich gut bekommt. Die Weißweine werden dann nach kurzer Maischestandzeit gekühlt vergoren, um möglichst viele Duftstoffe zu behalten. Die Rotweine verarbeitet man auf der Maische, ehe sie den biologischen Säureabbau vollziehen, um später ein bis zwei Jahre in Barriques zu reifen. Allen voran die Wiener sind dankbare Abnehmer von Artners Chardonnay- und Rieslingweinen sowie von Cabernet Sauvignon und Blauem Zweigelt. »Die Landeshauptstädter« dürfen sich jetzt schon auch auf Merlot-Weine freuen, die bald die Artnersche Sortenvielfalt bereichern. Spätestens dann wird es Zeit, sich ein neues Künstler-Etikett auszusuchen.

Weinbau Artner
Höflein 58, A-2458 Höflein/Bruck
Tel. 0 21 62/31 42
Übernachtungsmöglichkeiten werden vermittelt

Die Künstler

Thomas Rupp: Der 1984 geborene »Weinbauernsohn« gewann an der Volksschule einen Zeichenwettbewerb zum Thema »Mein Freund in Rußland«. Seine Zeichnung wurde dabei von einer Jury ausgewählt und ziert die 90er Cuvée, deren Verkaufserlös vollständig russischen Schulkindern zugute kommt.

90er Friedenscuvée, trocken
0,75 l »ab 100 öS Spende«
Voller, reifer Geruch,
gut eingebundene Säure,
leichte Sekundäraromen.
Noch etwa 2 Jahre haltbar.
Eignet sich zu Nudelgerichten
und Kalbfleisch.

Drago Prelog: Der 1939 in Celje – damals Jugoslawien – geborene und in der Obersteiermark aufgewachsene Künstler besuchte die Kunstgewerbeschule in Graz und war anschließend Schüler von Prof. A. P. Gütersloh an der Wiener Akademie. Prelog begann mit skripturalen Werken, 1968 folgte die »Wandlung zu assoziativ abstrakten Arbeiten«. Während der folgenden Lehrtätigkeit an der Wiener Akademie widmete er sich Bergbildern (Bergverfremdungen), der allmählichen Rückkehr zu gestischen Elementen und Betonung strukturierter Flächen. Nach Auslandsaufenthalten unternahm er »1976 einen völligen Neubeginn«. Dann Rückkehr zu rein abstrakten Arbeiten (Umlaufbilder, Zeitspuren), Betonung des Rituellen und Meditativen, gleichwertige Behandlung der Bildfläche von allen vier Seiten. Seitdem »vermehrte Ausstellungstätigkeit im Ausland« mit vorwiegend großformatigen Bildern.

91er Riesling Kabinett, trocken
0,75 l ca. 10,00 DM
Feine Fruchtaromen, gutes Säuregerüst,
sehr rassig und kernig, guter Abgang.
Etwa 5 Jahre lagerfähig.
Eignet sich auch zu gegrilltem Fisch,
Lachsforelle und Hecht.

Eduard Angeli: Der 1942 in Wien geborene Künstler pflegt sich knapp und präzise vorzustellen: »1960 bis 1965 Studium der Malerei an der Akademie der bildenden Künste in Wien bei R. C. Andersen. 1967 bis 1971 Gastprofessur für Malerei an der Akademie für angewandte Kunst in Istanbul. Lebt und arbeitet in Wien und Bad Deutsch-Altenburg.« Bereits während seiner Studienzeit erhielt der erfolgreiche Künstler den Förderpreis der Zentralsparkasse. Weitere Preise: Theodor-Körner-Preis 1970, Preis der Stadt Wien 1982 und Preis der Grafikbiennale Laibach 1983. Eduard Angelis Kunst ist seit 1966 kontinuierlich in den Galerien und Museen vor allem mitteleuropäischer Länder zu betrachten.

90er Cabernet Sauvignon Barrique, trocken
0,75 l ca. 25,00 DM
Deutliche Cassisfrucht, feine Vanillearomen, elegant, langer Abgang.
Noch gut 8 Jahre lagerfähig.
Paßt beispielsweise zu Rindfleisch,
Wild und kräftigen Käsesorten.

»Eine phantastische Zwischenwelt der Dinge«

»Der Kontakt zu dem international bekannten Künstler kam durch meinen Onkel zustande. Von ihm wußte ich, daß er gute Beziehungen zu Karl Korab hat«, erzählt der Mittdreißiger Leopold Blauensteiner vom gleichnamigen Weingut, das von 1926 bis 1936 als vorbildlicher »Beispielskeller der Landes-Landwirtschaftskammer« geführt wurde. Der umweltbewußte Winzer, der unter anderem mit Sexfallen gegen Weinbergsschädlinge arbeitet, verbrachte mit dem Künstler etliche Stunden in seinem Weinkeller und noch mehrere in dessem Atelier, bis drei Etiketten fertig waren. Und bald wird uns Blauensteiner noch mit einem vierten überraschen – für einen flaschenvergorenen Sekt. All diese Etiketten jeweils versehen mit Korabs erfundenen Gebilden, die er mit alltäglichen Formen und Gegenständen mischt, untereinander verschiebt und so eine phantastische Zwischenwelt der Dinge schafft. Die in sich abgeschlossenen Welten, in der die angesiedelten Gegenstände ein dem menschlichen Alltag verschlossenes Dasein führen und somit eine neue formale Wirklichkeit entwickeln, eine Art zweiter Realität, trafen den Geschmack des Winzers, der »sich nicht nach Stilrichtungen orientiert, sondern nach dem, was mir gefällt«.

Damit hat er auch bei seinen Weinen Erfolg. Vor allem die Riesling-Weine, der Grüne Veltliner und der Müller-Thurgau ab Spätlese-Qualität hatten es der Zeitschrift Vinum angetan, die Blauensteiner im Oktober '92 als Entdeckung des Monats präsentierte. Ebenfalls interessant: die Cuvée Limousin, gut gereift im Barrique und mit Korabs Bild »Im Weinviertel« geschmückt. Probieren kann man diese Spezialitäten bisher nur beim Winzer selbst und sich gleichzeitig dabei von den Originalbildern des Künstlers in dessen zweite Realität versetzen lassen – es lohnt sich.

Der Wein

92er The Blue
Qualitätswein, trocken
0,75 l ca. 8,00 DM
Fruchtiger Riesling-Silvaner, harmonisch, gute Säure.
Etwa 4 Jahre lagerfähig.
Zu Fisch und Geflügel.

Weitere »Künstler-Weine« auf Anfrage

Der Künstler

Karl Korab: 1937 in Falkenstein geboren, studierte bis 1964 an der Wiener Akademie. Der mehrfach preisgekrönte Künstler, u. a. Goldmedaille der III. Biennale in Bozen, setzte sich mit Bosch und Breughel, den Surrealisten und den Vertretern der Wiener Phantastischen Realisten auseinander und entwickelte einen eigenen Formenkanon. Seine Hauptthemen sind Landschaften, das Stilleben, maskenhafte Köpfe und das Interieur. Der in zahlreichen Ausstellungen von New York bis Tokio vertretene Künstler zählt zur absoluten Spitze seines Landes und konnte sich auch international durchsetzen.

Leopold Blauensteiner
Obere Zeile 12, A-3482 Gösing
Tel. 02738/2116
Übernachtungsmöglichkeiten werden vermittelt

Kunstvoller GrüVe

»Üblicherweise«, so Karl Jurtschitsch, verantwortliches Mitglied des »Brüdertriumvirats aus Langenlois« für den Vertrieb, »wird beim Wein in erster Linie der Geruchs- und Geschmackssinn angesprochen. Durch ein künstlerisch gestaltetes Etikett wird das Auge viel stärker miteinbezogen. Der Wein bekommt so eine höhere Wertigkeit. Wir wollen dem GrüVe, einem leichten (aber was für einen!) Grünen Veltliner, eine eigene Persönlichkeit geben – ihn unverwechselbar machen. Jeder Jahrgang – inzwischen der sechste – erscheint grundsätzlich zwischen Februar und März mit einem neuen Etikett desselben Künstlers.«

Ein weiteres Beispiel »der Versöhnung zweier Welten (so die Zeitschrift trend): jener der Unternehmen, die lange Zeit als spröde, eher kunstfeindliche Langweiler galten; und jener der Maler, die lange Zeit glaubten, sie würden impotent werden, erhöben sie ihre Pinsel zum höherem Wohl schöner Produkte«. Bei der Auswahl des Künstlers »mitentscheidend«, so der promovierte Betriebswirt, »waren die Originalität, die Unverwechselbarkeit« und, last but not least, wohl wegen des nicht unerheblichen Exportanteils, »der Bekanntheitsgrad weit über die Grenzen Österreichs hinaus«. Dabei kam die Zusammenarbeit der drei qualitätsorientierten Jurtschitsch-Brüder – als »Winzer des Jahres '93« vom Falstaff-Magazin ausgezeichnet – mit dem weltweit bekannten Christian Ludwig Attersee eher zufällig zustande: Ein Stammgast hörte von der Idee, ein Flaschenetikett künstlerisch gestalten zu lassen, und empfahl daraufhin den Künstler, der bereits in den 60er Jahren mit seinen »Objekterfindungen (z. B. eine Speisekugel)« und Aktionen von sich reden machte. Attersee, »ich möchte mit meinen Bildern in die Haushalte kommen«, sagte umgehend zu und entwarf erstmals für den GrüVe-Jahrgang 1987 ein, wie gewünscht, originelles, unverwechselbares Gemälde.

Die Besichtigung dieses und der weiteren Originale ist zwar nicht unbedingt vorgesehen, so Karl Jurtschitsch, bei begründetem Interesse aber selbstverständlich möglich. Nicht nur deshalb lohnt sich aber ein Besuch bei den »Weinbrüdern« im lieblichen Tal – wie der alte Name für Langenlois, »Liubisa«, bedeutet –, das mit seinen Weingärten erstmals 1083 erwähnt wurde, und sich zu einem Anziehungspunkt entwickelte. Als man im Mittelalter den geologischen Facettenreichtum aus Sandstein, Lehm- und Urgesteinsböden erkannte, siedelten die süddeutschen Bistümer im 12. Jahrhundert die ersten großen Lesehöfe an. Die einzigartige Bodenbeschaffenheit – der GrüVe der Gebrüder Jurtschitsch gedeiht sogar auf Rückständen des pannonischen Meeres – wurde, gemeinsam mit den ungewöhnlichen Klimabedingungen, zum Markenzeichen der Langenloiser Weine. Diese, sofern sie aus den 30 ha Rebflächen des Gutes stammen, reifen »behutsam im Reich des Kellermeisters«, einem 700 Jahre alten Zehentkeller des ehemaligen Franziskaner-Klosters, der sich 14 Meter unter dem Erdniveau in einem verschlungenen Labyrinth aus alten Gewölben und Fluchtgängen aus der Türkenzeit ausbreitet. Kellermeister Paul Jurtschitsch über die »Gesetzgebung« in seinem Reich: »Mein Ziel ist es, die volle Frucht der Trauben in die Flasche zu bringen.« Was ihm übrigens ausgezeichnet gelingt.

Die Voraussetzung dafür liefert Edwin, gelernter Weinbaufachmann der Geisenheimer Schule, der über seine Arbeit sagt: »Die Qualität des Weines beginnt im Weingarten, und der muß sich in einem ökologischen Gleichgewicht befinden.« Also Grünbepflanzung und Kompostdüngung für einen gesunden und lebendigen Boden – daher Verzicht auf Kunstdünger, systemische Spritzmittel und Herbizide seit 1972 – sowie Mengenbeschränkung durch kurzen Rebschnitt.

Das bekommt vor allem dem Riesling, Chardonnay und Sauvignon blanc (»Unsere liebsten Weine«), natürlich auch dem Grünen Veltliner, der zu den ältesten Reben Europas zählt (und nicht umsonst ein Favorit von Kaiser Augustus war), sowie den anderen Gewächsen des Hauses. »Erlesene Weine«, so Karl dazu, »sind die Visitenkarte für den kultivierten Lebensstil. Sie sind Ausdruck von Geschmack und Esprit.« Da weiß man sich hier in guten Händen.

Weingut Sonnhof, Jurtschitsch
Rudolfstraße 39, A-3550 Langenlois
Tel. 02734/2116, Fax 211611
Übernachtungsmöglichkeiten werden vermittelt

Der Künstler Christian Ludwig Attersee: Der 1940 in Preßburg geborene und seit 1944 in Österreich lebende Christian Ludwig Attersee – »Haupttätigkeit ist die Malerei, weiters als Musiker und Schriftsteller tätig« – gilt als der Protagonist der Wiener Szene. Mit weit über hundert Einzelausstellungen in Museen, Kunstvereinen und bedeutenden Galerien in Europa und den USA, zählt Attersee zu den entscheidendsten Vertretern österreichischer Kunst der letzten drei Jahrzehnte. Der Künstler erregte zuerst in den Sechzigern nachhaltiges Aufsehen mit seinen Objekterfindungen – so der Speisekugel, Speiseblau und Buchstabenprothesen – und den dazugehörigen Aktionen und Filmen. In den Siebzigern wandte sich Attersee dann mehr der Zeichnung zu, und seit den Achtzigern beschäftigt er sich hauptsächlich mit der Malerei. Sein »liebstes Bild«, sagte er auf Anfrage gegenüber der Zeitschrift »trend«: »Alle Bilder liebe ich – erotische Salonmalerei (nackte Jungen, Tierabbildungen) der Jahrhundertwende.«

Die Weine

Die klimatischen Bedingungen führen zu Weinen mit reichhaltigem Säurespiel sowie ausgeprägtem Bukett und Aroma.

91er GrüVe, trocken
0,75 l ca. 14,00 DM
Frisches, feinpfeffriges Bukett, spritzig, ausgewogene Säure. Noch etwa 9 Jahre lagerfähig. Paßt vor allem zu kalten Platten, Fisch und Geflügel.

92er GrüVe, trocken
0,75 l ca. 14,00 DM
Ausgeprägtes, fruchtiges Sortenbukett, leicht pfeffrig mit ausdrucksvoller Würze. Etwa 10 Jahre lagerfähig. Eignet sich auch zu kalten Platten, Fisch und weißem Fleisch.

90er GrüVe, trocken
ist leider nicht mehr lieferbar.

Vulkanausbruch im Burgenland

Wahrhaft explodiert ist seit Ende der 80er Jahre die Rotweinqualität im Burgenland. Auf der Suche nach dem Vorreiter stößt man dabei schnell auf einen Namen: Hans Igler, vom Weingut Maria & Hans Igler aus Deutschkreutz. Der »Winzer des Jahres 1988«, gekürt vom renommierten Falstaff-Magazin, hatte im Gegensatz zu den bis in die Mitte der siebziger Jahre hinein herrschenden Produktionsideologien seit jeher eine Präferenz für trockene Rotweine in Rückbindung auf die alte Tradition. Dies bedeutet auf den etwa 6,5 Hektar Rebflächen bewußten Mengenverzicht und Beschränkung auf ein paar wichtige Rebsorten, vor allem Cabernet Sauvignon und Blaufränkisch. Die Weiterentwicklung der alten Tradition war die Anlehnung an den extrem trockenen Weinausbau nach französischem Vorbild. Nachdem das hervorragend geführte Weingut mit den sympathischen Besitzern bereits einige Male Falstaff-Sieger in der Kategorie Blaufränkisch geworden war, ging der Winzer mit dem Erwerb von 36 gebrauchten Fässern aus dem weltbekannten Château Latour einen entscheidenden Schritt weiter. Erstmals wurde der Jahrgang 1983 der Sorte Blaufränkisch Kabinett in französischen Barriques ausgebaut. Seitdem ist nicht nur Hans Igler »von der Richtigkeit dieser Linie vollkommen überzeugt«.
Das läßt sich beim Probieren gut nachvollziehen und brachte dem Weingut im Herbst 1992 verdientermaßen ein überragendes Ergebnis in einer verdeckten Rotweinverkostung des Gourmetmagazins Fallstaff. Denn Igler wurde Gesamtsieger mit dem Cabernet Sauvignon, Jahrgang 1990, zweiter Gesamtsieger mit der Cuvée Vulcano, aus drei Viertel Blaufränkisch und einem Viertel Cabernet Sauvignon, und Sortensieger mit dem Blaufränkisch, jeweils auch aus dem hervorragenden 90er Jahrgang.
Kein Grund für die Winzerfamilie, nicht nach weiteren Herausforderungen zu suchen. So gibt es erstmals vom Jahrgang 1992 Chardonnay- und Pinot-Noir-Weine, weitere gelungene Kreationen aus dem Hause Igler, die das bereits erwähnte Angebot und dazu noch die Sorten St. Laurent, Pinot Blanc und Riesling abrunden. Erstaunliches von diesem recht jungen Betrieb. Hans Igler: »Erst im Jahre 1960 begannen wir, das Weingut aufzubauen.« Die glückliche Entscheidung, sich »seit 1964 intensiv mit der Rotweinbereitung zu beschäftigen«, resultierte aus »dem unbewußten Wissen der Vergangenheit, daß in Deutschkreutz hervorragende Rotweine gedeihen«. Selbst der ungarische König Sigismund ließ sich 1422 Weine aus diesem Gebiet ins königliche Lager bringen.
Mit der Einführung des Barrique-Ausbaus 1983 hat sich der Winzer entschlossen, einige Etiketten von Professor Anton Lehmden gestalten zu lassen. Der Grund war, »daß zu einem guten Wein auch ein attraktives äußeres Erscheinungsbild gehört. Die Iglers waren übrigens die ersten in Österreich, die einen Künstler zur Etikettengestaltung heranzogen. So hat der Wiener Professor für jede Weinsorte des Weinguts ein Etikett gestaltet, wobei die Auswahl des Motivs dem Künstler überlassen blieb, es gab jedoch vorweg Gespräche über die Art und den Charakter jeder Sorte. Aus mehreren Entwürfen wurde dann jeweils einer ausgewählt«. Die Themen der Darstellungen, z. B. ein Vulkanausbruch »für einen Wein voll Phantasie und Wahrheit«, von Anton Lehmden, der seit Mitte der 60er Jahre in Deutschkreutz ein riesiges Renaissanceschloß bewohnt, fügen sich nahtlos in sein Gesamtwerk ein und sind zugleich auf die Tradition des Weines und der Landschaft, die ihn hervorbringt, abgestimmt. Die Originalbilder sind alle im Besitz des Weinguts, und nicht nur deshalb lohnt sich ein Besuch bei einer der ersten Adressen in einem der besten österreichischen Weinanbaugebiete.

Die Weine

91er Cuvée Vulcano
Barrique-Ausbau
0,75 l, ca. 28,00 DM
Feine Fruchtaromen, tiefer, sauberer Geruch mit köstlichen Eichenaromen, guter Nachgeschmack.
Etwa 10 Jahre lagerfähig. Paßt auch zu Lammbraten, Ente und Wild.

91er Cabernet Sauvignon
Barrique-Ausbau
0,75 l ca. 32,00 DM
Kompakte Fruchtaromen, von der Eiche geprägter Vanilleton, körperreich, langer Abgang.
Gut 10 Jahre lagerfähig. Paßt auch zu Gans- und Lammbraten.

90er Cabernet Sauvignon
Barrique-Ausbau
»Falstaffsieger«
0,75 l ca. 36,00 DM
Kompakte Fruchtaromen, gut eingebundener Holzton, am Gaumen elegante Substanz, voller Finesse und Charme.
Noch gut 12 Jahre lagerfähig.
Eignet sich zu Wild und Rinderfilet.

91er Blaufränkisch
0,75 l ca. 14,00 DM
Feine Fruchtaromen, pikante, fruchtige Würze, rassig.
Etwa 6 bis 8 Jahre lagerfähig.
Zu Rinder- und Lammbraten.

Weingut Maria & Hans Igler
Lange Gasse 49, A-7301 Deutschkreutz
Tel. 0 26 13/3 65
Übernachtungsmöglichkeiten werden vermittelt

Weitere »Künstler-Weine« auf Anfrage

Der Künstler

Anton Lehmden: Nach dem Krieg kam Lehmden, 1929 in der Slowakei geboren, die er 1938 wegen »des sich abzeichnenden Krieges« verlassen mußte, an die Wiener Akademie: in das »Turm-Atelier« der Künstler-Klasse von Albert Paris Gütersloh, zusammen mit Ernst Fuchs, Wolfgang Hutter und Arik Brauer. Dieses »Turm-Atelier« gilt als der Anfang der »Wiener Schule des Phantastischen Realismus«. »Wo Lehmden ist, ist Landschaft«, erzählte sein Lehrer über den Künstler, der einmal sagte: »Ich lasse mich von der Mechanik des Sonnensystems nicht beirren und halte unsere Erdkugel für das Zentrum. Man kann nicht Kolossen, die beheizen, beleuchten und verankern, mehr Bedeutung beimessen als dem Himmelskörper, auf dem sie Leben in Hülle und Fülle erzeugen – im grandiosen Kreislauf.« Anton Lehmden, der Atom-Ei-Gestalter – gedacht als mahnende Aufbewahrungsstätte radioaktiven Mülls – schuf auch eines der »größten« Kunstwerke des 20. Jahrhunderts: ein 350 qm großes Mosaik für die Wiener U-Bahn-Station »Volkstheater«, mit dem Titel »Das Werden der Natur«.

Wein-Kunst vom Neusiedlersee

»Wein ist ein verläßliches Maß unserer Zivilisation, denn er ist jene Kulturpflanze, die den Menschen maximal fordert«, mit diesen Eingangsworten, frei nach Pavel Kohouts »Ein Hoch auf den Wein«, präsentierte Wilhelm Mad, der Rotweinpapst aus Oggau, das erste Künstleretikett seines Hauses: »Aus einem vernachlässigten Weizenkorn kann man noch immer eßbares Brot backen. Aus einer schlecht vergorenen Traube kann jedoch nie ein trinkbares Naß entstehen. Wein ist mehr als ein Produkt des Talents und Fleißes, er ist noch dazu ein Geschenk des Himmels, das nur Auserwählten in bestimmten Breitengraden und Seehöhen gegönnt war. Ihn nicht zu pflegen hieße für uns, unser Ich aufzugeben.«

Das braucht man im vorliegenden Falle nicht zu befürchten. Wilhelm Mad bewirtschaftet mit seiner Familie (»Die Schwiegersöhne arbeiten an führender Stelle im Betrieb mit«) zur Zeit 22 ha Weingärten, großenteils in den schönsten Lagen von Oggau. Gründüngung statt Kunstdünger ist bereits seit 17 Jahren üblich, und vor einiger Zeit wurde die Kulturart umgestellt auf die Vertikoerziehung. Diese Methode ermöglicht eine hohe Belüftung und stärkere Sonneneinstrahlung. »Dadurch«, erläutert Mad, »ist die Traube nicht so anfällig gegen Pilzkrankheiten, und durch die Sonneneinwirkung können wir höhere Mostgrade erzielen.« Die Ausbreitung der Wurzeln findet bei diesem System nicht in die Breite statt, sondern in die Tiefe, wobei nicht zuletzt die Gründüngung eine gute Versorgung gewährleistet. Der sympathische Qualitätsfanatiker – »ein guter Winzer kann von sich aus gar keinen guten Wein machen, er kann nur verhindern, daß aus den guten Trauben aus dem Weingarten ein schlechtes Produkt wird« – ist nicht nur bekannt für seine vorzüglichen Rotweine, vor allem St. Laurent, Blaufränkisch und Pinot Noir, sondern auch für sehr gelungene Weißweine aus Pinot Blanc und Riesling.

Ganz ausgezeichnet gelungen ist Mad (»Ich bin ein Nasenmensch und lege sehr viel Wert auf die Duftnote«) auch der Chardonnay. Er ist der Meinung, daß diese Rebe unter den vielen Weißweinsorten sicherlich zu den edelsten Gewächsen der Welt zählt und hat in seinem Betrieb zur Zeit etwa 2½ ha Chardonnayreben stehen. Geerntet werden diese Trauben in der Überreife, jedoch ohne Botrytis. Auch hier verwendet er nur den Seihmost (d. h. ohne Pressung) und vergärt diesen Chardonnay in neuen Barriquefässern aus der Allier-Eiche. »Da es sich unserer Meinung nach um eine so hochstehende Qualität handelt und wir den Künstler Werner Wöhrer kennengelernt haben, sind wir auf die Idee gekommen, diesen Wein mit einem Etikett von Wöhrer zu schmücken.«

Kennengelernt haben sich die beiden auf einer Ausstellung des Künstlers im Hotel Marriot – auf Einladung einer Bekannten. Wenig später, bei der Vorstellung einer von Wöhrer entworfenen Brille, schlug Mad (»Kunst hat schon immer mein Interesse gefunden«) dem Maler vor, ein Etikett zu gestalten. »Ich bezahle kein Geld, als Belohnung gibt es Wein – da hat er sich erst einmal gewundert«, erzählt der Winzer. Nach kurzem Überlegen nahm Wöhrer an. Präsentiert wurde schließlich der Wein an drei Tagen – auch im Heurigenlokal des Winzers – einem ausgewählten Publikum, das dazu noch in den Genuß einer Chardonnay-Torte kam, kreiert von Konditorweltmeister Michael Giebisch und begleitet von den Worten Mads, der seine Rede frei nach Pavel Kohout schloß: »Je mehr ich Verstand annahm, desto weniger begann ich Werte zu schätzen, die man mir vorher als gewichtig gepriesen hatte, wie Ideologie und Ismen. Je älter ich wurde, desto mehr fing ich dagegen an, die elementare Wichtigkeit von Dingen zu entdecken, die mir zunächst zweitrangig und sogar verdächtig vorkamen. In der neuen Werteskala stieg immer höher das Phänomen namens Wein.« Bei diesen Erzeugnissen kein Wunder.

Haus Marienberg
Ing. Wilhelm Mad
Antonigasse 1, A-7063 Oggau
Tel. 02685/7207, Fax 7177
Übernachtungsmöglichkeiten
werden vermittelt

Der Künstler

Werner Wöhrer: Der Wiener Multi-Künstler Werner Wöhrer, Jahrgang 1944, bezeichnet sich selbst als »Autodidakt-Surrealist, Ölgemälde in der Technik alter Meister«. Bei seinen Vernissagen pflegt er mit Zauberkünstlern und anderen Könnern ihres Fachs aufzutreten. Neben einem Theatervorhang, gestaltet für das Kurtheater Reichenau, entwarf er bislang Brillen – »kleine Kunstwerke«, so Mad –, Schirme sowie einen »handbemalten Kunst-Ski«. Wöhrer-Hobbys sind: Schach, Billard, Boxen, Ski, Bergtouren, Tischtennis, Soul und Blues. Der Künstler hat ebenso als Interpret, beispielsweise von Dean-Martin-Songs, überraschende Erfolge.

Der Wein

91er Chardonnay Barrique, trocken
0,75 l ca. 25,00 DM
Volle, fruchtige Aromen, nobler holzgeprägter Duft, schöne Tiefe, elegant, langer Abgang.
Etwa 8 Jahre lagerfähig.
Eignet sich zu hellem Fleisch, Fisch und Meeresfrüchten.

Sonnenaufgang über London

»Steirischer Mischsatz ›erobert‹ London«, wußte die Neue Kronen Zeitung zu berichten, und »Trinken, Kunst und Niki« schlagzeilte die Kleine Zeitung am Freitag, den 13. November 1992. Kein Unglückstag für den südsteirischen Winzer Gerhard Wohlmuth, dem diese Zeilen gewidmet waren, und der kurz darauf nach London flog, um seinen neuesten Wein mit dem Etikett »Sonnenaufgang«, gemalt vom bekannten Wiener Künstler Johannes Wanke, zu präsentieren. Sogar Niki Lauda war dabei und stellte damals die neuen Destinationen seiner Fluggesellschaft vor. Ein weiterer Erfolg für das österreichische Weingut, das seit 1986 die Verbindung von Wein- mit Kunstkultur pflegt, da seine Inhaber große Freude an Bildern haben und seit Jahren wertvolle Bilder kaufen und immer wieder betonen, daß Wein und Kunst sehr gut zueinander passen.

Die Förderung der Kunst hat das sympathische Winzerpaar Maria und Gerhard Wohlmuth auch dazu bewogen, die Etiketten ihrer Weine des jeweiligen Jahrgangs mit einem neuen Bild auszustatten, dessen Originale im Familienbesitz sind und im Weingut besichtigt werden können. Die Auswahl der bisher ausgestellten Werke spiegelt einen breitgefächerten Geschmack. »Ich kaufe die Bilder eben nach subjektiven Kriterien«, sagte uns Wohlmuth. »Jedes Jahr wird der neue Jahrgang sowie das neue Künstleretikett mit einem Degustationsmenü bei einem Top-Gastronomen vorgestellt, wo auch der Künstler anwesend ist.« (Voranmeldungen werden weitestgehend berücksichtigt.)

Die letzte Präsentation fand dabei in »Gerlindes Gasthaus« in Graz statt. Der »Junge 92er«, ein sehr interessanter Mischsatz aus Morillon (in der Steiermark gebräuchlicher Name für den Chardonnay), Klevner (damit ist normalerweise der Weiße Burgunder gemeint), Ruländer und Riesling in Kabinett-Qualität, in einer »Gesamtauflage« von 4000 Flaschen, war dabei der würdige Begleiter für eine gelungene Speisenfolge: Riesengarnelen auf Eichblattsalat, Maiscremesuppe mit Knoblauchbrot und zartrosa gebratener Kalbsrücken. Das macht neugierig auf die nächste Veranstaltung mit einem sicher wieder sehr gelungenen Mischsatz, der zwischenzeitlich zu den Exportschlagern der Wohlmuths nach Deutschland und Großbritannien zählt.

Die Weingärten des qualitätsorientierten Winzers befinden sich in Kitzeck, einem der führenden Weinbauorte der Steiermark, und in Höch-Sausal. In 564 m Seehöhe gelegen, zählt Kitzeck mit seiner 1000jährigen Weinbaugeschichte zu den höchstgelegenen Weinbauorten Europas. Auf Urkalkgestein in ausgezeichneten Süd- und Südostlagen wachsen die Reben. Die Anlagen mit Setzlingen der besten Klone der einzelnen Sorten erneuern die Wohlmuths ständig. Diese mühevollen Arbeiten – alle Einzellagen sind extreme Steillagen, die fast nur mit den Händen bearbeitet werden können – wirken sich jedenfalls positiv auf die gute Qualität dieses Betriebes aus. Dazu wird auf dem 6,4 Hektar großen Weingut auf den Einsatz von Herbiziden verzichtet und »konsequenter Schnitt« durchgeführt. Insgesamt werden so nur Flaschenzahlen von etwa 50 000 Stück produziert. Diese Weine werden stets trocken ausgebaut und bleiben bis zu 10 Monate im Holzfaß. Was nicht nur dem Pinot Blanc, Pinot Gris und dem Rheinriesling ausgezeichnet bekommt. Dazu werden noch »kleine Mengen der Spitzensorten Chardonnay, Cabernet-Sauvignon und Blaufränkisch in Barriques ausgebaut«, eine erlesene Spezialität der Wohlmuths.

Das Weingut stellt übrigens für seine Kunden bei Interesse Künstleretiketten kostenlos zur Verfügung. Da fällt einem das Öffnen der feinen Tropfen leichter.

Die Weine

»Junger 92er« Mischsatz Kabinett, trocken
0,75 l ca. 15,00 DM
Dezente Fruchtwürze, ausgeprägte Säure, Betonung auf Burgunderton.
Gut 8 Jahre lagerfähig.
Paßt auch zu Schinken und kräftigen Gerichten.

90er Chardonnay Kabinett Barrique, trocken
0,75 l ca. 26,00 DM
Sortentypische Aromen, gut eingebundener Holzton, elegant, voller Wein.
Noch mindestens 8 Jahre lagerfähig.
Paßt auch zu Fischgerichten und hellem Fleisch.

Weitere »Künstler-Weine« auf Anfrage

Weingut Wohlmuth
A-8441 Fresing 24, Kitzeck
Tel. 0 34 56 / 23 03, Fax 21 21
Übernachtungsmöglichkeiten werden vermittelt

Die Künstler

Professor Johannes Wanke: Der bekannte Maler, 1923 in Wien geboren, beendete 1949 sein Studium – bei Boeckl, Martin und Pauser – mit dem Staatspreis der Kunstakademie. Über 1300 meist großformatige Holzschnitte hat er bisher geschaffen. Ab 1975 intensivierte er die Malerei: es entstanden überwiegend figurale Kompositionen, Landschaften und Selbstbildnisse. Ähnlich wie Emil Nolde geht es ihm dabei um Wesentliches, um Blumen, Bäume und Landschaften, die mehr sind, als sie zunächst scheinen. Einmal in Fahrt, läßt er sich dahintragen, es ist ein mitreißendes, farbiges Verströmen. Seine Werke sind in zahlreichen Museen ausgestellt: Wiener Museum des 20. Jahrhunderts, Albertina, Wien u. a. Johannes Wanke wurde mit etlichen Preisen und Auszeichnungen bedacht, mit mehreren Österreichischen Staatspreisen, dem Ehrenkreuz für Wissenschaft und Kunst, dem Würdigungspreis für bildende Kunst des Burgenlandes und dem Professorentitel.

Anneliese Pachernegg: Geboren 1952 in Kärnten, seit 1972 in Graz, umreißt die Künstlerin ihren Lebenslauf. Durch die Miniaturmalerei auf Elfenbein und Keramik fand sie den Weg zum Aquarell. Studien in der Natur geben ihren Bildern die Farbe. Ihr Herz aber gehört den Kinderportraits. Ausstellungen in Kärnten, vom Kulturamt der Stadt Graz am Flughafen Thalerhof, im Weinland Steiermark (Schloß Spielfeld) u. a.

Augenstoff für Denkmuster

»Der Wein und die Kunst durchbrechen den Alltag, provozieren, beflügeln, erweitern die Denk- und Sehmuster. Gehen in die Tiefe, öffnen Welten«, antwortet Bruno Bosshart, Winzer und Präsident des Schweizer Bio-Weinbauvereins, auf die Frage nach seiner Einstellung zum Thema unseres Buches. »Der Anlaß«, die Etiketten seines Vorzeigeweines, den Blauburgunder, von Künstlern gestalten zu lassen, »ist die eingangs beschriebene Notwendigkeit. Es ist nicht das Schöne, Designte, Geschmäcklerische, sondern das Gewohnheiten Durchbrechende, die ureigentümliche Sehweise des Künstlers, die meine Weine beflügeln, ergänzen, verstärken sollen. Es soll dem Zeitgeist entsprechend nicht bloß harmonisieren, sondern Zeugnis ablegen, wie wir heute dastehen.«

Der Betrieb selbst steht jedenfalls prächtig da. Auf knapp 2 Hektar Rebflächen wachsen neben dem bereits erwähnten Blauburgunder vor allem sogenannte Interspezifische Rebsorten. Dahinter verbergen sich Neuzüchtungen, einige davon übrigens recht interessant, die erheblich resistenter gegenüber Schädlingsbefall sind als herkömmliche Sorten und deshalb nahezu weltweit erprobt werden. (Näheres, auch über diesen Betrieb, im »Großen Buch der Bio-Weine – Die besten Weine aus ökologischem Anbau«, Seite 106, erschienen im selben Verlag.) Dem sympathischen Schweizer, der die Rebflächen erst vor acht Jahren erworben hat, gelingen insgesamt Weine, denen selbst hartnäckige Bio-Wein-Kritiker Respekt entgegenbringen. Spitzenreiter ist dabei der Blauburgunder, dessen Bestand, jährlich etwa 3000 Flaschen, ziemlich rasch ausverkauft ist.

Der Winzer, auf dessen steilen Weiden – »wir haben einen Mischbetrieb« – noch eine seltene »Mutterkuhherde aus dem Südschwarzwald« grast, hält für seine Kunden mit jedem neuen Blauburgunderjahrgang eine gelungene Überraschung bereit: Jeder Künstler gestaltet für »seinen« Jahrgang sechs verschiedene Etiketten, die alle ein gemeinsames Thema haben, zum Beispiel Rolf Winnewissers Rebstockvariationen in Blau, »so daß die blauen Flächen mit jedem Schluck das Auge erglühen lassen können«. Oder Reto Müllers »Von Angesicht zu Angesicht«, »Aug und Wahrheit darin, Mund und Sinn«. Weitere Varianten: Josef Felix Müllers »Wirkung der Weinquelle auf Seele und Wahrnehmung« und René Straubs ins Bild gesetzte Spitzenmuster unter dem Thema »Spitzenetiketten für einen Spitzenwein«.

Zur Auswahl der Künstler meint Bosshart: »Sie sollten eine eigene Bildsprache entwickelt haben und die Fähigkeit, neu und unvoreingenommen an die Sache heranzugehen. Ich schätze dabei den persönlichen Kontakt des Künstlers zu unserer Familie, zum Wein oder dem Rebberg. Er soll die Art und Weise kennenlernen, wie wir arbeiten. Andersherum besuche ich die Künstler gerne in ihrem Atelier.« Originalbilder gibt es nur wenige zu besichtigen, dafür kann Bosshart noch mit den Original-Etiketten seit 1985, dem ersten »Künstler-Jahrgang«, aufwarten. »Als Konzept sind mir Vernissagen nicht so wichtig. Hingegen bin ich dafür, daß gute Kunst auf die Flasche kommt. Diese aber erschwinglich ist, den Wein also nicht enorm verteuert, so daß auch Leute mit moderner Kunst konfrontiert werden können, die von der Weinseite und nicht von der Kunstseite kommen. Andererseits soll die Kunstseite nicht zu kurz kommen, die sich eher freut über eine 6er Serie verschiedener Bildauffassungen und sich auch rasch an die Bildwechsel der einzelnen Jahrgänge gewöhnt.« Jedes Jahr wartet dabei mit einem anderen Thema auf: Schließlich präsentieren sich die Weinjahrgänge auch unterschiedlich.

Weingut Bruno und Ester Bosshart
Ziegelhüttenweg, CH-8892 Berschis/Walenstadt
Tel. und Fax 0 81 / 7 33 41 24
Übernachtungsmöglichkeiten werden vermittelt

Der Künstler

Stefan Forster (Etiketten 92): »Das Thema«, sagt der Züricher Künstler, Jahrgang 1954, dazu, »das für mich am überzeugendsten den Zauber ausstrahlt, ist das Halten des Glases. Es ist der Moment des sich Zuprostens, der Glückwünsche, des Innehaltens, der Begutachtung der Weinfarbe, der Erwartung. Für mich ist es zugleich der visuell feinste Augenblick des Weintrinkens. Die Motive entstammen aus klassischen Gemälden und sind als Hommage an die Malerei gedacht. Die Farben sollten ihrem Charakter gemäß dem Geschmack des Weines entsprechen, andererseits das Thema des Glashaltens unterstreichen.«

Der Wein

92er Blauburgunder, trocken
0,7 l ca. 17,00 DM
Feines Beerenbukett, »rassig und fein strukturiert«, gute Länge.
Etwa 7 Jahre lagerfähig.
Eignet sich auch zu Fleisch- und Wildgerichten.

Sonnenmacht und Mondschein

Die beiden Himmelskörper begegnen uns immer wieder auf den Weinbildern der Münsteraner Künstlerin Dietlind Schmiedek, die für den Schweizer Familienbetrieb Hermann erstmals einen kompletten Etikettenzyklus gestaltete.

Das Weingut mit terrassenförmig angelegten 5 ha Rebflächen wurde in den 70er Jahren von dem sympathischen Ehepaar Peter und Rosi Hermann übernommen und seit sechs Jahren nach den umweltschonenden Richtlinien der Integrierten Produktion bearbeitet. »Schon seit längerer Zeit haben wir nach neuen Etiketten gesucht und uns immer etwas umgesehen«, erzählt Peter Hermann. »Vor einem Jahr waren wir im Restaurant Heuwiese und haben die dortige Bildergalerie besichtigt. So lernten wir die Bilder von Dietlind Schmiedek kennen und waren sofort begeistert. Ihre Stärke sind die Farben, und doch sind ihre Bilder ruhig und sprechen eine große Anzahl Leute an. Als dann Frau Schmiedek im Frühling zu Gast im Restaurant war und dort Tischdecken malte, lernten wir sie auch persönlich kennen. Sie entwarf nun für jeden unserer acht Weine – wobei die Sorten Sauvignon Blanc und Completer, eine weiße Traubensorte aus dem Mittelalter, die nur noch in Graubünden angepflanzt wird, erst in zwei Jahren auf den Markt kommen – und unseren drei Jahre im Eichenfaß gelagerten Marc (Trester) eine separate Etikette. Die Farben wurden passend zum Wein abgestimmt. Je leichter der Wein, desto heller die Farbe etc. Die Etiketten sollten eine Beziehung zum Wein oder zu den Reben haben, einige Details sich wie ein roter Faden durch die ganze Serie ziehen, damit man auf den ersten Blick sieht, daß alle zusammengehören.« Ein weiterer Grund für die beiden Hermanns, Dietlind Schmiedek zu beauftragen, war auch, daß die neuen Etiketten nicht »zu wild oder zu modern« sein sollten, sie sollen ja auch noch nach einigen Jahren gefallen! Gespannt ist man hier im Hause bereits auf das Fläscher-Herbstfest '94: Dort sind sehr viele Weinliebhaber anwesend, und neben den Weinen werden auch die Etiketten eifrig kritisiert. Mehr Zeit und Ruhe, die Originalbilder zu betrachten, hat der Besucher jedoch außerhalb der Feiersaison. Als kleiner Tip: »Im Rebberg der Hermanns steht ein altes Kellergewölbe mit Cheminée und einer schön gedeckten Pergola. Dort empfangen sie auch Gesellschaften zum Apéro oder Hochzeiten zum Zvieri.

Die Weine

92er Riesling × Silvaner
0,7 l ca. 14,00 DM
Typischer Muskatton, harmonisch, frisch, unkompliziert.
Noch 3 Jahre lagerfähig.
Am besten jung und kühl, zum Aperitif oder Alpkäse.

92er Chardonnay Barrique
0,7 l ca. 24,00 DM
Schöne Frucht- und Gewürzaromen, gehaltvoll, kräftige Säure, gute Länge.
Gut 6 Jahre lagerfähig.
Eignet sich auch zu Vorspeisen, Fisch, Meeresfrüchten und hellem Fleisch.

92er Blauburgunder
0,7 l ca. 16,00 DM
Zarte Fruchtaromen, tanninbetont, voll, reich und robust.
Gut 6 Jahre lagerfähig.
Eignet sich ganz allgemein zu Fleischgerichten.

Weitere »Künstler-Weine« auf Anfrage

Weinbau Peter und Rosi Hermann
Hinterdorf 91, CH-7306 Fläsch
Tel. 081/3024085
Übernachtungsmöglichkeiten werden vermittelt

Die Künstlerin Dietlind Schmiedek: »Die große Offenheit des Bildfeldes«, so der Kunsthistoriker Wilhelm Peters über die Kunst- und Bilderwelt von Dietlind Schmiedek, »wird zum Projektionsfeld für den Betrachter, der in das Bild hineingezogen und angeregt wird, sein eigenes Gedankenbild aufzubauen.« Mehr über die Künstlerin im Kapitel »Rieslingblatt im Morgentau«, Weingut Weedenbornhof (D), Seite 86/87.

Walliser Olsommer-Wein-Mystik

»Durch meine Malerei«, sagte einmal Charles-Clos Olsommer, »möchte ich Poesie schaffen, die Unendlichkeit, die ich in meiner Seele spüre. Malen, um den Beschauer in die fabelhafte Welt meiner Träume einzuführen.« Denn »nicht nach der Natur malen«, war das Credo des bekannten, 1966 verstorbenen Schweizer Künstlers, »sondern aus der unmittelbaren Erkenntnis heraus, gestützt auf Vorbilder aus der Natur. Erfinden, aber nach der Wirklichkeit vollenden.« Olsommer sagte von sich auch, »ein Mystiker war ich, ein Mystiker bin ich und werde es auch immer bleiben«.

Der größte Teil seiner Motive – die letzten 54 Jahre seines Lebens verbrachte er fast ausschließlich in seinem Domizil bei Sierre – stammt aus der Region der Imesch-Weine, einer der Gründe, sechs Gemälde seines umfangreichen Werkes auf Weinetiketten vorzustellen. Denn »die Heirat von Wein und Kunst ist nichts Überraschendes, sie drängt sich geradezu auf. Der Wein gipfelt in einem kunstvoll erarbeiteten Naturprodukt, das im Endstadium, in Grenzen genossen, den menschlichen Geist anregt. Die Kunst ihrerseits verkörpert den höchsten Ausdruck, den dieser menschliche Geist hervorzubringen vermag.« Mit diesen Worten beschreibt Marie-Hélène Imesch Sigerist, Präsidentin des Verwaltungsrates der Imesch-Kellereien, den Gedankengang für die Herausgabe dieser künstlerischen Serie, deren Originalbilder in den Kellereien zu besichtigen sind.

»Schon lange« träumte die agile Präsidentin davon, »Wein und Kunst zu verbinden.« Dann, im Jahre 1983, war es soweit: »Wir wollten den im Wallis bekannten, aber in der Schweiz – zu Unrecht – vergessenen Künstler an seinem hundertsten Geburtstag in Erinnerung rufen.« Mit Erfolg, »die ›Olsommer-Weine‹, wie sie am Anfang genannt wurden, sind ein Begriff geworden«. Für Frau Imesch Sigerist und Direktor Yvon Roduit nicht allzu überraschend: »Spielen doch Erde, Pflanzen und Sonne in seinem von Mystizismus umwobenen Werk eine entscheidende Rolle. Und so haben doch Erde, Reben und Sonne unseren Spitzenweinen ihre natürliche Reichhaltigkeit, die Generosität ihres feurigen Charakters verliehen.«

Die Imesch-Weine haben eine knapp hundertjährige Tradition, 1898 von Leopold Imesch gegründet, dessen Ziel es war, »nur Qualitätsweine herzustellen und die Kunden nie zu enttäuschen«. So versuchen – mit Erfolg – drei Generationen, die subtilen Geschmacksnuancen herauszuzaubern, »die nur jenen edlen Tropfen eigen sind, bei denen die althergebrachten Weinbautraditionen voll und ganz respektiert wurden«. Das gelungene Verhältnis zwischen Tradition und oenologischer Erneuerung ist den Weinen gut bekommen. Etwa eine halbe Million Liter umfaßt die aktuelle Produktion, einen Teil davon kann das Weingut aus den eigenen Familienreben beziehen. Winzer und Gutsbesitzer der besten Weinlagen des Wallis liefern den anderen Traubenanteil, seit Jahren, sogar Jahrzehnten.

Hervorzuheben ist der fruchtintensive Petite Arvine Wein, aus der traditionellen weißen Walliser Traube mit sehr kleinen Beeren. Pinot Noir in seinen Varianten und Pinot Gris zählen zu den besonderen Stärken der Imesch-Kellereien. Und natürlich, nicht zu vergessen, der berühmte Fendant, ein Wein aus der Chasselas-Rebe, die im Wallis einen äußerst gehaltvollen und geschmeidigen Wein ergibt. Olsommer meinte einmal: »Eines der schönsten und erhabensten, ja lebenswertesten Dinge schien mir stets das Dämmern des Morgens nach der tiefen Finsternis der Nacht. Würde man mich fragen, welches die schönste Schöpfung Gottes sei, ich würde nicht sagen ›die Frau‹, sondern ›die Morgendämmerung‹.« Das läßt sich nach einer langen Nacht, vielleicht am besten im Frühling, angenehm nachvollziehen. Alleine oder zu zweit, mit einem Glas Arvine in der Hand, von dem man sagt, die Götter selbst hätten sich an den Früchten dieser alten wallisischen Rebsorte vergnügt.

Caves Imesch Sierre
CH-3960 Sierre
Tel. 0 27/55 10 65, Fax 56 13 71
Übernachtungsmöglichkeiten werden vermittelt

Der Künstler
Charles-Clos Olsommer: »Poesie, das seid ihr, ihr Seelen, die sie den Dingen überträgt. Wie aber ist sie in den Seelen?« Der 1883 in Neuenburg geborene Künstler mit seinem ausgeprägten Farbgefühl, eine packende Persönlichkeit, die das Geheimnis der Welten zu durchschauen vermochte, studierte an der Kunstschule in La Chaux-de-Fonds. Danach zog er nach Genf, lebte einige Zeit in München und Paris,

bereiste Italien, Bulgarien und den Balkan. Wieder in Genf, lernt er seine spätere Frau, eine junge Bulgarin, kennen, die sein Leben und Werk nachhaltig beeinflußt. Er zieht 1912 mit ihr in die Gegend von Sierre und verläßt diesen Ort und sein mystisches Haus nur noch selten. Der einfühlsame Porträtist und geschätzte Landschaftsmaler ist vor allem Symbolist, und das Erhabenste seiner Werke liegt vielleicht in seinen phantastischen Landschaften, die er gegen Ende seines Lebens schafft. Als der unabhängige Geist und Einzelgänger 87jährig stirbt, sagt seine Frau: »Der Tod eines Menschen ist wie das Sterben einer Blume. Sie verwelkt, aber ihr Parfum bleibt.« Sein Parfum »ist die Poesie, die sein Werk erfüllt«.

Die Weine

»Die Kunstwerke des Schweizer Malers
geben den verschiedenen Weinen
mit ihren eigenen Farbtönen
jenen Glanz, den ein Meisterwerk
zu seiner Perfektion braucht.«

91er Petite Arvine du Valais
0,75 l ca. 25,00 DM
Feine exotische Fruchtaromen,
körperreich, gute Säure,
leichter Restzucker.
Gut alterungsfähig.
Paßt am besten zu Desserts.

91er Johannisberg
0,75 l ca. 17,00 DM
Gute Fruchtaromen, würzig,
harmonisch, frisch.
Ein paar Jahre lagerfähig.
Eignet sich zum Spargel
oder zu Fisch.

Weitere »Künstler-Weine« auf Anfrage

Ungewöhnliche Kunst-Stücke

»Gute Weine zu keltern, ist auch eine Kunst, so passen Wein und Kunst also vorzüglich zusammen«, begründet Felix Christen vom Zentraleinkauf Wein sein Faible für die Spezialitäten, die im großen Angebot der Globus-Häuser einen respektablen Platz einnehmen. Damit nicht genug: »Wir sind dafür bekannt, an Weihnachten immer außergewöhnliche Geschenkartikel anzubieten, die nur bei uns zu finden sind. Nachdem wir jeweils großen Erfolg mit Künstleretiketten von unseren Lieferanten hatten, haben wir für dieses Jahr in dieser Richtung das erste Mal eine eigene Linie entwickelt.«

Und was für eine: Hinter dem Sortiment »Josef Bauer« verbergen sich je ein vorzüglicher Barolo und Barbaresco von Abbona, ein Prosecco Extra Dry von Bortolotti und

vier Spirituosen –

Kirsch, Grappa, Apfel, Williams

– des weit über die Schweiz hinaus für seine ausgezeichneten Qualitäten berühmten Traditionsbetriebes Etter aus Zug, der selbst gelegentlich »Flaschenkunst« entwerfen läßt.

Die Zusammenarbeit von Zentraleinkauf und Globus – die in der deutschsprachigen Schweiz über sechs Geschäfte mit jeweils einer renommierten Weinabteilung mit über 1000 verschiedenen Weinen und Spirituosen verfügen – mit dem zwischenzeitlich auch fernsehbekannten Künstler Josef Bauer aus Bermatingen am Bodensee ergab sich dann eher zufällig. Auf einer Hamburger Messe entdeckte Felix Christen Musterflaschen des Künstlers, die für die Yellow Space Edition des Burgunderhofs entwickelt wurden. Sie waren seiner Ansicht nach das Erfreulichste, was er auf dieser Messe gesehen hatte, und so blieb man in Kontakt, bis in diesem Jahr, erstmals im Oktober der Öffentlichkeit vorgestellt, Josef Bauer für Christen »etwas farbenfroh Poppiges entwarf, das in unsere eher triste Zeit paßt«. Das Resultat: eine Linienführung der Flasche, die durch ein aufwendiges Siebdruckverfahren zu einer ebenso exklusiven wie prachtvollen künstlerischen Leistung wurde. Wer die Kennzeichnung des ebenfalls edlen Inhalts vermissen sollte – die findet man gut integriert auf der Rückseite.

Erneut ein ungewöhnliches Projekt aus dem New Space Art Atelier Josef Bauers, für dessen 92/93er Zyklus »On My Mind« – bestehend aus 40 Originalbildern, 10 bemalten Ölkrügen und 13 Siebdrucken – sogar die bekannte Rock-Lady Chaka Khan ihren gleichnamigen Titelsong gewidmet hat. Das Künstler-Sortiment, das zum Teil auch im bekannten Stuttgarter Feinkostgeschäft Böhm erhältlich sein wird, ist jedenfalls nicht nur für Weihnachten eine gelungene Überraschung der Globus-Häuser. Das 1907 gegründete Unternehmen mit einigen Auslandsniederlassungen, das vom Bürobedarf über Möbel bis hin zu Textilien nahezu alles bietet, ist zudem für seine ***delicatessa – Essen mit drei Sternen – bekannt, die erste Schweizer Feinschmekker-Adresse für »alle, die gerne kochen und essen«. In diesen fünf Globus-Häusern und in einem weiteren findet man auch die gutsortierte Weinabteilung – und darin natürlich die Josef-Bauer-Flaschenlinie.

Magazine zum Globus
Eichstraße 27
CH-8045 Zürich
Tel. 01/4 55 23 54, Fax 4 51 20 11

Die Weine

88er Barbaresco DOCG
0,5 l ca. 55,00 DM
Feine Fruchtaromen, kräftiger Rotwein, vollmundig, lang anhaltend im Abgang. Noch gut 6 Jahre lagerfähig. Eignet sich zu gegrilltem Fleisch, Wild und reifem Käse.

88er Barolo DOCG
0,5 l ca. 60,00 DM
Intensive Aromen, sehr kräftiger Rotwein mit vollem Körper, dezente Barrique-Note, langer Abgang. Noch gut 10 Jahre lagerfähig. Paßt auch gut zu Gegrilltem, Wild und kräftigem Käse.

Der Brand

Kirsch Etter Zug
0,5 l ca. 75,00 DM
Intensives Kirscharoma, feine Milde, langanhaltender Geschmack. (nicht abgebildet)

Weiteres auf Anfrage

Der Künstler

Josef Bauer, geboren 1954, begann 1989 seinen Zyklus »Space Painting« und malte ein Jahr danach für eine Jazz-Dance-Aufführung in Sindelfingen ein Bühnenbild mit den Maßen 10 m × 4,20 m und entwarf dazu passende Kostüme. Ende '91 stellt er vor laufenden Kameras 900 geladenen Gästen seine Ausstellung Yellow Space vor. Die erste Flaschenedition für den Burgunderhof (siehe Seite 26/27) bringt ihm bundesweiten Bekanntheitsgrad. Für seinen aktuellen Zyklus hat ihm sogar die Sängerin Chaka Khan ein Lied gewidmet. Neben Bildern und Flaschen bemalt und gestaltet er auch zum Teil Vasen und Teller.

Charme Dessus

»Internationales Ansehen genießen die Schweizer Angebote, deren Tieretiketten begehrte Sammelobjekte geworden sind«, sagt man mit berechtigtem Stolz bei Caves Mövenpick. »Wir gehörten zu den ersten, die in der Schweiz und Deutschland Weine auf den Markt brachten, deren Etiketten ein Künstler gestaltet hatte.« Gemeint ist die »Tierserie«, mit der diese Schweizer Weine versehen sind.
Die vom renommierten Naturmaler Urs Woy detailgetreu gestalteten Motive zieren bereits seit über zwanzig Jahren die Mövenpick-Serie. Anlaß zu diesen Etiketten war der Wunsch, eine Kombination zwischen guter Einprägsamkeit und einer bewußt etwas eigenwilligen Individualität als Erkennungszeichen für diese Spezialitäten einzuführen. Dabei wollte man sich nicht »in allzu ausgefallene künstlerische Experimente versteigen«. So wurde schließlich Urs Woy ausgewählt, der bereits für den WWF (World Wildlife Fund) Tiergemälde in dem ihm eigenen faszinierenden Stil gestaltete: außergewöhnliche Präzision, gepaart mit frischen Farben, sensibler Tonalität und harmonischer Ausgewogenheit. Tagelang kann der Künstler am Zürichsee sitzen, Fische und Vögel beobachten und jede Einzelheit von Schuppen und Federn mit den Augen »aufsaugen«, um sie charakteristisch wiederzugeben. Caves Mövenpick arbeitet seit vielen Jahren mit ihm zusammen – »auch deshalb, weil er in seinen Werken genauso nach der Nuance sucht wie wir beim Wein«. Vielleicht auch deshalb, weil der international renommierte Betrieb einem Tier seinen Namen verdankt: Der Name »Mövenpick« ist 1948 bei einem Spaziergang über die Züricher Quaibrücke entstanden, als eine Möwe dem Gründer, Ueli Prager, ein Stück Brot aus der Hand pickte. Und so, wie die Möwe sich im Fluge die besten Bissen erhaschen kann, so sollte auch der Gast ohne große zeitliche Beanspruchung etwas Feines zu sich nehmen können – damals in einer »Snackbar mit einem Hauch von Luxus« inmitten der Züricher Innenstadt.
Aus diesen Anfängen ist mittlerweile ein Konzern mit Restaurant- und Hotelketten in vielen Ländern entstanden, und der Weinhandel floriert überdurchschnittlich. Während in Deutschland bisher der Versand an Privatkunden überwiegt, können die Schweizer Kunden in regionalen Celliers, Weinkellern, aus über 2000 sorgfältig ausgesuchten Gewächsen aus aller Welt wählen. Darunter natürlich die köstlichen »Tier«-Weine: Schweizer Weinspezialitäten überdurchschnittlicher bis ausgezeichneter Qualität wie dem »Charme Dessus«, die von Kunden oft nur noch mit dem Namen des jeweiligen Tieres bezeichnet werden, so z. B. der »Fröschli-Wein«. Probieren können Sie diese Selektionen übrigens auch in jedem Mövenpick-Restaurant – dazu glasweise die feinsten Weine des gesamten Sortiments in eigenen Caveaux, Wein-Pubs, die in einigen deutschen und Schweizer Städten eingerichtet wurden. Über weitere Kunst der Kellereien Mövenpick in Stuttgart können Sie übrigens im Kapitel »Freiheits«-Wein, Seite 57, lesen.

Caves Mövenpick
Zürichstraße 77, CH-8134 Adliswil
Tel. 01/712 25 60, Fax 710 96 18

Der Künstler
Urs Woy: Der 1943 in Zürich geborene »naturwissenschaftliche Maler« durfte bereits mit neun Jahren seine ersten »Tier«-Arbeiten im Stadthaus Zürich ausstellen. Der bekannte Schweizer Illustrator und Diplomgraphiker befaßt sich immer wieder akribisch mit der Tierwelt. Alle Werke des Künstlers entstehen nach lebenden Modellen, zum Beispiel durch das ständige Beobachten von selbstgeangelten Fischen im Aquarium. Um die Proportionen präzise einhalten zu können, sind die meisten Gemälde im natürlichen Maßstab wiedergegeben. Die Farben seiner Aquarelle bestechen durch ihre Frische und harmonische Ausgewogenheit und haben so manches gemeinsam mit den Weinen, die diese Etiketten tragen.

Die Weine

91er Epesses »Le Canard«, trocken
0,75 l ca. 29,00 DM
Feine Chasselas-Aromen,
elegant, spritzig, gute Länge.
Noch etwa 3 Jahre lagerfähig.
Eignet sich unter anderem zu geräuchertem Fleisch, Raclette und Fondue.

91er Aigle »Charme Dessus«, trocken
0,75 l ca. 29,00 DM
Feine Fruchtaromen, harmonisch,
kräftig, ausgiebig im Geschmack.
Noch gut 3 Jahre lagerfähig.
Dieser Chasselas paßt gut zu geräuchertem Fleisch, Raclette und Fondue.

92er Fendant »Les Grenouilles«, »der Fröschli-Wein«, trocken
0,75 l ca. 17,00 DM
Nach reifen Trauben duftendes Bouquet,
vollmundig, guter Nachklang.
Etwa noch 3 Jahre lagerfähig.
Paßt vor allem zu Schinken,
Raclette und Käsefondue.

Weitere »Künstler-Weine« auf Anfrage

Köstliches in »festlichen Kleidern«

Wirklich »Köstliches aus Südafrika«, gehüllt in »festliche Kleider«, präsentiert alljährlich die renommierte St. Jakobskellerei in ihrem informativen wie übersichtlich gestaltetem »Wiibüechli«. Das schweizerische Familienunternehmen – derzeit im Besitz der fünften und sechsten Generation Schuler – mit einem deutschen Versandableger »kleidet« schon seit Jahren Spezialitäten vom Kap in Künstleretiketten. »Da wie beim Essen auch beim Weingenuß das Auge eine Rolle spielt«, wie Marketingleiter Andy Fuchs erzählt, erhält jeder Wein ein neues Etikett. Die Idee dazu kam von Jakob Schuler jun., der »jedes Jahr mit seinem Bruder Toni zu Degustationen des neuen Jahrgangs nach Südafrika reist«. Dabei besucht der Kunstliebhaber und -förderer auch »Galerien und Ausstellungen, wo er jeweils einen Künstler auswählt« und ihn anschließend in dessen Atelier zur Gestaltung der Etiketten anregt: »Dann wird spontan vor Ort entschieden.« Im Gegensatz zu den Weinen: Da »werden die verschiedenen Fässer des neuen Jahrgangs in Südafrika degustiert, und zusätzlich nehmen Jakob und Toni Schuler kleine Proben mit nach Hause, wo sie einer ausführlichen Qualitätskontrolle unterzogen und nochmals degustiert werden«. Dann erst entscheidet sich, welche Weine die »neuen Kleider« erhalten werden.
Stets aber kommt er aus anerkannt besten Lagen der Küstenregion der Kapprovinz, die denkbar positive klimatische Voraussetzungen für den Weinanbau bietet. »Die Weinberge von Stellenbosch und Paarl sind optimal gelegen. Die Niederschlagsmenge liegt unter dem jährlichen Durchschnitt von Bordeaux oder Burgund. Und – was noch viel bedeutender ist – Regen gibt es nur im Winter, wo die Rebe ruht.« So ist »die Ausreifung des gesunden Traubengutes gewährleistet«.
Seit Jan van Rybeek vor über 300 Jahren die ersten Rebstöcke am Kap anpflanzte, um die holländischen Schiffe u. a. mit Wein zu versorgen, hat sich der Weinbau in Südafrika gut weiterentwickelt. Vor allem seit Mitte der 70er Jahr konnte sich der Qualitätsstand der Cabernet- und Pinotage-Weine – eine Kreuzung aus Pinot Noir und Cinsaut – erheblich verbessern, und auch neuere Anpflanzungen, wie z. B. Chardonnay, zählen zwischenzeitlich zu den großen empfehlenswerten Weinen der Welt. Einige davon bietet die St. Jakobskellerei in ihrer hervorragenden Reihe mit Namen »Cindy's Collection« an: So nennen sich die südafrikanischen Spezialitäten, die in »Kleidern« aus Künstlerhand von dem traditionsreichen Schweizer Betrieb vertrieben werden. Ein, wie wir meinen, gelungener Beitrag, neben großartigen Weinen auch interessante südafrikanische Künstler hierzulande einem breiteren Publikum vorzustellen. Internationalen Bekanntheitsgrad haben etliche bereits erreicht, so Peter Clark, der Gestalter des 82er Etiketts, dem, so Schuler, »nach einem langen, steinigen Aufstieg 1984 die größte Ehrung zuteil wurde: Er erhielt von der World's Academy of Arts and Culture den Titel eines Ehrendoktors.«
Auch wenn die ersten Weine aus dieser ebenso sehens- wie schmeckenswerten Reihe – ein 78er Cabernet Sauvignon war der »Startschuß« – natürlich nicht mehr erhältlich sind, einen »kleinen Trost« hält die Kellerei für ihre Kunden und Besucher bereit: Alle Originalgemälde können in der Schweizer Zentrale besichtigt werden, so das erste »Cindy's«-Etikett von dem berühmten Maler und bekannten Jazzmusiker Hargreaves Ntukwane. Nicht nur deshalb ein lohnenswerter Ausflug.
Man braucht jedoch nicht extra nach Seewen zu fahren, um in den Genuß der »Cindy's« oder anderer sehr interessanter Weine aus aller Welt zu kommen: Aktuellen Stand bietet jeweils das »Wiibüechli«, ein gut 120 Seiten starkes »Wein-Lesebuch«, das von »einer gelungenen Ouvertüre« über »Nichtalltägliches« bis zur »süßen Versuchung« dem Leser Interessantes aus der großen Welt der Weine vermittelt und »meine Lieblingsweine«, so Jakob Schuler jun., vorstellt. Ein weiterer begrüßenswerter Service sind die »Kellerkarteikarten«, die neben den Weinbeschreibungen auch stets über die beste Trinkreife und Essensvorschläge informieren.

Schuler-Weine, St. Jakobskellerei
Franzosenstraße 14
CH-6423 Seewen-Schwyz
Tel. 043/24 31 31, Fax 24 32 12

und Kanderstraße 3
D-79576 Weil am Rhein
Tel. 01 30/84 47 74

Die Weine:

»Mit viel Liebe und Einfühlung ›schneidern‹ die Künstler die Festtagskleider für diese Spitzenweine.«

92er Chardonnay
0,75 l ca. 16,00 DM
Intensive Fruchtaromen, geschmeidig, ausgewogen, kräftig, aromatisch. Noch gut 3 Jahre lagerfähig. Eignet sich als Aperitif, zu Vorspeisen und Fischgerichten.

Die Künstler:

Bon Chandiyamba (Etiketten der Collection 92): Der 1956 in Malawi geborene Künstler begann nach der Schulzeit seine berufliche Karriere als kaufmännischer Angestellter. Mit 31 Jahren widmete er sich an der Art Foundation in Johannisburg einer Kunst- und Grafiker-Ausbildung. Ein lohnenswerter Entschluß. Heute lebt er in Tygerberg, Berea bei Johannesburg und gilt als vielbeachteter Künstler. Seine Werke strahlen eine einzigartige Originalität aus. Die Formen seiner Objekte sind stets einfach. Gerade deshalb sind sie wahrscheinlich von einer besonderen Harmonie, Eleganz und Eigenständigkeit. Bon Chandiyamba gehört zu den talentiertesten Künstlern des heutigen Afrika.

Billy Molokeng (Etiketten der Collection 90): Der in Alexandria bei Johannesburg geborene Molokeng, Jahrgang 1944, gilt als wahres Multitalent: als Maler wie als Sänger und Komponist. Bereits in sehr jungen Jahren begann er zu malen, und durch einen Gönner kam er an eine private Kunstschule in Johannesburg. Heute ist er nicht nur in Südafrika, auch in Israel, Deutschland, Holland, Griechenland und den USA ein viel- und gerngesehener Künstler. Billy's Liebe zu Musik und Rhythmus fließt in seine Bilder ein. Er singt und hört Musik, wenn er malt. Und er malt im Kopf an seinen neuen Bildern, während er Songs komponiert oder an Konzerten als Billy Africa auftritt. Seine Bilder spiegeln auch stark die Kultur seines Volkes Kwa Ndebele wider. Billy Molokeng gehört zu den talentiertesten Künstlern des heutigen Afrika.

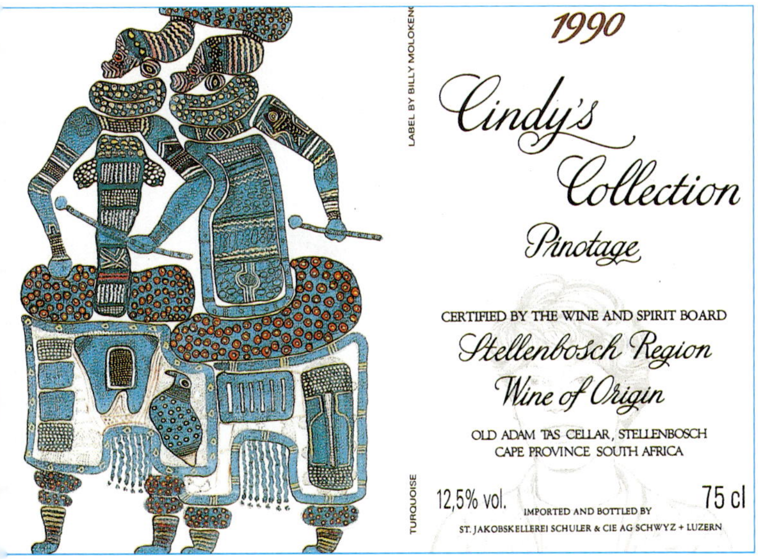

90er Pinotage
0,75 l ca. 14,00 DM
Feine Fruchtaromen, Geschmack nach Waldbeeren und exotischen Früchten, eleganter, mittelschwerer Wein.
Noch 7 Jahre lagerfähig.
Paßt auch zu einfachen Mahlzeiten.

Martin Wenkidu (91er Collection): Gegen den Willen seines Vaters wurde der 1946 in Pretoria geborene Sohn eines Bankkaufmanns Kunstmaler. Als Student veranstaltete er die erste gemischtrassige Kunst-Ausstellung Südafrikas, was ihm damals nicht nur Applaus eintrug. 1976 verließ er das Land, da er nicht mehr an eine friedliche Entwicklung glaubte. Er studierte, malte und arbeitete in England, Irland und Deutschland, zeitweise als Therapeut: Er förderte geistig Behinderte durch Malen und Werken. In diese Zeit fallen auch einige bedeutende Ausstellungen in Europa. Seit 1986 ist er wieder zurück, um am Aufbau einer neuen Gesellschaft mitzuhelfen. In der Nähe von Durban, auf einem Landgut, lebt, lehrt und arbeitet er mit seiner Frau und einer Gruppe von jungen schwarzen Nachwuchskünstlern und Handwerkern.

91er Shiraz
0,75 l ca. 14,00 DM
Fruchtbetonte Geruchsknoten, geschmeidig, ein eleganter Rotwein mit Stil.
Gut 8 Jahre lagerfähig.
Paßt auch zu mittelschweren Mahlzeiten, gebratenem Fisch, hellem Fleisch und Hartkäse.

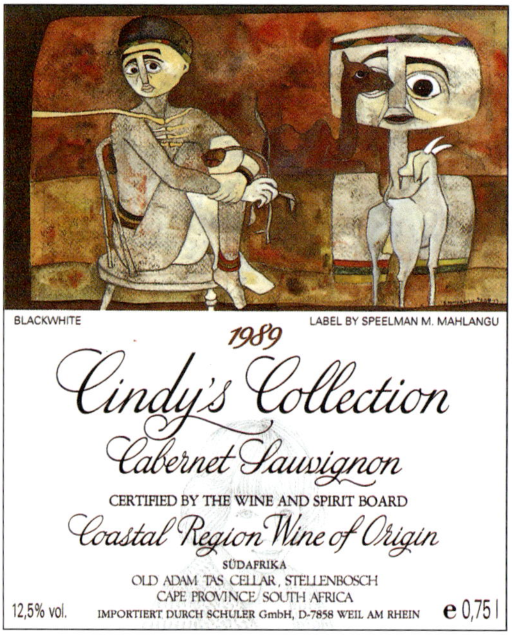

Speelman M. Mahlangu (Etiketten der Collection 89): Der Künstler wurde 1958 in Germiston geboren. Die Schule besuchte er in Matshediso und in Katlehong. Mit 16 begann er zu zeichnen und zu malen. Ausgebildet wurde er am Katlehong Art Center. Neben Stanley Nkosi hat ihn wohl seine langjährige Lehrerin Rosemary Shaknovsky am nachhaltigsten beeinflußt. Heute arbeitet der Künstler am Art Center in Katlehong. Zeitweise unterrichtet er auch junge Maler, widmet sich aber hauptsächlich seinem eigenen Schaffen. Seine erste Ausstellung hatte er bereits im Alter von 19 Jahren. Von da an fanden seine Werke kontinuierlich mehr Beachtung und Verbreitung. Bereits 1985 und 1987 wurden seine Bilder auch in Europa ausgestellt. Mahlangu wird von Experten zu jenen südafrikanischen Malern der jüngeren Generation gezählt, die eine große Zukunft haben.

89er Cabernet Sauvignon
0,75 l ca. 14,00 DM.
Vielfältig würziges Bouquet, leichter Cassisgeschmack, Eichenholznote, komplexer Wein.
Noch 9 Jahre lagerfähig.
Eignet sich zu dunklem Fleisch, Haarwild, reifem Hartkäse.

Weitere »Künstler-Weine« auf Anfrage

Etiketten vom Hausfreund

Eigentlich wollte Alfredo Lazzarini, in Padua geborener Nachkomme einer alten venezianischen Familie, der Tradition seiner Vorfahren aus dem 16. Jahrhundert folgen, sich einen Landbesitz zulegen und sich gelegentlich auf diesen zum Müßiggang zurückziehen. Er erwarb den großzügigen Besitz Villa Dal Ferro, investierte größere Summen in die Restaurationsarbeiten, war zufrieden mit dem Ergebnis und fragte sich nach der Fertigstellung nur, wofür der riesige Keller je gedient haben mag. Die Antwort: Es war ein ideal angelegter Wein- und Faßkeller. Wozu, auf dem gesamten Anwesen war doch kein einziger Rebstock zu entdecken?
Durch »Befragen sehr alter Leute« fand Lazzarini schließlich heraus, daß auf seinem Besitz mit überwiegend niedrig bewaldeten Hügeln früher Reben wuchsen. Reblausbefall im letzten Jahrhundert, enorme Bodenerosion und mangelndes Interesse der damaligen Besitzer ließen die Hänge verwildern und schienen jede Neuanpflanzung sinnlos zu machen. Der Anfang vom Ende des ruhigen Landsitzes: Experten bestätigten Lazzarini, Inhaber einer Fabrik für Autozubehör und Kunststoffteile, daß hier sehr guter Wein wachsen könnte. Der Ehrgeiz war geweckt, und mit erheblichem Aufwand wurden die alten Weinberge rekultiviert. Lazzarini selbst bereiste die wichtigsten Weinbaugebiete der Welt, diskutierte mit Experten und suchte sich dann Reben aus, »die nicht immer den Vorstellungen der Landwirtschaftskammer entsprachen«. Das Resultat: wenig Ruhe, viel Arbeit, dafür Genuß rundum. Niedrig gehaltene Erträge bringen Weine von beachtlicher Substanz mit hohem Reifepotential. Und als Freund des Hauses gestaltete Zancanaro das Etikett für Alfredo und dessen weinbegeisterte Tochter Pamela.

r Wein

er Campo del Lago, Merlot
75 l ca. 17,00 DM
nes, volles Aroma, elegant,
Substanz, schöne Länge.
10 Jahre lagerfähig.
net sich auch zu weißem
rotem Fleisch und
ftvollen Saucen.

itere »Künstler-Weine«
Anfrage

Der Künstler

Tono Zancanaro galt als einer der interessantesten Graphiker Italiens. Mehrfach wurde er zur Biennale in Venedig eingeladen und dort auch mit dem 1. Preis für Graphik ausgezeichnet.

Villa Dal Ferro-Lazzarini
I-36040 S. Germano dei Berici (Vi)
Tel. 04 44/86 80 25, Fax 0 49/8 75 90 32

Das Weinalphabet des Professors

Mit »Hannibal ante portas« pflegte man früher die römische Bevölkerung nachhaltig aus dem Schlaf zu schrecken. Erklingt dagegen heute der Ruf »Horst Antes portas« (Lateinkundige mögen uns diese Wortspielerei nachsehen), erfreut das nicht nur Galeristen und Kunstinteressierte aus aller Welt, auch zahlreiche Weinfreunde horchen auf und streichen sich in Erwartung kunst-kulinarischer Genüsse mit der Zunge nachhaltig über die Lippen.

»Ich freue mich«, wird dieses Ereignis zweimal jährlich von Thomas Antes, dem für die Auslieferung zuständigen Neffen des Künstlers, eingeleitet, »Ihnen die Weine des Weingutes Sicellino, Horst Antes, Castellina in Chianti, Prov. di Siena, anbieten zu können. Der – traditionell, nicht im Barrique-Faß ausgebaute – Wein«, heißt es dann lapidar weiter, »wird von dem Enologen Dr. Maurizio Castelli betreut und in Sicellino abgefüllt.« Daneben findet man noch die Analysedaten des aktuellen Jahrgangs und, für unser Buch im Prinzip wichtiger, eine Abbildung des neuesten Künstler-Etiketts – ja, von wem wohl? Kommentar Horst Antes: »Der Rothschild hat seine Etiketten für seinen Mouton von Picasso machen lassen. Wenn *ich* Wein produziere, wer soll denn meine Etiketten machen?«

»Das ist«, erzählt einer der international berühmtesten deutschen Künstler, »der Beitrag, den ich am besten dazu leisten kann.« Amüsiert berichtet Antes dann von seinem ersten Etikett, das er dem ziemlich konservativen, künstlerisch eher unbefleckten örtlichen »Consorzio« zur Genehmigung vorzulegen hatte: Die Bewertung lautete: graphisch unzureichend.

Nun, zwischenzeitlich hat man sich dort mit den berühmten »Kopffüßlern« abgefunden und auch mit »l'Alfabeto«, dem »Weinalphabet« des Professors, das seit einiger Zeit die Etiketten ziert. »Wie die Kinder die Sprache und das Lesen lernen, sollen die Weintrinker lernen, den Wein zu lesen«, sagt Antes dazu (für Italienisch-Unkundige: Das Etikett »P« liest man: penna, pennello, pesce, pettine, piramide).

Wie kommt nun ein deutscher Künstler zu einem Weingut in der Toskana, genau in der Mitte zwischen Florenz und Siena, in der Ur-Zone des Chianti classico? »Horst Antes war 1962 Stipendiat in der Villa Romana, Florenz, und 1963 Stipendiat der Villa Massimo in Rom. Diese Italienaufenthalte weckten den Wunsch, irgendwann einmal ein Bauernhaus in der Toskana zu erwerben. Die damalige finanzielle Situation rückte diesen Wunsch jedoch in weite Ferne«, erzählt Elke Schindler, Mitarbeiterin und Berliner »Statthalterin« des Künstlers. Dann, vor 20 Jahren, war es soweit. »Ich habe das Gut erworben, um dort künstlerisch zu arbeiten (wovon zahlreiche Werke auf dem Anwesen zeugen). Der Weinberg lag brach, und als ›Fremder‹ fühlte ich mich verpflichtet, das Land in Ordnung zu bringen.« Antes Vorfahren waren Landwirte, vielleicht erklärt das die sentimentale Ader, die ihn zu diesem Schritt bewog. Keineswegs ein mißratener: 1400 Olivenbäume bilden den Grundstock für feines Olivenöl »extra vergine«, und 3,5 Hektar Rebflächen mit dem klassischen Chianti-Traubenmaterial liefern, ökologisch bewirtschaftet, vorzügliche Rotweine und »etwas Weißwein für den Sommer«.

Anläßlich einer Ausstellung in der Frankfurter Galerie seines langjährigen Freundes Volker Huber gestaltete Horst Antes jetzt erstmals ein Etikett mit einem weiteren typischen Thema: dem schwarzen Haus mit blauem Dach. Diese auf 6000 Flaschen limitierte Auflage gibt es exklusiv für die Kunden der Edition Huber.

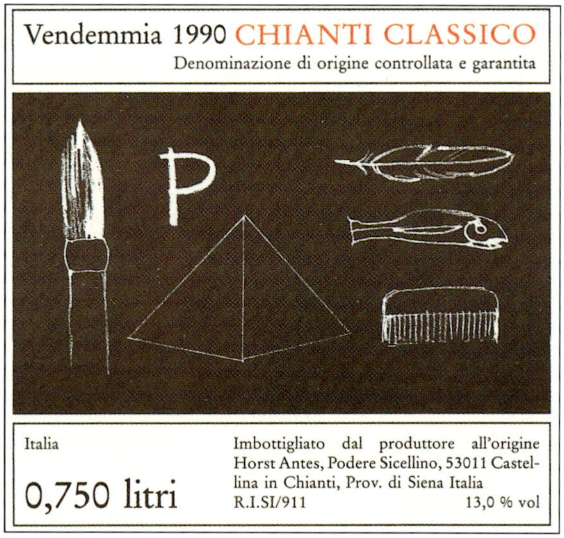

Thomas Antes
Ortsstraße 45, D-64646 Heppenheim
Tel. 06252/5496, Fax 2240

Der Künstler

»Horst Antes lebt und arbeitet in Berlin, Karlsruhe und Castellina«, heißt es lapidar über den 1936 in Heppenheim an der Bergstraße geborenen Künstler, der von 1957 bis 1959 an der Karlsruher Akademie bei Prof. HAP Grieshaber studierte. Im Abschlußjahr erhielt er den Kunstpreis der Stadt Hannover und den Pankofer-Preis anläßlich des Deutschen Kunstpreises der Jugend. Es folgten Stipendien, so 1963 das Stipendium der Villa Massimo, Rom, unzählige Preise, beispielsweise 1966 der UNESCO-Preis, XXXIII. Biennale Venedig oder der Große Preis der XXI. Biennale Sao Paulo 1991 sowie Lehraufträge und Professuren in Karlsruhe und Berlin. Auf weltweiten Ausstellungen von New York bis Tokio ist Horst Antes zu sehen, die Zahl der Zeitschriftenbeiträge über ihn würde Seiten füllen. Antes ist auch ein leidenschaftlicher Sammler von Zeugnissen fremder Kulturen, in der Absicht, Überlieferungen zu bewahren, Zusammenhänge zu erkennen und bedrohte Stämme und Völker zu schützen: Minderheiten in ihren künstlerischen Äußerungen zu bestärken, Mut zu machen und gesellschaftlich und politisch zu stabilisieren. Bekannt wurde Horst Antes vor allem mit seinen Kopffüßlern, deren Organe bildsprachlich sinnvoll gemacht sind, mit einem überdimensionierten Kopf und Geschlechtsteilen und deren Hände Hinweis- und Vorzeigeaufgaben verdeutlichen. Gut nachzuvollziehen auch bei seinen ersten Künstler-Etiketten. Was wird er uns wohl nach Abschluß seines »Weinalphabetes« zeigen? Vielleicht seine typischen Häuser, in Form des alten und zeitlosen toskanischen Bauernhauses?

Die Weine

90er Chianti classico DOCG
0,75 l, im 12er Karton, ca. 172,00 DM
Feine Fruchtaromen, typischer kräftiger Chianti, guter Abgang. Noch gut 7 Jahre lagerfähig. Eignet sich auch zu kräftigen Nudelgerichten und Hühnerfleisch.

91er Chianti classico DOCG
0,75 l, im 12er Karton, ca. 180,00 DM
Schöne Fruchtaromen, harmonisch, guter Sortencharakter. Etwa 7 Jahre lagerfähig. Paßt auch zu Antipasti und Fleischgerichten.

Weitere »Künstler-Weine« auf Anfrage

Königliche Weine aus der Etruskerstadt

Unergründliche Sprache und zarte Erotik gelten als die Hauptmerkmale der etruskischen Zivilisation, die vor etwa 2700 Jahren ihren kulturellen Höhepunkt im Gebiet der heutigen Toskana erreichte. Als eine der wichtigsten Städte galt das heutige Vetulonia mit seinen berühmten kuppelförmigen Königsgräbern. Vermutlich brachten die Griechen, als vorherrschende Seenation, die ersten bemalten Weinkrüge in die Stadt in der Nähe von Grosseto. Die gleichnamige Provinz gilt als die größte und zugleich wohl – unberechtigt – unbekannteste in der Toskana. Dort, in der Maremma, dem zum Meer abfallenden Hügelland im Südwesten der Toskana, am Fuße der alten Etruskerstadt Vetluna – dem heutigen Vetulonia – hatte der bekannte Braunschweiger Weinspezialist und Händler italienischer Weine, Harald L. Bremer, ein herrliches Grundstück erworben.

Vor knapp 20 Jahren dann »fing ich mit viel Begeisterung und Liebe an, auf meinem dortigen Besitz einen Weinberg anzulegen«, blickt er zurück, »und bemühe mich seitdem, einen guten Wein zu erzeugen.« Was ihm bisher auch vortrefflich gelungen ist. Der erste eigene Wein, ein 77er, wurde von Harald Bremer mühevoll gelesen und gekeltert. Aber die Arbeit hat sich gelohnt, das Resultat war ein guter ausbaufähiger Rotwein. Der bekannte Künstler Hann Trier, ebenfalls ein Nachbar in der Toskana, »teilte die Freude über den gelungenen Wein und entwarf für diesen ersten Vetluna Rosso ein Künstleretikett«. »Ich wollte meine eigenen Weine trinken«, sagt der renommierte Kenner der italienischen Weinszene – und »ich wollte den Leuten beweisen, daß man in Italien nahezu überall guten, ja vorzüglichen Wein anbauen kann. Ich konnte meinen Wein im sehr guten Jahr 1982 spät lesen und anschließend sorgfältig ausbauen. Anfangs lagerte er in Stahlfässern und später zeitweise im Barrique. In diesem Jahr biete ich meinen Kunden die bis jetzt von mir gelagerten Reserven an. Viel ist nicht mehr da, und der erstaunlich günstige Preis für diese Qualität wird den Wein nicht lange im Katalog stehen lassen.« Man glaubt es Bremer gern, wenn er sagt: »Ich betrachte meine Einlagerungen nicht unter spekulativen Gesichtspunkten.«

In der Maremma, wo sein Anwesen liegt, gibt es keinen traditionsgebundenen Weinbau wie etwa im Chianti, und so sind auf dem Weinberg die Trauben Sangiovese, Barbera und Cannaiolo im gemischten Satz angebaut. Da er noch nicht den Ehrgeiz hat, daß jeder Jahrgang möglichst gleich sein soll, versucht er, den Wein mit Rücksicht auf die Eigenschaften der gelesenen Trauben auszubauen. Das sollte – und wird – er auch beibehalten. Denn ein Wein, der jedes Jahr gleich schmeckt, ist auf Dauer einfach langweilig und zeugt höchstens von mangelndem Selbstvertrauen in die eigene Winzerkunst. Dies gilt ja wiederum auch für die Malerei.

Die Wein-Resultate der letzten Jahre geben dem Braunschweiger recht: Der Vetluna 90 ist sehr gut geworden, und Bremer »hat wieder viel hinzugelernt«. Der Wein zeichnet sich aus durch einen Anteil von 15% Cabernet Sauvignon. »Der 91er aber wird noch besser, und ich bin ziemlich sicher, mein Ziel erreicht zu haben, nämlich den besten Wein dieses Gebietes zu erzeugen.« Die bisherigen Verkostungen bestätigen jedenfalls diese Ansicht.

Und so ist es nur logisch, wenn Harald Bremer auch seinen Wein in die – wie die Italiener sagen – »Schwarze Liste« der besten Weine Italiens aufgenommen hat, die nicht nur wegen ihrer ausführlichen Beschreibung so angesehen ist. Bremer: »Vor 16 Jahren, als ich die ersten großen italienischen Weine in Deutschland vorstellte, hatte keiner dieser Weine hier einen Namen. Erst mit meinem – schwarz gebundenen – Katalog und mit ihrer Qualität sind sie mehr als ein Geheimtip geworden.« Dabei achtet Bremer stets auf unbedingte Qualität innerhalb eines optimalen Preis-Leistungs-Verhältnisses. Die ist auch bei seinem Wein aus der Nähe der Königsgräber gegeben.

Harald L. Bremer GmbH
Efeuweg 3
D-38104 Braunschweig
Tel. 05 31 / 37 60 43
Fax 37 30 22

Der Künstler

Hann Trier: Der 1915 in Kaiserswerth geborene Hann Trier, vor allem bekannt durch seine großen Deckenbilder in Berlin, Köln und Rom, gilt als einer der ersten Künstler, die sich nach 1945 um die neuerliche Verbindung zur internationalen Kunstszene bemühten. Er schloß sich den Tachisten an, dem gleichen Kreis, dem auch Willem de Kooning, Sam Francis oder Jean Dubuffet angehörten. Der Künstler gelangte als Austauschschüler 1933 nach Paris, aquarellierte in der Art Cézannes und las viel Lyrik. So überraschte ihn »das Dritte Reich als Träumer zwischen Rilke, Hofmannsthal, Hölderlin, George und Baudelaire«. Ab Oktober 1934 war er an der Düsseldorfer Akademie. Seit 1946 erhielt Hann Trier zahllose Preise, darunter den »Großen Preis des Landes Nordrhein-Westfalen«, die Kunstpreise der Städte Berlin, Köln und Darmstadt. Zahlreiche Reisen nach Amerika und seine Aufenthalte in der Toskana, wo er seit 1967 ein Atelier hat, prägten den Stil des selbstironischen Künstlers mit. »Malen heißt, in zusammenhängendem Ablauf auf überschaubarer Fläche tanzen.«

Der Wein

82er Vetluna Rosso, trocken
0,75 l ca. 16,00 DM
Gute Fruchtaromen, körperreich, sehr üppig, weicher Geschmack. Paßt gut zu Braten, ganz besonders aber zu Wild. Jetzt gut trinkbar.

Kunst für den Frieden

»Wein und Kunst sollen vor allem eine geglückte Verbindung zwischen dem Reiz der Imagination und der alten Wissenschaft des Weinbaus sein«, erzählt uns Luigi Soini, der kreative und qualitätsbesessene

Direktor der Cantina Produttori Cormòns über die Motive der ungewöhnlichen Wein- und Kunst-Verbindung seines Hauses. »Ohne Zweifel galt Wein, das göttliche Getränk, dem Dionysos stets als Katalysator beim Ausbruch neuer Ideen und Energien. Dem Wein wohnt eben ein Zauber inne, der es ihm über seine definierbare Qualität hinaus ermöglicht, Geist und Natur in Einklang zu bringen. Manche behaupten, unsere Zeiten sind ohne große Sicherheiten, wir haben zumindest eine, vielleicht eine kleine, aber dennoch wichtig: die Dinge nach den Regeln jener Harmonie zu gestalten, die niemals gestört werden sollte. Unsere Zeiten sind dem Esoterischen, der Sehnsucht nach dem Übernatürlichen zugeneigt: In Cormòns haben wir einen zauberhaften Weingarten geschaffen, der dem Traum eines Alchimisten zu entstammen scheint: Es ist der Weingarten der Welt, aus dem nicht ›ein‹ Wein, sondern wie in der platonischen Ideenwelt ›der‹ Wein gewonnen wird. Da ist er, der Zauber der Erde auf einem Stückchen Land. Das ist er, der Geschmack der ganzen weiten Welt in einem einzigen Glas. Der Wein also als Bote des Friedens und Übermittler von Ideen, als bevorzugter Vermittler zwischen Mensch und Erde, der jährlich um die ganze Welt geht.«

Angelegt wurde dieser ungewöhnliche Weingarten mit über 400 Rebsorten aus aller Welt vor zehn Jahren auf zwei Hektar Land. Im Jahre 1985 erfolgte dann die erste Lese mit 10 000 Flaschen, von denen ein Teil an die Staatsoberhäupter aus allen fünf Kontinenten verschickt wurde: als Wein des Friedens, Vino della Pace, versehen mit drei Künstleretiketten – und mit einem entsprechenden Echo in der Presse. Das wahrhaft einzigartige Produkt, das die Aromen und die Geschmacksrichtungen aller Reben mehr oder weniger in sich vereint, wird seitdem jedes Jahr von namhaften Künstlern aus aller Welt veredelt und weiterhin an die Regierenden versandt – »als Ausdruck der Hoffnung auf Frieden und Brüderlichkeit unter den Völkern. Eine Friedensbotschaft, eine Initiative, auf die die Großen dieser Welt mit Sympathie und Anteilnahme reagiert haben.« Die gutgemeinte Idee konnte zwar keinen Krieg beenden, brachte aber der Kellerei mit ihren über 200 Mitgliedern einen erheblichen Imagezuwachs. Der modern geführte Betrieb mit einer voll computerisierten Wetterstation wurde unter der Leitung von Luigi Soini zu einem der anerkanntesten Weinproduzenten Italiens mit zum Teil vorzüglichen Rot- und Weißweinen.

Doch nicht allein die flüssigen Spezialitäten oder die Friedens-Kunst machen den Besuch auf der Cantina zu einem originellen Erlebnis. Im großen Weinkeller stehen außerdem noch über 40 Fässer aus slawonischer Eiche, mit einer beeindruckenden Kunstgalerie auf der Frontseite: virtuos bemalt von renommierten Künstlern wie Demetz, Doria und Zacanaro. Das Herz auf dem Gemeindewappen, zugleich das Emblem der Kellerei, bedeute, sagt der Volksmund, daß Cormòns das Herz des Herzens des friaulischen Weinbaus sei. Da ist vieles dran.

Cantina Produttori Cormòns
Via Mariano, 31, I-34071 Cormòns
Tel. 04 81 / 6 24 71, Fax 63 00 31
Übernachtungsmöglichkeiten werden vermittelt

Die Künstler

Giorgio Celiberti (Etikett der 90er Edition): geboren 1929 in Udine. Der Friauler Maler und Bildhauer ist einer der Künstler, die die Etiketten entworfen haben, die die Flaschen des 90er Jahrgangs »Vino della Pace« (Wein des Friedens) zieren werden. Vor kurzem hat Celiberti das »Mosaico dell'amicizia« (Mosaik der Freundschaft mit einer Größe von 25 Quadratmetern) im Atrium der Universität Ljubljana abgeschlossen. Es ist dies ein Geschenk der Gemeinschaft Adriatischer Staaten an das Land Slowenien. Nach Ausstellungen in London, Düsseldorf und Barcelona im letzten Jahr betätigt sich Celiberti zur Zeit in Japan. Im Kongreßsaal des Hotels Kawayuku in Osaka vollendet der Künstler ein Fresko von 500 Quadratmetern, welches schon jetzt als ein großes Werk der italienischen Kunst bezeichnet wird.

Vladimir Velickovic (Etikett der 90er Edition): Der in Belgrad geborene Künstler arbeitete zunächst in seiner Geburtsstadt, bevor er sich in Westeuropa betätigte. Er lebt und arbeitet zur Zeit in Paris. Seine Werke fanden in vielen, teilweise von ihm selbst organisierten Ausstellungen in den wichtigsten Kunstzentren (z. B. in der Galeria Forni di Bologna) großen Anklang. Velickovic hatte erfolgreiche Ausstellungen in großen Museen fast der ganzen Welt.

Philippe Garel (Etikett der 90er Edition): geboren 1941 in der Bretagne. Er lebt und arbeitet zur Zeit in Paris. Der Bildhauer und Maler hatte ebenfalls Ausstellungen in den wichtigsten europäischen Zentren und gewinnt bei der Kunstkritik zusehends einen Namen.

Der Wein

Drei Flaschen – von jedem Künstler eine – in einer Kiste mit handsigniertem Stich:
90er Vino della Pace, ca. 320,00 DM
»Der Geschmack der ganzen Welt in nur einem Glas.« Intensive Fruchtaromen, extraktreich, harmonisch, gute Länge. Noch etwa 9 Jahre lagerfähig.

Weitere Jahrgänge auf Anfrage.

Der Stoff, aus dem die Träume sind . . .

. . . lautet das Motto einer ebenso erfolgreichen wie – weinbezogen – auf den ersten Blick eher ungewöhnlichen Verbindung. Seit der Jurist Dr. Paolo Endrici und seine Frau Christine, eine aus Süddeutschland stammende Architektin, das Weingut vor einigen Jahren vom Seniorchef Franco übernommen haben, stehen die Weine dieses Betriebes hoch im Kurs. Auch der Aufstieg der gesamten Trentiner Weinregion ist untrennbar mit dem Namen Endrici verbunden. »Ihr furioses Image prägt nicht nur ihre Flaschen« (Vinum), und so war es nur eine logische Konsequenz, daß beim ersten Meeting des italienischen Spitzenweinbaus in Frankfurt ’93 auch das ehrgeizige Weingut von Paolo Endrici eingeladen war – bei dem übrigens jeglicher Gebrauch von chemisch-synthetischen Produkten vermieden wird.

Den deutschen Markt kennt das Ehepaar natürlich sehr genau, wird doch immerhin etwa die Hälfte der gesamten reintönigen Weine des Hauses hier verkauft – mit steigender Tendenz.

Warum Wein und Kunst sich so nahe sind, ist eine Frage, mit der sich die Endricis immer wieder beschäftigt haben, und sie haben dafür eine Antwort gefunden, die es lohnt, hier wiedergegeben zu werden: »Vielleicht, weil der Wein nicht nur Farbe, lebendige Materie und Licht ist, sondern auch Rausch, Vergessen und Ideenquelle. Vielleicht, weil Wein und Kunst als Materie die Materie transzendieren, als Magie die Psyche berühren.«

1989 lernten die Endricis Giuseppe Debiasi, einen der bekanntesten und einfühlsamsten Trentiner Künstler seiner Zeit, kennen. Sie beschlossen, gemeinsam mit ihm eine Einzelausstellung mit Bildern in der Kellerei zu veranstalten. Zu diesem Anlaß entwarf Debiasi auch die Etiketten für die besten Weine aus der Linie »Collezione«, die das Beste an Forschung und Erzeugung – weniger als 10 % des Gesamtertrages des Weinguts – repräsentiert. »Meine Frau Christine«, so Paolo Endrici, »hat zusammen mit mir das rationelle Konzept für jedes Etikett entwickelt, das dann von Debiasi künstlerisch ausgearbeitet wurde. Denn jedes Etikett muß mit dem Charakter und der Farbe des Weines und mit der Flaschenform in eine enge Beziehung treten und eine komplette Einheit bilden.« Sie sehen also: »Eigenständige Kunstobjekte waren das Ziel, keinesfalls eine bloße Reproduktion von Kunstwerken!«

»Dabei wollten wir nicht nur Weinkultur, sondern auch die Freude, das Licht und die Emotionen, d. h. das Fest, das mit dem Wein verbunden ist, sichtbar machen.« Das ist den drei Beteiligten auch perfekt gelungen, vielleicht, weil ihnen bewußt ist, »daß der Maler und der Winzer unsere Freude und unsere Lust zum Ziel haben. Denn beide geben uns nichts Nützliches oder Nötiges, sondern ein Stück Überfluß, der das Leben für uns lebenswert macht«. Die nächsten Künstleretiketten von Piero Gilardi und neun anderen berühmten Künstlern aus verschiedenen Ländern Europas werden anläßlich der diesjährigen Kunstausstellung in der über hundert Jahre alten, wunderschönen Kellerei entworfen, und aus diesem Fundus schöpfen die Endricis, um ihre Linie »Collezione« zu erweitern, die auch in Deutschland und Österreich zu Recht ein Renner ist.

Damit nicht genug. Alle zwei Jahre sollen in den Gewölben, die mit ihren alten Räumlichkeiten und ihrem Zauber den idealen Rahmen und den reizvollen Kontrapunkt für zeitgenössische Kunst bilden, Ausstellungen stattfinden, und alle Weinfreunde sind dazu herzlich willkommen: »Zu unserem Vergnügen und dem von all denjenigen, die guten Wein und Kunst lieben – dem Stoff, aus dem die Träume sind . . .«

Die Weine

89er Cabernet Sauvignon DOC Barrique, trocken
0,75 l ca. 36,00 DM
Mindestens 12 Monate reift der ausdrucksstarke Wein in Barriques. Vanilleanklänge, unaufdringlich tanninbetont, vollmundig. Gut lagerfähig. Paßt u. a. zu Wild- und feinen Grillgerichten.

90er Chardonnay DOC Barrique, trocken
0,75 l ca. 36,00 DM
Volles Bukett, körperreich, langer Nachgeschmack. Ca. 3–4 Jahre lagerfähig. Paßt zu hellem Fleisch, Fisch und Meeresfrüchten.

90er Dulcis in fundo, mild
0,5 l ca. 36,00 DM
Spätlese aus vorwiegend Gewürztraminer und Chardonnay. Die Trauben trocknen an den Rebstöcken bis Mitte November. Aromatisch, würzig, lieblicher und vollkommener Geschmack. Gut lagerfähig. Dessertwein.

91er Moscato Rosa DOC, mild
0,5 l ca. 36,00 DM
Trauben der roten Rosenmuskateller-Spätlese werden auf Holzgittern getrocknet. Rosenduft, elegant, harmonisch, angenehm süß. Lange haltbar. Dessertwein.

Weitere »Künstler-Weine« auf Anfrage.

Fratelli Endrizzi
I-38010 S. Michele
all’Adige (Trento)
Tel. 04 61/65 01 29, Fax 65 00
Übernachtungsmöglichkeit:
Hotel Lord, Tel. 04 61/65 01 2
»100 m von uns entfernt.«

Der Künstler
Giuseppe Debiasi kommt aus dem Künstlerkreis um Emilio Vedova und ist einer der bekanntesten und einfühlsamsten Trentiner Künstler der neuen Generation. Viele Einzel- und Gruppenausstellungen machten ihn zum derzeit wohl bekanntesten Trentiner Maler. Die Kunstzeitschrift Arte hat ihn im Jahr 1991 als einen der besten 100 Künstler Italiens bezeichnet. Aufgrund seiner stetigen und tiefgehenden Erforschung der Natur, der Gegenstände und der Alltagsgeschichte erwies sich Debiasi – der zwei Monate auf dem Weingut verbrachte – als der Künstler, der am besten und am einfühlsamsten auf neue und äußerst eindrucksvolle Art die Geschichte der Trauben und ihrer Verarbeitung erzählen kann. »So offenbart das Etikett des Cabernet«, sagen Christine und Paolo Endrici dazu, »jene Kraft, die aus der herbstlichen Vegetation des Weinbergs hervorgeht.«

Schweizer-Etiketten

»Es war die Idee meiner Frau, die mir damit ein besonderes Geburtstagsgeschenk machen wollte, unsere Etiketten von Riccardo Schweizer gestalten zu lassen«, erzählt der qualitätsbesessene Enddreißiger Franz Haas. Der prominente italienische Künstler, »ein Schüler von Pablo Picasso und Marc Chagall«, seit Jahren mit der Winzerfamilie in privatem Kontakt, ließ sich nicht lange bitten. Und so kam der »Blauburgunder-Artist« (Vinum) Haas endlich zu seinem »Original-Schweizer«. »Nachdem wir dieses Bild sahen, beschlossen wir, unsere besten Weine jeweils mit diesem Künstler-Etikett auszuzeichnen.« Haas weiter: »Meine Einstellung zur Beziehung ›Wein und Kunst‹ ist sehr positiv, allerdings darf die Kunst nicht *das* Verkaufsargument für den Wein werden. Eine gesunde Symbiose aber kann dieser Beziehung nur guttun.« Und so entwarf Schweizer – »da wir uns lange kennen, war er der Befähigste, um die Emotionen und Eindrücke unseres Betriebes zu interpretieren« – etliche eindrucksvolle Skizzen und deren Studien, die man in diesem Südtiroler Betrieb in der Nähe von Neumarkt/Auer betrachten kann. »Die einzige Vorgabe an den Künstler«, erzählt der Winzer, »war die Bitte, die Eindrücke, die er in Zusammenhang mit dem Weingut, den Menschen, die dort arbeiten, und der Atmosphäre, die bei ihnen herrscht, irgendwie anklingen zu lassen.«

Blauäugig, wie man dem ersten Etikett entnehmen könnte, geht Haas jedoch nicht an seine Weine heran. 1986, als er das 1880 entstandene Weingut endgültig von seinem Vater übernahm, beendete er die Umstellung auf Dichtpflanzungen, mit dem Ziel, Weine von besonderer Langlebigkeit zu erzeugen. Franz Haas untertreibt, wenn er erzählt, »die ersten Erfolge lassen sich erkennen, aber das Ziel ist noch nicht erreicht«. Die vier Weinsorten, die mit dem ersten Künstleretikett versehen sind, »entstanden mit der Zielsetzung, langlebig zu sein. Diese Langlebigkeit vermindert die primären Aromen, läßt aber den Wein an Länge im Mund gewinnen. Über die Lagerfähigkeit kann man noch nichts sagen, da noch keiner der 87er Erstlingsweine Alterungserscheinungen aufweist«.

Harald L. Bremer, neben Kössler & Ulbricht Großimporteur von Haas' Weinen in Deutschland, an anderer Stelle mit einem eigenen Kapitel erwähnt, sagt über den Südtiroler: »Er ist ein vielversprechender junger Winzer mit ausgeprägtem Qualitätsbewußtsein, hat mich mit seinem 87er Pinot Nero schnell überzeugt, der zur Zeit wirklich beeindruckt und für mich einer der besten Pinot Nero ist, die ich je in Italien gekostet habe.« Auch die Nachfolger scheinen sich gut zu entwickeln. Ein anderer Rotwein der feinen »Künstler-Kollektion«, mit dem der sympathische Traditionsgeprägte den Ruf der Region eindrucksvoll aufpolieren kann, ist der Merlot: Mit etwa vier- bis siebentausend Flaschen pro Jahrgang, was dem durchschnittlichen Ertrag der »Schweizer-Weine« entspricht, ist er allerdings nicht sehr lange auf dem Markt zu finden.

Eine weitere Spezialität des Winzers ist sein Chardonnay, von dem Bremer sagt: »Selten hat es in Italien einen so eleganten, strukturierten Chardonnay gegeben.« Ebenso, auf ihre Art, vorzüglich sind Pinot Bianco und Gewürztraminer, und nicht nur für Freunde lieblicher Geschmacksrichtung empfiehlt sich der nuancenreiche Moscato Rosa. Von Franz Haas, der häufig die Weinbaugebiete in Frankreich, Australien und den USA besucht, um seinen Horizont zu erweitern, wird man sicher noch viel hören.

Ganz neu übrigens ein weiteres »Schweizer-Etikett« für den Pinot grigio. Der Gedanke von Schweizer war dabei, so Haas, »Weinberg, Rebe, Wein, es ist alles aus einer Hand«.

Weingut Franz Haas
Villnerstraße 5–6, I-39040 Montan (BZ)
Tel. und Fax 04 71/81 22 80
Übernachtungsmöglichkeiten werden vermittelt

Die Weine

90er Pinot Nero, trocken
0,75 l ca. 25,00 DM
Intensive Fruchtaromen nach überreifen Waldbeeren, körperreich, langer Abgang. Noch gut 10 Jahre lagerfähig. Paßt vor allem gut zu Braten und Wildgeflügel.

91er Chardonnay, trocken
0,75 l ca. 19,00 DM
Aromen von getoastetem Brot und Haselnüssen, elegant, guter Nachgeschmack. Noch gut 7 Jahre lagerfähig. Paßt vor allem zu Fisch oder Nudeln mit Sahnesauce.

91er Moscato Rosa, lieblich
0,375 l ca. 16,00 DM
Erinnert an Rosenblätter, feine Fruchtaromen, sehr gut eingekleidete Süße, vollmundig. Etwa 8 Jahre lagerfähig. Dessertwein.

92er Pinot grigio, trocken
0,75 l ca. 12,00 DM
Typische Aromen, fruchtig, angenehm, wenig Säure. Etwa 4 Jahre lagerfähig. Eignet sich zu Vorspeisen und leichten Nudelgerichten.

Der Künstler

Riccardo Schweizer: Der im Jahre 1925 geborene Künstler begann bereits als Kind mit der Malerei und überzeugte seine Umgebung so nachhaltig, daß er beauftragt wurde, ein Fresko für die Kirche seines Heimatdorfes zu gestalten – als Elfjähriger! Er besuchte verschiedene Schulen und begann schließlich, an der Universität in Venedig Kunst zu unterrichten. Reisen brachten ihn auch nach Frankreich, wo er Pablo Picasso und Marc Chagall kennenlernte und sechs Jahre mit ihnen zusammen verbrachte. Seit seiner Rückkehr lebt und wirkt er als freischaffender Künstler und Architekt in Fiera di Primiero und hält sich gelegentlich in Südfrankreich auf.

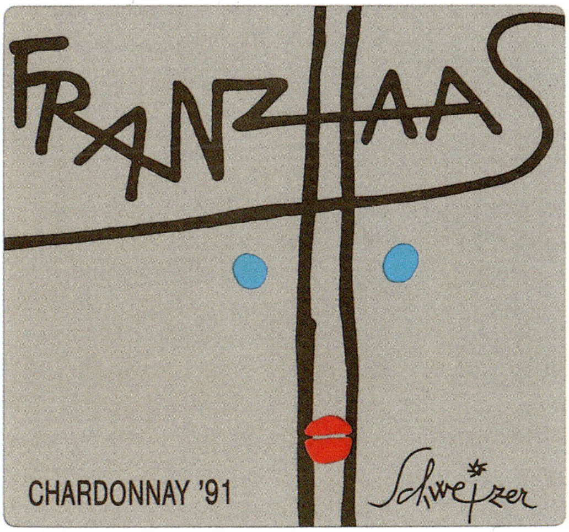

Paul Flora und Girlans Optimum

»Große Künstler«, erzählt der Girlaner »Obmann und Kellermeister« Hartmuth Spitaler, »waren schon immer sehr angetan von edlen Weinen, und wenn ein Weinbauer etwas Besonderes im Keller hatte, dann waren es meist sie, die seine Leistung gebührend zu würdigen wußten.« So war es auch im vorliegenden Fall, denn der bekannte Künstler Professor Paul Flora hat diese unverwechselbaren Zeichnungen spontan und aus Überzeugung zu den Qualitäten der limitierten Weine – »Optimum aus Girlan« – geschaffen. Spitaler: »Wir sind glücklich darüber, daß diese Etiketten einen Bezug zum Wein und zur Landschaft haben, eine Harmonie, die selten ist.« Darum also auch diese schnauzbärtigen »Weinbeißer« in typischer Tracht, die eindeutig den Alpenbewohner verraten. Diese charaktervollen und künstlerisch bemerkenswerten Karikaturen entstammen unverkennbar der Feder des österreichischen Künstlers, der vielen Lesern vor allem aus seiner Tätigkeit als politischer Karikaturist für die Zeit und für den Spiegel bekannt sein dürfte.

Wie Paul Flora zu diesem typischen Stil kam, umreißt er am besten in seinem »Lebenslauf«: Die Welt meiner Kindheit – in der abgestorbenen, winzig kleinen Stadt Glurns – war patriarchalisch und altmodisch . . . Außer einem Defraudanten, der unter Mitnahme bedeutender Gelder und Hinterlassung einer enttäuschten Braut nach Amerika entfloh und als Söldner Maximilians in Mexiko zugrunde gegangen ist, hat kein weiterer meiner Ahnen jemals die Lust verspürt, den abgelegenen, landschaftlich, kulturell- und kunsthistorisch so überaus bemerkenswerten Vinschgau zu verlassen. Mein Vater, Gemeindearzt in Glurns, hatte glücklicherweise die Idee, sich wenigstens bis Innsbruck zu entfernen, wo ich von meinem sechsten Lebensjahr an inmitten von sechs Geschwistern aufwuchs, eher hastig und beiläufig erzogen wurde, ein schwieriges Kind war und mehrere interessante Komplexe bekam, welche seither meine Geschäftsgrundlage bilden.«

Gemessen an seinem Bekanntheitsgrad muß der Professor wohl auf eine wahrhaft schwere Kindheit zurückblicken können: »Ich habe immer Vergnügen am Erfolg gehabt, und es war mir recht, von möglichst vielen Leuten akzeptiert zu werden. Ich glaube, das ist der natürliche Sinn jedes Berufes. Wer immer das Gegenteil behauptet, sagt nicht die Wahrheit und verhüllt edel eine Enttäuschung.« Nun, auch die vorbildliche Kellereigenossenschaft Girlan hat ordentliches Vergnügen am Erfolg. Vor 70 Jahren in einer Bauernstube gegründet, ernteten damals die 23 Mitglieder gerade 2700 Hektoliter Wein und heute zählt der Betrieb, einer der bekanntesten und größten im Lande, 246 Mitglieder, die zusammen 28 000 Hektoliter Wein anliefern. Dieser wird nach traditioneller und bewährter Methode gekeltert und in großen Eichenfässern oder Edelstahlbehältern gelagert und ausgebaut, ohne chemische Schönung.

Bereits in den Weinbergen wird auf Qualität hingearbeitet: Nicht von ungefähr begann man hier schon im Jahr 1950 besonderen Wert auf strenge Maischeauslese zu legen. Um die Mitglieder zu gesteigertem Qualitätsbewußtsein anzuregen, wurde die Maische nach ihrer Qualität bewertet und bezahlt, ein Grund, weshalb die Weinbauern mehr Arbeit und Pflege in ihren Rebkulturen aufwenden und Kunstdünger vermeiden. Der naturfreundliche Aufwand wird auch im Ausland stark honoriert, und der Erfolg war 1988 letztlich ausschlaggebend für die Einführung der Girlan Selection Optimum – der Name von sechs Spitzenweinen, das Synonym für das Beste aus Girlaner Kellern. »Mit Optimum«, sagt der Geschäftsführer, »haben wir uns zum 65. Geburtstag der Genossenschaft selbst das schönste Geschenk bereitet.« Und uns Weintrinkern auch.

Kellereigenossenschaft Girlan
St.-Martin-Straße 24, I-39050 Girlan/Eppan (BZ)
Tel. 04 71/66 24 03, Fax 66 26 54
Übernachtungsmöglichkeiten werden vermittelt

Der Künstler

Paul Flora: Der Anfang der 20er Jahre geborene Paul Flora wurde bereits als sechzehnjähriger Gymnasiast zu einem Aktzeichenkurs zugelassen, »damals eine Affäre«. »Eine Bewilligung der Eltern war nötig, und man wurde ermahnt, dem Modell, einem eher hageren Wesen mit Halbmaske, einer Dame aus der Innsbrucker Gesellschaft, die aus Idealismus derart entblößt der Kunst diente, nicht nahezutreten.« Nach der Matura im Jahr 1942 »ging ich nach München« an die Akademie, »ohne Absicht, das Institut zu frequentieren«. Er kam »in die Klasse Olaf Gul-

branssons. Leider schaute weder der Meister noch ich je in sie hinein, so daß wir uns erst 1957 in Innsbruck kennenlernten«. In München verkehrte Flora in oppositionellen Studentenkreisen, die sich nicht mit konspirativen Reden begnügten, was tragisch mit der Verhaftung und Hinrichtung der Geschwister Scholl und ihrer Freunde Probst und Schmorell endete. Nach einer kurzen Militärzeit landete der Künstler wieder in Innsbruck: »Jedermann begann irgend etwas, niemand hatte Geld, niemand hatte Erfolg, also gab es keinen Neid unter den Künstlern.« Nach ersten Ausstellungen »ließ man mich beim Art-Club zu«, einer damals sehr wichtigen Vereinigung für das österreichische Kunstleben. Ausstellungen in der Schweiz und Deutschland folgten, und ab 1957 veröffentlichte er als politischer Karikaturist »über 3000 Zeichnungen« für die Zeit. »Da ich diese Tätigkeit nicht als meine Hauptarbeit betrachtete und sie eher auf eine spielerische Weise betrieb, brachte sie vielleicht ein neues Element in die politische Karikatur in Deutschland, die oft von ernsten Menschen eher humorlos betrieben wurde.« Die Zeichnungen wurden bald viel nachgedruckt im Observer, New York Times »und diversen anderen Times«. Was dem Künstler internationale Wertschätzung einbrachte, der von sich behauptet, »mir kommt es hauptsächlich darauf an, möglichst gute Zeichnungen zu machen, mich bei der Arbeit an diesen zu amüsieren und dafür womöglich noch bezahlt zu werden«.

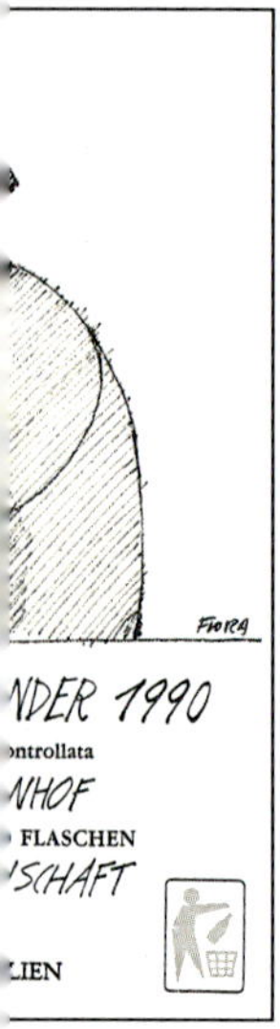

Die Weine

92er Sauvignon, trocken
0,75 l ca. 24,00 DM
Delikater Geruch, ausgeprägter Sortengeschmack, aromatisch.
Etwa 4 Jahre lagerfähig.
Paßt vor allem zu Vorspeisen und hellem Fleisch.

90er Blauburgunder, trocken
0,75 l ca. 24,00 DM
Kräftig-delikater Geruch, voll, harmonisch, gute Länge.
Noch etwa 7 Jahre lagerfähig.
Eignet sich vor allem zu kräftigen Fleischgerichten.

91er Chardonnay, trocken
0,75 l ca. 24,00 DM
Volles Bukett, körperreich, langer Nachgeschmack.
Etwa 5 Jahre lagerfähig.
Paßt vor allem zu Fisch, Meeresfrüchten und hellem Fleisch.

89er Cabernet Sauvignon, trocken
0,75 l ca. 24,00 DM
Typische Fruchtaromen, samtig, tanninhaltig, gute Länge.
Etwa 8 Jahre lagerfähig.
Eignet sich auch zu Wild und Steak.

Weitere »Künstler-Weine« auf Anfrage.

Die Nacht der Trinkerin

Die Namen der Künstler, die bisher für das deutsch-italienische Weingut Fattoria Nittardi nicht nur Etiketten, sondern auch Einschlagpapiere entworfen haben, entstammen dem »Who's who« der internationalen Kunstszene: Bruno Bruni, Maurilio Minuzzi, Karl Korab, Simon Dittrich, Alfred Hrdlicka, Miguel Berrocal, Paul Wunderlich und Rudolf Hausner bis zu Friedensreich Hundertwasser, Horst Janssen und Valerio Adami.

Das kommt natürlich nicht von ungefähr: »Da auch ich gerne einen Wein trinke, der in einer ansprechenden Verpackung ist, kam mir, inspiriert durch die Rothschilds, die Idee, für meine Weine jeweils ein Künstleretikett gestalten zu lassen. Ohne dabei nachzuahmen, wie man sehen kann. Durch meinen Beruf«, erzählt der Kunstverleger und Besitzer einer Galerie in Offenbach, Peter Femfert, zusammen mit seiner Frau Dott. Stefania Canali-Femfert Inhaber des erfolgreichen toskanischen Weinguts Fattoria Nittardi, »kenne ich viele international renommierte Künstler, die ich einlade, einige Tage oder Wochen auf meinem Weingut zu verbringen, und die ich dann ebenfalls einlade, ein Etikett für den Casanuova di Nittardi zu gestalten – und natürlich auch das dazugehörige Einschlagpapier.«

Diese künstlerische Gesamtkomposition »zerstört« man nur ungern. Und so wird dieser Wein ebenso mit dem Standardetikett des kulturträchtigen Weingutes angeboten, das direkt im Herzen der Toskana, zwischen Florenz und Siena, liegt und einen Besuch immer wert ist – nicht nur wegen den gelegentlichen Ausstellungen interessanter Künstler. Häufig werden solche Ereignisse mit kulinarischen Darbietungen örtlicher Köche »garniert«. Es ist ein kleines Weingut mit jahrhundertealter Tradition, ein ehemaliger Besitz des großen Michelangelo Buonarotti, inmitten von 120 Hektar privaten Wäldern, Weinbergen und Olivenhainen. Dort, in Berührung mit der grünen Hügellandschaft und den Menschen, kann man durchaus dem Geheimnis der italienischen Lebensphilosophie auf die Spur kommen: dem »Viverbene«. Dazu gehören »die schmackhafte Küche der Toskana, das kultivierte Trinken, das Erforschen mittelalterlicher Städtchen – aber auch Begegnungen mit der faszinierenden Mischung aus Kunst und Kultur dieser Region«, ein besonderes Anliegen der rührigen Besitzerin. Deshalb wurde die Renovierung der »Casa Padronale« nach dem Erwerb erfreulich behutsam vorgenommen, und so sind nicht nur ein jahrhunderte alter Steinbackofen, sondern auch die alten Wein- und Ölkeller erhalten geblieben, die immer noch benutzt werden.

Kein Wunder, wenn die typischen Kurse, zum Beispiel »Die Küche, die Sprache und das Malen«, stets gut besucht sind. Und nicht nur die Freunde des Malens werden die ausgestellten Originalarbeiten der Etiketten und Einschlagpapiere, insgesamt sind es jetzt elf, mit Bewunderung betrachten. Nur allein dazu muß man aber nicht gleich in die Toskana fahren, einige von ihnen sind auch am deutschen Sitz des Weingutes in Frankfurt zu besichtigen. Wo auch immer man ihnen begegnet: Die Einstellung der beiden Besitzer ist zu spüren, die Peter Femfert so umreißt: »Wein ist für mich ebenso wie Kunst Kultur. Da wir in unserer schnellebigen Zeit davon so viel verloren haben, ist es mir persönlich ein Bedürfnis, hier für mich selbst etwas zurückzugeben.«

Nicht nur wegen seiner Verbindung mit der Kunst ist das Weingut erstklassig einzustufen: In der 92er Ausgabe des bekannten Gambero Rosso erhielt der 90er Künstlerwein eine überaus positive Kritik, und dem Chianti Classico Riserva 1988 der »sympathischen, passionierten Winzer« wurden gar triumphale zwei Gläser verliehen. Leider, muß man fast sagen: Nun sind die Weine wohl noch schneller ausverkauft.

»Zwei Fäßchen Wein würde ich acht Hemden vorziehen«, schrieb Michelangelo 1549 an seinen Neffen Leonardo Buonarroti – das würden wir bei diesem Weingut auch gerne.

Fattoria Nittardi
I-53011 Castellina in Chianti
Tel. und Fax 05 77 / 74 02 69

oder Firma Stefania Canali
Eppsteiner Straße 3
D-60323 Frankfurt am Main
Tel. 0 69 / 72 09 99, Fax 72 81 01

Übernachtungsmöglichkeiten
in Italien auf dem Weingut

Die Weine

91er Chianti Classico, trocken
0,75 l ca. 17,00 DM
Typische Fruchtaromen, elegant, duftig, wohl nuanciert, guter Abgang.
Gut 7 Jahre lagerfähig.
Eignet sich auch zu leichtem Fleisch oder Gemüse.

90er Chianti Classico, trocken
0,75 l ca. 18,00 DM
Feine Fruchtaromen, kräftig, viel Körper, guter Nachgeschmack.
Noch gut 7 Jahre lagerfähig.
Paßt auch zu Nudeln und kräftigen Speisen.

89er und 87er Chianti Classico sind leider nicht mehr lieferbar.

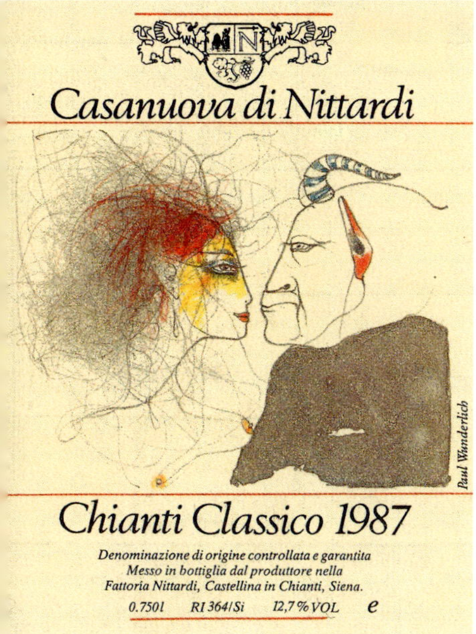

Die Künstler

Horst Janssen (Etikett der Kollektion '90): Janssen, Jahrgang 1929, gilt als einer der bedeutendsten Zeichner und Radierer der letzten Jahrzehnte. Nach dem Studium in seiner Heimatstadt Hamburg erhielt er mehrere Förderungen und Preise, darunter 1968 den Graphiker-Preis der Biennale Venedig oder 1974 den Schillerpreis der Stadt Mannheim. Janssen gilt als virtuoser Porträtist – mit vielen Selbstbildnissen – und stellt meisterhaft psychische Deformationen mittels physischen Entstellungen dar, mit teils komischen oder grauenvollen Zügen. »Das Zeichnen nach der Natur ist für ihn der Anfang und das Ende seiner Arbeit. Dazwischen sein Reich: Landschaften und Städte, Blumen und Bäume.«

Valerio Adami (Etikett der Kollektion '91): Der 1935 in Bologna geborene weitgereiste Künstler, mit Ausstellungsschwerpunkt Paris, ist vor allem durch die Gestaltung von acht monumentalen Fenstern für das neue Rathaus von Vitry, 1985, zwei monumentalen Bildern für den Gare d'Austerlitz in Paris, 1986, und einem großen Fresko für die Fassade des Théâtre du Châtelet, 1989, ebenfalls in Paris, einem breiteren Publikum bekanntgeworden. Mythologische Themen, politische Bilder und Porträts, z. B. von James Joyce und Gustav Mahler, sind weitere Schwerpunkte des weltweit ausstellenden Künstlers.

Friedensreich Hundertwasser (Etikett der Kollektion '89): Der als Friedrich Stowasser 1928 geborene Künstler mit dem »außergewöhnlichen Farben- und Formensinn« verbrachte nach dem Krieg nur drei Monate an der Wiener Akademie, lernte auf Reisen Rene Bro kennen und folgte ihm nach Paris, wo er einen eigenen Stil entwickelte und seinen Namen änderte. 1959 zieht er als Dozent an der Hamburger Akademie mit Bazon Brock und Herbert Schult die »Endlose Linie«. Er verliest Manifeste wie »Dein Fensterrecht – deine Baumpflicht«, »Verschimmelungsmanifest gegen den Rationalismus in der Architektur« und setzt sich vehement für die Umwelt ein, gestaltet zum Beispiel das Poster »Arche Noah 2000« oder das Plakat »Hainburg – Die freie Natur ist unsere Freiheit«. Der Künstler arbeitet auch an Architektur-Realisationen, wie sein berühmtes, 1986 von Mietern bezogenes »Hundertwasser-Haus«.

Paul Wunderlich (Etikett der Kollektion '87): Mit 21 Jahren besucht Wunderlich, Jahrgang 1927, die Schloßkunstschule in Eutin und studiert an der Landeskunstschule in Hamburg mit Horst Janssen und Reinhard Drenkhahn. 1952 druckt er die 11 Lithographien von Kokoschka für dessen Erzählung »Ann Eliza Reed«. Ende der 50er Jahre entstehen die ersten figuralen Bilder. 1960 wird sein Zyklus »qui's explique« von der Hamburger Staatsanwaltschaft beschlagnahmt, im selben Jahr erhält er den Deutschen Kunstpreis der Jugend für Graphik und geht nach Paris. Schon zwei Jahre später kann er vom Erlös seiner Lithographien leben. Seit 1963 ist Wunderlich in Galerien und Museen von den USA bis Neuseeland zu sehen; Fernsehfilme über den Künstler werden gedreht; er erhält zahlreiche Auszeichnungen, z. B. Biennale-Preise für Graphik in Japan, Taiwan und Bulgarien, Gold für die Lithographie »Portrait Samuel Beckett« sowie Landeskunstpreise.

Geist aus der Flasche

»Der Geist eines schön gereiften Barolos«, erzählt Alfredo Currado, seit 1957 Leiter des renommierten Weingutes Vietti, »war der Ursprung unserer Künstleretiketten.« An einem kalten Winterabend des Jahres 1973 saß der Winzer mit guten Freunden zusammen, darunter einigen Künstlern, und öffnete die erste Flasche eines 61er Barolos. Während sie über das tiefe Rot des Weines und dessen ausgeprägte Aromen schwärmten, meinte Claudio Bonichi, ein einfaches Etikett sei der Qualität solcher Weine nicht würdig. »Im Laufe der Nacht vertieften wir das Gespräch und stellten eine Liste der Künstler zusammen, die das Kleid unserer besten Weine gestalten sollten, und schon im Frühjahr '74 präsentierte Bonichi unser erstes Künstleretikett.«

Seitdem gibt es sieben weitere streng limitierte und aufwendig gedruckte Wein-Kunst-Editionen, die rasch zu begehrten Sammelobjekten avancierten und im allgemeinen nach kurzer Zeit vergriffen sind (mit etwas Glück ist aber gerade noch der 82er Barolo erhältlich, mit einem Bild von Gianni Gallo).

Das nächste Etikett ist für das Frühjahr '94 geplant und soll wieder bei einem großen Fest vorgestellt werden, zu dem das traditionsreiche Weingut über 100 Gäste aus aller Welt erwartet. Die Serie »vini con etichetta d'autore« wird dann von »the godfather of all the presentations since 1974«, Paolo Levi, dem Direktor der Kunstmuseen von Mailand und Turin, kommentiert werden.

Der ursprünglich kleine Kreis der Künstler hat sich nach und nach erweitert, und zur Zeit liegen Currado und seinem Schwiegersohn Mario Cordero etliche Angebote internationaler Künstler vor: Jedem neuen Namen müssen allerdings die »Künstler der ersten Stunde zustimmen«. Über mangelnde Nachfrage braucht sich der ausgezeichnete und gastfreundliche Erzeuger Piemonteser Weine nicht zu beklagen. Und wem der Barolo Riserva trotz seiner überragenden Qualität zu teuer erscheint, muß nicht ganz auf Künstlerisches aus dem Hause Vietti verzichten: Seit 1978 werden auch die anderen feinen Weine mit – allerdings gleichbleibenden – Kunstetiketten angeboten. Die durchwegs interessanten Originalbilder kann man übrigens gerne vor Ort betrachten – Anruf genügt. Auch der weiteste Weg lohnt sich dafür – denn nicht zuletzt erwarten den Gast erstklassige Weine.

Cantina Vietti
Vittorio Veneto 5, I-12060 Castiglione Falleto
Tel. 01 73/6 28 25, Fax 6 29 41
Übernachtungsmöglichkeiten werden vermittelt

Der Künstler

Valerio Miroglio: Der Maler, Bildhauer und Publizist Valerio Miroglio hat u. a. monumentale Eisenzement-Arbeiten angefertigt. Er schreibt Bücher, einige Texte für das Groteske Theater und inszenierte für RAI experimentelle Sendungen. Seine letzte öffentliche Ausstellung liegt über zehn Jahre zurück, als in Fermignano Autoren mit künstlerischen Ambitionen »Die Sehensweise der Schreibenden« darstellten.

Die Weine

85er Barolo Riserva Villero
0,75 l ca. 68,00 DM
Feine Blumenaromen,
elegantes, anhaltendes Bouquet,
komplexer Wein mit langem Abgang.
Noch gut 15 Jahre lagerfähig.
Eignet sich auch zu Braten
und Gerichten mit Trüffeln und Käse.

89er Barbaresco Masseria
0,75 l ca. 48,00 DM
Angenehme Blumenaromen,
vollmundig, elegant, gute Länge.
Noch etwa 5 Jahre lagerfähig.
Paßt auch zu Wildgeflügel,
Pasteten und Käse.

Weitere »Künstler-Weine« auf Anfrage.

Das große Vorbild

Wer hat nicht von ihnen gehört, dem legendären Baron Philippe und seiner Nachfolgerin, der Tochter Baronin Philippine de Rothschild, deren berühmte Weine mit Etiketten ebenso berühmter Künstler seit Jahrzehnten ein Begriff und für viele Winzer Vorbild sind? Aber nicht alles, was man hört, stimmt auch: Ausgangspunkt der Geschichte »Wein mit Künstleretiketten« war nämlich nicht, wie so oft geschrieben, das Jahr 1945. Denn bereits 21 Jahre vorher traf Baron Philippe de Rothschild eine für die damalige Zeit revolutionäre Entscheidung. Er füllte seine gesamte Ernte selbst auf Flaschen – die Geburtsstunde der Schloßabfüllung »Mise en bouteilles au Château« – und brach damit die Vormundschaft des Bordelaiser Weinhandels, der bis dahin für die Reifung bis hin zum Verkauf alleine verantwortlich war. Jetzt hatte das Etikett einen ganz neuen Stellenwert und eine äußerst wichtige Funktion: Es avancierte zum Qualitätsstempel des jeweiligen Weingutsbesitzers. Eine geniale Idee war es auch gleichzeitig, den berühmten Plakatmaler Jean Carlu mit einem Etikett für den Jahrgang 1924 zu beauftragen. Dieses Etikett gilt noch heute als eines der gelungensten Beispiele von Kubismus im Bereich angewandter Kunst, auch wenn es wohl seiner Zeit voraus war und nur noch 1925 und 1926 verwendet wurde. Der Baron, damals gerade 22, und Carlu, nur zwei Jahre älter, legten damit den eigentlichen Grundstein für die enge wie erfolgreiche Verbindung zweier jahrtausendealter Kulturgüter: *Wein und Kunst*.

Als Rothschild nach Kriegsende auf das 1853 gegründete Gut zurückkehrte, beschloß er, »um ein Zeichen zu setzen zu Ehren des Friedens und auch um einen Neubeginn anzukünden, daß der 45er Jahrgang, passenderweise ein Jahrhundertwein, das ›Jahr des Sieges der Alliierten‹, verewigen sollte«. Die graphische Komposition jenes berühmten »V«, das Churchill während des Krieges populär machte, gestaltete der junge Maler Philippe Jullian. Wenn auch damals diese Art der Vermarktung von Wein in Künstlerkreisen noch weitgehend auf Skepsis und Ablehnung stieß, einige renommierte Maler aus dem Freundeskreis des Barons, darunter Jean Cocteau, fanden »die Idee originell« und entwarfen die nächsten Etiketten. Das Eis war endgültig gebrochen, als im Jahre 1955 Georges Braque, der Baron Philippe nicht einmal persönlich kannte, ein Bild für das Mouton-Etikett malte: wie vor und nach ihm nicht für Bargeld, sondern ausschließlich für mehrere Kisten Mouton Rothschild zweier Jahrgänge.

Seitdem zählt ein Großteil der gesamten Kunstprominenz zu den Etikettenkünstlern: Salvador Dali, Henry Moore, César, Juan Miró, Marc Chagall, Andy Warhol, Hans Hartung, Arman, Hans Erni, Keith Haring, Georg Baselitz, Francis Bacon . . . und auch der Filmemacher und »Gelegenheitsmaler« John Huston gehört zur Garde der Auserwählten. Nur Kandinsky (gest. 1944) und Picasso entwarfen selbst kein spezielles Etikett, in beiden Fällen genehmigten die Erben eine Reproduktion. Wobei Picassos »Bacchanale« den 73er Jahrgang ziert – des Künstlers Todesjahr und gleichzeitig das Triumphjahr des Barons: Endlich wurde Mouton Rothschild, eine längst überfällige Entscheidung, als »Premier Grand Cru« eingestuft und hielt somit auch offiziell Einzug in den Wein-Olymp.

Die Beziehungen zu den Künstlern, so das Motto des Hauses, sind generell geprägt »von gegenseitiger Unabhängigkeit«: Jeder Maler kann Themen des Weinbergs, des Trinkens oder Mouton aus seiner persönlichen Perspektive darstellen, und Rothschild gegebenenfalls die Entwürfe ablehnen. Zu sehen sind die Originale, in sehr unterschiedlicher Größenordnung, auch auf Wanderausstellungen in zahlreichen Museen der Welt, zusammen mit den jeweiligen Etiketten und zum Teil persönlichen Gegenständen der Künstler in Glas-Vitrinen, um einen einheitlichoptischen Gesamteindruck zu wahren.

Mehr Kunst ist übrigens in einem ehemaligen Weinkeller zwischen Fässern und Bottichen auf Mouton ausgestellt. Das hochinteressante »Museum für Wein und Kunst« beherbergt eindrucksvolle Schätze, die der Baron auf seinen Reisen zusammentrug, und »die alle einen gemeinsamen Bezug zum Wein oder zur Rebe haben«, darunter Goldschmiedearbeiten, Wandteppiche und Kunstgegenstände aus Glas oder Porzellan.

»Der Geräusch des Korkens«, sagte einmal der Schriftsteller Mauriac zum Baron, »erinnert mich an das Hochgehen des Vorhangs bei einer Premiere, wenn nur Gott allein weiß, was uns da erwartet.« Ein Genuß allererster Güte – was sonst.

Baron Philippe de Rothschild
B.P. 117, F-33250 Pauillac
Tel. 56 59 20 20, Fax 56 59 60 54

Die Weine

90er Château Mouton Rothschild
0,75 l ca. 200,00 DM
Tiefes, reiches Aroma, vollmundig,
der Nachhall bietet Holz- und Fruchtaromen
mit Tanninen von großer Qualität.
Noch ca. 30 Jahre lagerfähig.
Paßt auch zu Wild und Käse.

88er Château Mouton Rothschild
0,75 l ca. 200,00 DM
Reichhaltige Frucht- und Gewürzaromen,
sehr nachdrücklich, harmonisch,
langes Finale.
Noch etwa 25 Jahre lagerfähig.
Paßt auch zu dunklem Fleisch und Käse.

Die Künstler

Francis Bacon (Etikett der Edition 90): Der Engländer (1909–1992) war zunächst Möbeldesigner und Innenarchitekt, bevor er nach einer Picasso-Ausstellung in Paris zur Kunst fand. Einen eigenen Stil, so der Autodidakt, habe er erst 1945 entwickelt, mit seinen »Tree studies for figures at the foot of the cross«. 40 Jahre später, als die Tate Galery eine umfassende Retrospektive ausstellte, wurde Francis Bacon erst als einer der größten Maler des 20. Jahrhunderts anerkannt. »Ich war niemals in der Lage, ein Lächeln zu malen.« Und so zeichnete er in oft lebhaften Farben sich dehnende und wie in einem Zerrspiegel wieder zusammenziehende Körper, gefangen in einem Netzwerk geometrischer Linien ohne Ausweg wie in einer klassischen Tragödie. Für das Etikett nahm der große Weinliebhaber als Inspiration ein Weinglas, dessen eigener Rhythmus sich gegen die Kurve der Flasche bewegt.

Keith Haring (Etikett der Edition 88): Der amerikanische Maler und Bildhauer (1958–1990) zog als 20jähriger von Pennsylvania nach New York, er wurde Akademie-Schüler von Sonnier und Kosuth und gehörte ziemlich bald zu den beachtetsten Künstlern, mit Ausstellungen im bekannten Club 57. Berühmt wurde er vor allem durch seine Graffiti in U-Bahnen und an Mauern. Sein bevorzugtes Thema, »Radiant Child«, drückte dabei die Erinnerung an eine verlorene Unschuld und die Gier nach neuen Eroberungen aus: nach Sex, Gewalt und Elektronik. Obwohl seine Bilder und Skulpturen weltweite Anerkennung fanden, arbeitete er lange lieber fürs Theater, gestaltete Poster und bemalte – vielbeachtet – den Körper von Grace Jones. Für Rothschild gestaltete er die »Tanzenden Widder«, inspiriert durch das offizielle Wappenschild dieses Weingutes.

Georg Baselitz (Etikett der Edition 89): Der 1938 im sächsischen Deutschbaselitz geborene Künstler, der sich seit 1958 nach seiner Heimatstadt nennt, studierte Malerei in beiden Teilen Berlins. 1963 erfolgte in einer West-Berliner Galerie die Beschlagnahmung seines Bildes »Die große Nacht im Eimer«. Immer wieder malt Baselitz verstümmelte Füße, unförmige Phalli oder masturbierende Männer, die seine Ablehnung der etablierten Regeln zum Ausdruck bringen sollen. Er befaßt sich mit der suggestiven Malerei von Geisteskranken, entdeckt auf einer Italienreise 1965 den Manierismus und malt vier Jahre später »Der Wald auf dem Kopf« – sein erstes umgekehrtes Bild, einen radikalen Bruch mit der allgemeinen Sehkonvention. Baselitz, einer der berühmtesten deutschen Künstler, malt »zugleich schöpferisch und zerstörerisch, seiner Palette entspringen fast unerträglich wilde Farben und Formen. Seine Malerei ist ein Aufschrei.«

Die Weine

89er Château Mouton Rothschild
0,75 l ca. 220,00 DM
Intensiver Geschmack reifer Früchte, elegant, von großer Harmonie, sehr langer Abgang.
Noch gut 30 Jahre lagerfähig.
Eignet sich vor allem zu kräftigen Fleischgerichten.

71er und 73er Château Mouton Rothschild
leider nicht mehr lieferbar.

Weitere »Künstler-Weine« auf Anfrage.

Wassily Kandinsky (Etikett der Edition 71): Der Jurist und Ökonom (1866–1944) kam als 30jähriger nach München und wurde wenig später Schüler des vielseitigen Künstlers Franz von Stuck. Kandinsky, anfangs einer der wichtigsten Expressionisten, gehörte zu den Mitbegründern der Neuen Künstlervereinigung München (1909) und der »Blauen Reiter« (1911). Ein Jahr zuvor malte er sein erstes abstraktes Aquarell, das die Entwicklung dieser Kunstrichtung einleitete. Seine Schriften »Das Geistige in der Kunst« und »Punkt und Linie zur Fläche« formulierten den Anspruch der neuen Malerei, die materialistische Haltung des 19. Jahrhunderts zu überwinden und legten die fundamentale Harmonielehre der abstrakten Kunst dar. Kandinsky war ab 1922 am Bauhaus in Weimar und Dessau und bildete mit Klee, Feininger und Jawlensky die Gruppe der »Blauen Vier«. Wie so viele großartige Künstler der damaligen Zeit verließ er Deutschland wegen des Rassenwahns der Nazis.

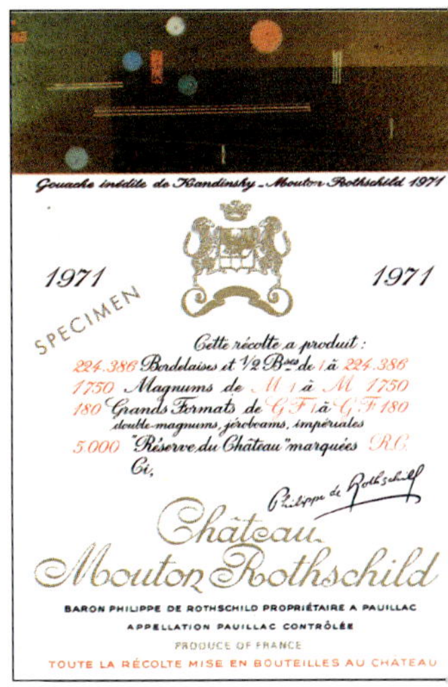

Pablo Picasso (Etikett der Edition 73): Über den genialen Künstler lesen Sie im USA-Kapitel »Kontroverse Lady«, Seiten 158/159.

Glücklicher Ehebund

»Die Geschichte von Bruno Paillard ist faszinierend«, erzählt Hermann Segnitz, sein deutscher Importeur. Denn es ist nicht leicht, in der Champagne eine neue Marke zu begründen. Um die offizielle Anerkennung als »NM«, Négociant Manipulant, zu erhalten, ist eine Voraussetzung erforderlich: Die Champagner-Firma muß den Nachweis eigener Champagner-Verkäufe bringen, bevor sie vom Comité Professionnel anerkannt wird und Traubengut von Winzern kaufen kann. Wie aber soll man Champagner verkaufen, wenn man zuvor kein Traubengut kaufen konnte? Der umtriebige Franzose, geboren 1953, hat es jedenfalls geschafft – als einer der ganz wenigen nach dem Krieg (bis 1988 waren es zwei!). »Er ist Gründer und alleiniger Eigentümer, zugleich aber für den Wein selbst verantwortlich. Es gibt kein anderes Champagnerhaus, das in seinem Namen diese drei Eigenschaften zugleich zum Ausdruck bringt«, sagt Hans Peter Puchert, Geschäftsführer des renommierten Hauses Segnitz. Paillard ist zugleich Courtier, also Kommissionär, was ihm eine scharfe Selektion des Traubengutes für seine Marke ermöglicht – und ein Zusatzeinkommen für Investitionen in seinen Betrieb sichert. Das Motiv für die Gründung seines eigenen Hauses? Er hat als Courtier zu viele hervorragende Partien verkauft, die er selbst für viel zu schade für den »Untergang« in namenlosen Champagnern hielt.

Paillard, »der am schnellsten aufsteigende Stern am Champagner-Himmel, dessen Extraklasse sich auch beim einfachen Brut zeigt«, wie die internationale Presse notiert, bietet jeden Jahrgangschampagner mit einem Künstler-Etikett an. Bruno Paillard: »Denn ich habe die gleiche Leidenschaft für die Kunst wie für die großen Champagner. Auf dem Gebiet der Kunst interessiere ich mich ganz besonders für zeitgenössische Malerei, da ich mit meiner Epoche solidarisch bin. Das soll nicht heißen, daß ich die großen klassischen Künstler nicht mag, im Gegenteil, aber ich denke, daß es gerade die zeitgenössischen Künstler sind, die es nötig haben, daß man sich für ihre Arbeit interessiert.« Der sympathische Franzose weiter: »Zwischen meinem Geschmack für die Kunst und meiner Leidenschaft für Champagner scheint mir, daß es einen offensichtlichen ›Ehebund‹ gibt. Aus diesem Grund habe ich Künstler gebeten, meine Jahrgangs-Champagner zu illustrieren. Die Künstler malen dabei das, was sie wollen, aber mit einer Angabe von mir, was den Stil des Weines betrifft: zum Beispiel für den 83er, ein Blanc de Blancs, mehr zurückhaltend im Ausdruck, gab ich das Thema Ausgewogenheit vor.«

Der qualitätsbesessene Franzose weiter: »Die Künstler werden ein bißchen durch Zufall ausgewählt. Im allgemeinen handelt es sich eher um ziemlich junge und noch nicht sehr bekannte Künstler. Diese zu ›entdecken‹ interessiert mich. Und an dem Tag, an dem ein Wein zu dem, was ich von den Künstlern kenne, die ich getroffen habe, zu passen scheint, ist es dann leicht, sich zu verstehen.« Die nächsten Etiketten des »glücklichen Ehebundes« – für den 88er und 89er Jahrgang – wird man frühestens im nächsten Jahr sehen. Ein kleiner Trost: Auf Termin kann man alle Originale in Paillards Haus besichtigen. Nicht nur die Sammlung ist es wert.

Bruno Paillard
Avenue de Champagne, F-51100 Reims
Tel. 26 36 20 22, Fax 26 36 57 72
Übernachtungsmöglichkeiten auf Anfrage

Der Künstler
Jean-Yves Gosti (Etikett für den Jahrgang '85): »Für diesen Jahrgang hatte ich das Thema ›Die Zeit?‹ vorgeschlagen. Dieser Wein ist sehr früh sehr entwickelt gewesen, sehr zugänglich, wunderbar. Die Frage ist, zu wissen, wie lange er altern kann. Der junge Maler und Bildhauer spiegelt sehr gut diesen Begriff wider.«

Der Champagner
85er Brut
0,75 l ca. 65,00 DM
Der leicht dominierende Chardonnay-Charakter verleiht ihm Frische, während der etwas niedrigere Anteil an Pinot Noir für Frucht und Kraft ohne Schwere sorgt, ein eleganter Champagner. Noch ein paar Jahre lagerfähig. Eignet sich als Aperitif und »auch zur ganzen Mahlzeit«.

»Ich suche die richtige Relation von Wein und Kunst«, erzählt Jean Meyer, Kopf und »Weinverantwortlicher« des renommierten Elsässer Weinguts Josmeyer. »Das heißt, das Bild muß den Geschmack des Weines sichtbar machen und der Kunde schon den Wein, ehrlich, mit den Augen kosten. Natürlich«, fügt er hinzu, »Wein und Kunst sind ein intimes Gespräch. Für einige Leute ist das ohne weiteres sichtbar, für andere, die weniger ›artistic‹-Charakter haben, ist das etwas schwächer, aber die Farbe macht alles deutlich.« Dann bringt er zum Ausdruck, was etliche Kollegen ebenfalls denken, aber kaum sagen würden: »Für mich müßte die Weinherstellung zum Kultur- und nicht zum Landwirtschaftsministerium gehören.«

Schon seit Jahren wollte Meyer Weinetiketten von elsässischen Künstlern gestalten lassen, doch irgendwie – wer kennt das nicht – fehlte immer die Zeit. Dann, endlich, für zwei neue Weinkreationen des Jahrgangs 1986 machte er sich »auf die Suche nach einem Maler« und stieß zuerst auf Pastellbilder von Daniel Gasser. »Ich hatte mich schon so lange mit diesem Gedanken getragen, daß ich genau wußte, was ich wollte.« Nämlich passende Etiketten für den Pinot »mise du Printemps«, der nach fünf Monaten Faßlagerung gerade rechtzeitig zum Spargel und anderen Frühlingsgemüsen auf den Markt kommt, und den Riesling »Le Kottabe«, der, so die damalige Ankündigung, ab Juli 1987 verfügbar sein wird und die neue Fischsaison eröffnet. »Bei der Erschaffung dieser Etiketten habe ich einen meiner alten Träume verwirklicht: Den Wein in ein Bild umzusetzen und so dem Weintrinker Stil und Charakter des Weines, den er in der Flasche findet, ahnen zu lassen.« Dabei »vergleiche ich oft die Arbeit des Weinherstellers mit der des Malers. Der erste arbeitet mit einer lebendigen Materie, der zweite übersetzt das Leben und seine Empfindungen auf einem Gemälde. So gibt es, scheint mir, manchmal eine Art Osmose zwischen Wein und Kunstwerk, so daß sich im Kunstwerk die Charakteristik der Rebsorte und der eigene Stil des Winzers ausdrückt«. Bei der ersten Präsentation des »Mise du Printemps« merkte der qualitätsbewußte Winzer (Gault Millau: »Einer der besten und ehrlichsten«) und Kunstkenner noch an: »Mit diesem Wein ... gelingt es mir vielleicht, eine gewisse Monotonie zu durchbrechen. Das Cuveé, das sich harmonisch mit einer Jahreszeit verbindet, und das Kunstwerk, das diesen Wein illustriert, schaffen einen Wandel zu größerer Öffnung der Sinne des Genießers für die Eindrücke, die die Malerei, die Eigenart des Weines und die Empfindlichkeit des Weinherstellers vermitteln.« Alle zwei Jahre wechselt Jean Meyer die Künstleretiketten, weil die Weine nicht statisch sind und nie eine Kopie sind. »Die Welt, das Leben und wir mit unseren Meinungen und Gefühlen wechseln auch in diesem Rhythmus.« Dazu kommt vielleicht auch, daß jedes Jahr das Etikett zu wechseln zuviel Geld und zuviel Arbeit kosten würde. Die bisherigen Kunst-Etiketten, alle Originale sind in Wintzenheim zu sehen, gestalteten Gasser, Jully und Remlinger, da Meyer nur mit elsässischen Künstlern arbeitet. Aus dieser Region stammen auch die Bilder – zum größten Teil Maler des ausgehenden 19. und beginnenden 20. Jahrhunderts – in Meyers Wohnzimmer, das von einem goldfarbenen Riesling-Licht, mit einem Hauch Grün beleuchtet wird. Ein Wort noch zu den Weinen: Das Weingut, 1854 gegründet, verfügt heute über 16 Hektar Rebflächen und kauft noch Trauben von ungefähr 15 Hektar von denselben Gebieten – Wintzenheim, Turckheim, Wettolsheim – ein. Es vermarktet bis zu 350 000 Flaschen pro Jahr. Etwa 70 Prozent gehen in den Export. Außer den bereits erwähnten Weinen sind noch vor allem die beiden Gewürztraminer, der Auxerrois aus sehr alten Weinbergen und der Riesling »Grand Cru Hengst« hervorzuheben. Alles sehr gute bis ausgezeichnete Weine, die dem Winzer nicht nur in der Fachpresse stets ein hohes Lob einbringen.

Vin d'Alsace Josmeyer
76, rue Clemenceau
F-Wintzenheim 68000 Colmar
Tel. 89 27 01 57, Fax 89 27 03 98
Übernachtungsmöglichkeiten
werden vermittelt

Der Künstler

Jean Remlinger: Der 1935 in Straßburg geborene Künstler entwarf u. a. die Etiketten des 92er Jahrgangs. Seine kraftvollen, körperbetonten Bilder machten den Elsässer auch in Deutschland, der Schweiz und Spanien bekannt. Seit 1975 ist er regelmäßig in Galerien vertreten, von Paris bis Barcelona, von Hamburg bis Zürich. Zum Pinot-»Mise-du-Printemps«-Etikett meint Jean Meyer: »Das Werk erinnert mich an den Frühling . . . Das frische Grün erinnert an das fruchtige Aroma . . . und paßt zum Pinot, einer Rebsorte mit zartem Charakter, spielerisch und charmant. Der Wein hat noch nicht die Reife, die seine Charakterzüge glättet. Noch dominiert die Stoffigkeit, ein wenig ungeschliffen und wild.«

Die Weine

92er Gewürztraminer »Cuveé des Folastries«, trocken
0,75 l ca. 16,00 DM

»Ich lasse den Dichterfürsten der Renaissance, Pierre de Ronsard, Ihnen den Wein beschreiben:

›Kommt laßt uns diese Rosen und diesen Wein vermählen/
in diesen guten Wein laßt uns die Rosen schütten/
und trinken auf das eine wie das andere/
damit die Trauer, die das Herz umschließt/
ein Ende nimmt beim Trinken.‹«

Blumenaromen, »ein Hauch von rotem Pfeffer«, elegant. Noch gut 6 Jahre lagerfähig.
Eignet sich auch zu Räucherlachs und exotischer Küche mit Safran, Pfeffer und Curry.

92er Riesling »Le Kottabe«, trocken
0,75 l ca. 14,00 DM
Fruchtiges Aroma, frische und subtile Säure, typischer Riesling-Charakter, gute Länge.
Etwa 7 Jahre lagerfähig.
Eignet sich vor allem zu Fisch.

Weitere »Künstler-Weine« auf Anfrage.

Champagnerflaschen als limitierte Kunstobjekte

»Kunst und Champagner«, sagt Claude Taittinger, seit über 30 Jahren Inhaber des gleichnamigen traditionsreichen Champagnerhauses in Reims, »sind zwei Bereiche, die weit voneinander entfernt zu sein scheinen und dennoch durch eines eng verbunden sind: den Genuß.«
Die Kombination der anregenden Empfindungen, die schöne Künste und edle Gewächse gleichermaßen hervorrufen, ist unwiderstehlich. Aber dennoch: Die ersten Flaschen, von Mönchen der Benediktiner-Abteien verkauft, hatten anfangs nur eine schlichte Aufmachung mit den wichtigsten Informationen: den Namen des Weinbergs, den des Dorfes und manchmal den des Jahrgangs sowie die Bezeichnung »vin mousseux«, um den Unterschied zu den stillen Weinen hervorzuheben.
Im Laufe der zweiten Hälfte des 18. Jahrhunderts gewann der Handel mit Champagner jedoch immer mehr an Bedeutung, und seitdem wurden Champagner-Etiketten bald auch in Farbe gestaltet und gedruckt. Bestimmte Symbole kennzeichneten dabei diese Etiketten, deren Gestalter bevorzugt die Sonne, die Sterne, manchmal auch Kometen einbezogen – »vor allem wohl deshalb, weil Wetter und Witterung schon immer die Arbeit der Winzer beeinflußten«. Dann, um die Jahrhundertwende, setzten einige Häuser auf die stilvolle Verbindung von Kunstgenuß und Champagnerkultur. »Gold«, so schien es, war dabei gerade gut genug, um das edle Getränk in einem würdigen Rahmen zu präsentieren. Berühmte Künstler wie Utrillo oder Lalique entwarfen damals neben Flaschen selbst Werbeplakate, die heute als gesuchte Raritäten gelten.
Schöne Künste auf edlen Flaschen, das ist also nicht so ganz neu. Noch nie dagewesen aber ist bis vor wenigen Jahren das Gesamtkunstwerk, das der charmante »Botschafter des Champagners«, Claude Taittinger, für Jahrgänge von ausgesuchter Qualität gestalten ließ. Victor Vasarely, Wahlfranzose, war der erste Künstler überhaupt, der eine Flasche mit genußvollem Inhalt von »Kopf bis Fuß« vollständig künstlerisch umhüllte. Weitere Gestalter für diese Flaschen als limitierte Kunstobjekte waren seitdem: der Bildhauer Arman, dessen Plastiken zum Teil im Pariser Bahnhof Saint-Lazare ausgestellt sind; der Surrealist, »Märchenerzähler« und Mitbegründer des Dadaismus, André Masson; die »glückliche Malerin« und Mystikerin Vieira da Silva, die häufiger Gast bei Georges Pompidou im Elysée-Palast war; Roy Lichtenstein, der wohl bekannteste noch lebende Pop-Art-Avantgardist und – ganz aktuell – der gebürtige Deutsche mit dem französischen Paß, Hans Hartung, der für den Jahrgang 1986, »einem der größten in der langen Geschichte der Champagne«, die Kunstflasche gestaltete. Vorgestellt wurde die für Hartung so typische sehr abstrakte Malerei, die keinerlei Spur von materiellen Gegenständen aufweist und jeden einzelnen dazu auffordert, seiner Phantasie und Sensibilität freien Lauf zu lassen, von Claude Taittinger zu Jahresbeginn im »Weißen Haus« in Hamburg. In einem Saal, wo »wir«, so Taittinger, »verschiedene Kunstwerke, Gemälde und Plastiken, vereinigen wollten, die meist von großen zeitgenössischen Künstlern geschaffen wurden, und die auch damit einverstanden waren, für unsere Flaschen eine freie Dekoration zum Thema ›Der Ruhm des Champagners‹ zu entwerfen«. Diese Werke bilden die Taittinger-Collection, die Anfang der 80er Jahre begonnen wurde und künftig alle zwei Jahre mit der Gestaltung einer neuen Flasche fortgesetzt wird.
Nun gibt es aus dem Hause, das zu den größten Weinbergbesitzern der Champagne zählt und als eines der letzten bedeutenden Champagner-Güter seit seiner Gründung noch in Familienbesitz ist, einige weitere Geschmacksperlen, allen voran den berühmten »Comtes de Champagne«: die pure Verführung.

Der Champagner

86er Collection
0,75 l ca. 250,00 DM
Eleganter Champagner aus 40 % Chardonnay- und 60 % Pinot-Noir-Trauben, harmonisch, vielschichtig, fruchtig, langanhaltender Abgang. Gut lagerfähig.
Als Aperitif oder zu einem exklusiven Menü.

Weitere Künstler-Collectionen auf Anfrage.

Champagne Taittinger
B.P. 2741, F-51061 Reims
Tel. 26 85 45 35
Fax 26 85 44 39

Der Künstler

Hans Hartung (Gestaltung der Collection 93, Jahrgang 86): Hans Hartung malt nicht nur mit der Hand, sondern mit dem ganzen Körper. Der 1904 in Leipzig geborene Künstler (gest. 1989), seit Mitte der 20er Jahre Wahlpariser, erzählte über seine Darstellungsweise: »Gefühlvolle Abstraktion gestattet dem Künstler eine größere Ausdrucksfreiheit, ermöglicht ihm mehr zu sagen, als es ein Gemälde vermag, das lediglich die Natur kopiert.« Für seine Flasche ging das Mitglied der Académie des Beaux-Arts zurück in seine Vergangenheit und entdeckte die Schatten und Bewegungen dieser Zeit wieder. Er malte in einem Stil, der Erinnerungen an seine Kunst in den Jahren 1969 bis 1973 wachruft. Das zeigt sich auch in der Wahl des Lichts, der metallischen Farbe, die er für die Umhüllung der Flasche gewählt hat: Die schwarzen und gelben Linien, die blauen Arabesken sind eine Provokation der Gedanken: Bewegung bedeutet Leben und die Form ist die Sprache. Mit aufsteigenden Strichen, durch Farbe betont, hat er die Form und Struktur der Flasche genommen, um den Wein des Lebens zum Vorschein zu bringen, dessen Energie ständig in Bewegung ist und jederzeit bereit zum Überschäumen.

Der Künstler
Roy Lichtenstein (Gestaltung der Collection 91, Jahrgang 85): Alles nahm seinen Anfang in den frühen 60er Jahren, als Lichtenstein den damals so modischen Expressionismus abzulehnen begann. Die Jugend des im Jahre 1923 geborenen amerikanischen Pop-Art-Avantgardisten war, wie die einer ganzen Generation von Amerikanern, vom kulturellen Phänomen der Comic strips und deren Themen – bevorzugt sentimentalen oder sexuellen Charakters – geprägt. Ein logischer Schritt, daß sich Lichtenstein auch davon inspirieren ließ und Bilder dieser Comics in die Welt der Malerei übertrug. Auf die ihm eigene Art behandelte der Künstler ebenso das Thema Champagner. Durch seine kräftige Pointillierung und die Verwendung einiger dominierender Farben – Van-Gogh-Gelb, Königsblau, Englischgrün – wollte Roy Lichtenstein eine visuelle Schockwirkung hervorrufen. Durch die Verlängerung des Haares, das über der Signatur erkennbar ist, bis zur Weinranke, in der es fast verschmilzt, erinnert er daran, »daß der Champagner aus dem untrennbaren Zusammenwirken der Natur und des menschlichen Könnens entstanden ist«. Dank dieser »heiligen Allianz« erlangt der goldfarbene Saft der Weinlaube Symbolcharakter.

Ereignis-Weine

»Wir möchten ein glückliches Ereignis des abgelaufenen Jahres feiern und geben die Gestaltung in die Hände eines Künstlers, der einen Bezug zu dem gewählten Thema hat. Beispielsweise der Fall der Berliner Mauer 1989. Dieses Ereignis hat der deutsche Künstler A. R. Penck illustriert«, sagt Brigitte Miailhe von Château Siran, dem renommierten Weingut aus dem Gebiet Médoc. Denn »der Wein verbündet sich mit der Kultur und zieht die Aufmerksamkeit der Öffentlichkeit auf sich«. Dazu »erschien es mir als interessante Idee, die Malerei mit dem Wein in Verbindung zu bringen, wie manchmal Wein und Musik sich verbinden. Mit Kultur und Wein – schon aus dem alten Ägypten bekannt – wollten wir dazu diese alte Tradition wiederbeleben, da unser Wein großen Ansprüchen gerecht wird«. Dabei geben die Winzer das Thema vor. Zuerst wählen sie, seit 1980, das Ereignis aus, ein denkwürdiges des betreffenden Jahrgangs, dann den Künstler, dem sie bei der Interpretation vollkommene Freiheit lassen. Die Themen reichten von »Der Heiligen Jungfrau von Tschenstochau« mit dem Wahlspruch »Solidarnosc«, der Fußball-WM in Spanien, gestaltet von Miro, dem »Orwell-Jahr« 1984, bis zum »Europäischen Jahr der Musik«, dem »Halleyschen Kometen« und dem »Umweltschutz«, das van Goghs Sonnenblumen in einem Stahlkorsett zeigt.

Mit etwas Glück kann man diese Bilder auch vor Ort studieren, da Château Siran täglich der Öffentlichkeit zugänglich ist, bei den Weingütern des Médoc äußerst selten. Dabei kann man die Weinkeller besichtigen, mit Sammlungen alter Flaschen aus dem 17. und 18. Jahrhundert oder Fayence-Teller von der Bordelaiser Manufaktur Vieillard aus dem 19. Jahrhundert, dazu eine Ausstellung alter Stiche, die Trinkgelage zeigen. Das Weingut, mit einem schönen, ursprünglich erhaltenen Kartäuserkloster, wird bereits seit dem 18. Jahrhundert von den Weinmaklern klassifiziert und unter den berühmtesten Weinen der Seconds Crus der Region geführt. Damals war das Gut im Besitz eines Grafen, dessen Tochter die Urgroßmutter des Malers Henri de Toulouse-Lautrec war. Künstlerische Tradition mit erstklassigen Rotweinen also!

Château Siran, Labarde
F-33460 Margaux
Tel. 56 88 34 04, Fax 56 88 70 05

Der Künstler

A. R. Penck (Etikett des Jahrgangs 89): Der als Ralf Winkler 1939 geborene Künstler lebte bis 1980 in der DDR. Dort entwickelte er aus graphischen Elementen der Höhlenmalerei und Graffitikürzeln eine »Standard«-Zeichensprache, um so gegen die politisch-kulturelle Vereisung zu protestieren. Er spielte einen verunsichernden Außenseiter, um die Mobilisierung von Kritikfähigkeit in einem starren ideologischen System zu erreichen. Nach seiner Übersiedelung in den Westen verliert sich das strenge »Schwarz-Weiß« der früheren Zeichensprache und weicht der kontrastreichen Farbigkeit.

Der Wein

89er Château Siran
0,75 l ca. 45,00 DM
Feine Fruchtaromen, gut eingebundener Vanilleton, elegant, langer Nachgeschmack. Gut 20 Jahre lagerfähig.
Paßt auch zu
Gemüse, Fleischgerichten und Käse.

Weitere »Künstler-Weine« auf Anfrage.

Der Weintempel

Clos Pegase, das erst 1987 in seiner jetzigen Form fertiggestellte kalifornische Weingut von Jan und Mitsuko Shrems, zählt zu den besten Weingütern Amerikas. Doch ist Shrems nicht nur durch seine eleganten Weine berühmt, auch durch seine kostbare Kunstsammlung »4000 Years of Wine in Art« mit über 100 weinbezogenen künstlerischen Darstellungen, die er auf seinen zahlreichen Reisen zusammengetragen hat: vom assyrischen Relief von Nimrod aus dem 9. Jahrhundert v. Chr. und Mosaiken aus dem 2. Jahrhundert n. Chr. bis hin zu Meisterwerken von van Gogh, Picasso, Rembrandt und Renoir, die an jedem 3. Samstag eines Monats besichtigt werden können. Shrems, der die Besichtigungen im allgemeinen selbst kommentiert, führt seine Besucher dabei durch acht Abteilungen: Wein in der Mythologie; Wein in der Religion; Weingefäße; Wein vor dem Hintergrund der Geschichte; Wein im Stilleben; Wein als Liebestrank; Wein als Fest des Lebens und schließlich Motive von den Weinbergen, der Traubenlese, dem Weinmachen und dem Weinverkauf.
Dementsprechend mythologisch-exquisit ist auch ein bekanntes Etikett, das die Flaschen seiner berühmten, aromatischen Weine ziert: Pegasus ist im griechischen Mythos das Flügelroß, das aus dem Rumpf der Medusa entsprang und von Bellerophon eingefangen und gezähmt wurde. Als er sich aber auf ihm zum Himmel aufschwingen wollte, warf es ihn ab. Durch den Hufschlag des Pegasus entstand dabei die Hippokrene (griech.: Roßquelle), die Quelle der Musen, die wiederum einen Rebstock bewässerte – die Geburtsstunde des Weines. Odilon Redon (1840–1916), der ursprünglich vom Impressionismus ausgehende Vorläufer des Surrealismus, hat um die Jahrhundertwende dieses griechische Musen- und Dichterroß mit jenem Gemälde gewürdigt, das in unseren Tagen die Weinflaschen von Jan und Mitsuko Shrems von allen anderen unterscheiden sollte. »Wein«, so Shrems, »ist ein Bestandteil unseres Erbes und bereichert unser tägliches Leben.« Der ehemalige Verleger und begeisterte Kunstsammler ließ sich seinen eindrucksvollen und preisgekrönten »temple to wine« von dem berühmten Architekten Michael Graves errichten und erregte damit nicht nur in Kalifornien Interesse.
Aufmerksamkeit ganz anderer Art erzielte Shrems mit seinen jährlich wechselnden Künstleretiketten, auf denen u. a. Bilder von Salvador Dali, Otto Freundlich, Joan Miró und Jean Dubuffet zu sehen sind. Wobei das Gemälde »Nu Chamarré« (Geschmückter Akt) von Dubuffet, entstanden Mitte der 40er Jahre, auf dem Etikett nur unvollständig wiedergegeben wurde. Dem »Bureau of Alcohol, Tobacco and Firearms« war der sichtbare untere Teil des Körpers bedeutend zu frivol, »although abstract, the figure is clearly made«, und »we were forced«, den armen Mann unten züchtig zu beschneiden (wobei das »Objekt« der Beschwerde den Abbildungen antiker Statuen ähnelt, also keineswegs überbetont ist). Shrems, nicht allein in seiner Eigenschaft als Kunstsammler »bestürzt«, wollte letztlich nicht das Werk des Künstlers komplett aus dem Verkehr ziehen und entschloß sich für die zensierte Version. Doch eine Flasche Wein kam im »Originalkleid« in den Handel, erzielte bei einer Auktion wenig später stolze 3500 US-Dollar und ist heute fast unbezahlbar. Die Geschichte wurde publik, fast jede Zeitung druckte das unzensierte Bild ab, und selbst den Abendnachrichten war »die lächerliche Entscheidung« des Bureaus eine Meldung wert. Dem Genießer Shrems aber – »In Renoir's ›Luncheon‹ I count, eight diners, six bottles and 12 glasses. Now that's a lunch« – und seinen Mitarbeitern ist auch ohne »Akt« eine gute Presse sicher. The California Wine Press: »The Clos Pegase winery and its wines are creations that border on the brilliant.«

Die Weine

90er Chardonnay
0,75 l ca. 14,00 DM
Feine Blumenaromen, elegant, zarter Holzton im Abgang. Noch etwa 6 Jahre lagerfähig. Paßt auch zu hellem Fleisch und Fisch.

88er »Hommage«
Red Table Wine
0,75 l ca. 50,00 DM
Intensive Fruchtaromen, »man schmeckt die Komponenten von Cab. Sauv., Cab. Franc, Merlot und Petite Sirah«. Gut 15 Jahre lagerfähig. Eignet sich auch zu dunklem Fleisch.

Weitere »Künstler-Weine« auf Anfrage.

Clos Pegase
1060 Dunaweal Lane, USA-Calistoga, CA 94515
Tel. 7 07/9 42 49 81, Fax 9 42 49 93

Die Künstler

Jean Dubuffet: Der französische Maler und Bildhauer (1901–1985) wandte sich erst 1942 ganz der Malerei zu. Bei seinen aus Erde, Gips, Kalk oder Sand sowie Farbe bestehenden Bildern und Zeichnungen orientierte er sich an der spontanen Kunst von Kindern oder geistig Verwirrten, die er als »Art brut« bezeichnete – ein Beispiel dafür stellt das Etikett dar. Später fertigte er auch zum Teil begehbare Skulpturen wie die »Gruppe von vier Bäumen«, die er Anfang der 70er Jahre für den Vorplatz der Chase Manhattan Bank in New York entwarf.

Odilon Redon: Den französischen Maler (1840–1916) zog es 1871 nach Paris, wo er sich mit zeitgenössischer Kunst und Literatur auseinandersetzte. Seit 1880 zeigten seine Arbeiten, v. a. Aquarelle, Lithographien und Radierungen, deutlich symbolistische Tendenzen. Im Spätwerk konzentrierte sich Redon auf die farbige Wiedergabe traumhaft symbolischer Themen.

Kontroverse Lady

»Amerikaner lieben es, irgend etwas zu sammeln«, sagt Marty Lee, »vice president« des angesehenen kalifornischen Weingutes Kenwood, »aus diesem Grund war ich von Anfang an vom Erfolg unserer ›Artist's Series‹ überzeugt. Und nach dem dritten oder vierten Etikett stellten wir mit Freude fest, daß diese Weine eine bemerkenswerte Anhängerschaft fanden.« Daran hat sich nichts geändert, und mittlerweile gibt es bereits die 15. Ausgabe der vielbeachteten Künstler-Reihe.
»Aber ich muß gestehen«, meint er süffisant, »daß ich zu Beginn etwas naiv gehandelt habe.« Für das erste Etikett gab er dem Maler David Lance Goines, »dessen Arbeiten ich sehr bewundere«, 700 Dollar und ein paar Flaschen Wein und erteilte ihm den Auftrag, »to come up with something«. Das tat Goines dann auch – und erschien »mit einem bezaubernden Bild« einer nackten Frau, die sich gelassen in einem Weinberg tummelte. Das zuständige Komitee BATF – Federal Bureau of Alcohol, Tobacco and (witzigerweise) Firearms – lehnte das Etikett, »its obscene and indecent«, entrüstet ab, und legte dem Winzer nahe, auf die junge Frau zu verzichten: »delete the young lady.«
Diese Äußerung löste in den Vereinigten Staaten (wie kaum anders zu erwarten) eine heftige Kontroverse aus – und brachte der neuen »Artist's Series« mehr Publizität ein, als Marty Lee es jemals mit Werbung gelungen wäre.
In Kontakt mit der Kunst kam Lee bereits als Kind, als ihn sein Vater häufiger auf Sonntagsausflügen in die Museen San Franciscos mitnahm. Und in den frühen 70ern, beim Genießen und Betrachten der Rothschild-Weine, entschloß sich Lee endgültig, besondere Weine ebenfalls mit einem Künstler-Etikett »zu ehren«. Von September bis Juni grübelt er über das nächste Bild, bis er unter Zeitdruck sich endlich für eines entscheiden muß. Dabei zieht er neben der »emotional-ästhetischen Attraktion« auch in Betracht, wie das Etikett in Kleinformat und in Postergröße aussieht. Die Poster der »Artist's Series« werden nämlich zwischenzeitlich ebenso gerne gesammelt wie die Weinflaschen und sind so elementar für das Projekt, daß Lee eher auf Künstler verzichtet, falls diese nicht einem »poster of the finished label« zustimmen – was gelegentlich vorkommt. Waren die Etiketten der ersten »Künstler-Weine« von der Größe her den Rothschild-Weinen ähnlich, so entschloß sich Lee bald, der Kunst mehr Platz einzuräumen – eine gute Entscheidung wie man sehen kann.
Das 1970 gegründete Weingut und damit eines der ältesten in Kalifornien ist zugleich eines der besten. Neben dem Sauvignon Blanc gehören vor allem die Cabernet-Sauvignon-Weine zu den Stärken der Gebrüder Lee – Marty und »winemaker« Michael. Natürlich ebenso die »Artist Series«, die seit Anfang der achtziger Jahre als »Cuvée aus Merlot, Cabernet Franc und etwa 90 % Cabernet Sauvignon« ausgebaut wird. Ein rundum kunstvoller Genuß.

Kenwood Vineyards
USA-Kenwood, CA 95452-0429
Tel. 70 78 33 58 91, Fax 1 70 78 33 11 46

Die Künstler

Pablo Picasso (Etikett der Edition 89): Der Spanier (1881–1973) gilt als der wohl größte Maler des 20. Jahrhunderts und Wegbereiter der Modernen Kunst. »Ein Bild lebt nur durch seinen Betrachter«, sagte er einmal, »und was er sieht, ist die Legende, die das Bild umgibt.« In seiner Jugend schrieb er: »...ich kann es nicht ausstehen, daß alle einen Stil nachahmen müssen, nur weil ein Maler damit einmal Erfolg hatte. Ich bin dagegen, einer bestimmten Stilrichtung zu folgen, denn das führt nur zu Geziertheit und Affektiertheit.« Vielleicht läßt sich seine Kunst – auch von Bewunderern gelegentlich kaum verstanden, wie »Der Sturz des Ikarus« bzw. »Die Kräfte des Lebens und des Geistes triumphieren über das Böse« für die UNESCO in Paris, 1958 – am besten mit einem Artikel von Louis Aragon und André Breton für das Paris Journal im Jahre 1924 beschreiben: »...Er verabscheut jegliche Konvention, die als unantastbar gilt, und hat in seinem Werk stets die Unruhe und das Streben nach Neuem, die unsere Zeit so aufrühren, dargestellt. Das ist ihm immer in vollendeter Weise gelungen...« Picasso – »ein gutes Bild sollte mit Rasierklingen gespickt sein« – entwarf das Bild »Jacqueline« 1958 in Paris, »inspired by his wife and muse«.

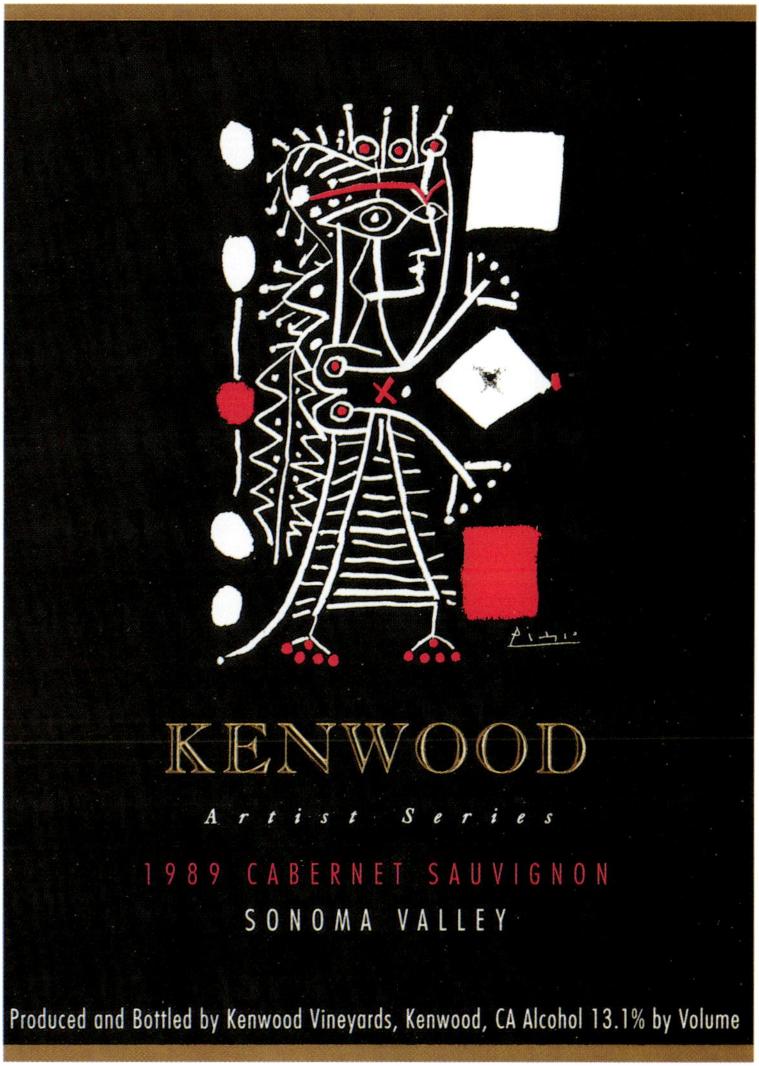

Steve Jensen (Etikett der Edition 85): Das Bild des 1955 in Seattle, Washington, geborenen Künstlers trägt den Namen: »Red letter to Joe.« Ein gutes Beispiel für seinen flüssigen, dynamischen Stil, »combining airbrush and watercolor«. Jensen studierte an der Universtität von Washington und an der Cornish School of Fine Art. Er ist als Bildhauer ebenso anerkannt wie als Maler. Seine Werke sind in zahlreichen Galerien und Museen, z. B. im Seattle Art Museum, ausgestellt.

Die Weine

85er Cabernet Sauvignon
0,75 l ca. 95,00 DM
Feine Fruchtaromen, würzige Töne, schlankes Tannin, ungemein langer Abgang. Noch gut 8 Jahre lagerfähig.
Zu Wild, Rindfleisch und Käse.

88er Cabernet Sauvignon
0,75 l ca. 82,00 DM
Duft nach Zedernholz und schwarzen Kirschen, Vanille- und Kirscharomen, exzellenter Wein mit Zukunft.
Gut 15 Jahre lagerfähig. Paßt auch zu dunklem Fleisch und Federwild.
(Etikett nicht abgebildet.)

Weitere »Künstler-Weine« auf Anfrage.

Bezugsquellennachweis

Viele »Künstler-Weine« der in unserem Buch vorgestellten Betriebe sind im Fachhandel bzw. Feinkostgeschäften erhältlich. Aus Platzgründen haben wir vor allem bei Weinen aus Deutschland, Österreich und der Schweiz auf die Angabe der Bezugsquellen in den jeweiligen Ländern verzichten müssen. Fragen Sie daher am besten bei den Winzern direkt nach Einkaufsquellen in Ihrer Nähe. Bei Weinen aus Frankreich und Italien haben wir uns auf die wichtigsten Importeure beschränkt. Lassen Sie sich am besten dort gegebenenfalls weitere Händleradressen mitteilen. Wenn Sie Bezugsquellen für Ihr Land vermissen, erkundigen Sie sich bitte direkt beim Weingut nach Bestellmöglichkeiten, dort wird man Ihnen gerne Auskunft geben. Zuletzt sei noch erwähnt, daß bei den nachstehenden Adressen meist auch weitere Weine mit Künstleretiketten erhältlich sind.

Weine aus Deutschland:

Georg Breuer:
A: Schlumberger AG, Wien,
Tel. 02 22/36 22 58, Fax 3 62 25 96 20

Winzergenossenschaft Heuchelberg:
A und CH: barbara's wine-yards, Plankstadt,
Tel. und Fax 0 62 02 / 2 53 88

Weine aus Österreich:

Haus Marienberg, Mad:
D: Fa. Reimers, Hamburg,
Tel. 0 40/31 12 66, Fax 3 19 27 09
CH: Keel & Co., Walzhausen,
Tel. 0 71/44 14 15, Fax 44 24 61

Weingut Sonnhof, Jurtschitsch:
D: Fa. Wegehaupt, Berlin,
Tel. 0 30/8 55 80 44, Fax 2 51 40 74
D: Frankhof Kellerei, Hochheim,
Tel. 0 61 46/90 30, Fax 9 03 18
D: Feinkost Käfer, München,
Tel. 0 89/4 16 83 48, Fax 4 16 86 71
D: in vino veritas, Nürnberg,
Tel. 09 11/36 26 60, Fax 5 10 55 23
D: Fa. Bauer, Schondorf,
Tel. 0 81 92/82 29, Fax 82 75
CH: Summers Erben, Klaus,
Tel. 0 55 23/27 55

Weingut Wohlmuth:
D: Fa. Goetzenbrugger, München,
Tel. 0 89/6 01 23 93, Fax 6 06 17 76

Weine aus der Schweiz:

Globus:
D: Feinkost Böhm, Stuttgart,
Tel. 07 11 / 4 01 00, Fax 4 01 02 00

Caves Imesch Sierre:
D: Boda Weinhaus, Sprockhövel,
Tel. 0 23 24 / 7 28 84, Fax 7 37 11

Caves Mövenpick:
D: Kellereien Mövenpick, Stuttgart,
Tel. 07 11 / 6 46 92 69, Fax 6 40 26 58

Schuler-Weine, St. Jakobskellerei:
D: Schuler-Weine, Weil am Rhein,
Tel. 01 30 / 84 47 74, Fax 00 41 43 / 24 32 12

Weine aus Frankreich:

Josmeyer:
D: France Vinicole, Kehl,
Tel. 0 78 51 / 21 35, Fax 7 15 60
CH: Globus Zentrale, Zürich,
Tel. 01 / 4 55 23 54, Fax 4 51 20 11

Paillard:
D: A. Segnitz & Co., Weyhe,
Tel. 0 42 03 / 69 45, Fax 7 97 98
CH: Globus Zentrale, Zürich,
Tel. 01 / 4 55 23 54, Fax 4 51 20 11

Rothschild:
D: Cave du Connaisseur, Berlin,
Tel. 0 30 / 4 96 19 26, Fax 4 95 83 57
D: Fa. Roland, Bremen,
Tel. 04 21 / 3 99 42 00, Fax 3 99 41 78
D: Gérards Wein-Markt, Düsseldorf,
Tel. 02 11 / 29 86 86, Fax 0 21 04 / 5 20 22
D: Alois Dallmayr, München,
Tel. 0 89 / 2 13 50, Fax 2 13 51 67
D: Feinkost Käfer, München,
Tel. 0 89 / 4 16 83 48, Fax 4 16 86 71
D: Hawesko GmbH, Tornesch,
Tel. 0 41 22 / 50 44 33, Fax 5 10 68
A: P. M. Mounier, Wien,
Tel. 02 22 / 31 87 51 50, Fax 3 18 74 40 34
CH: Vinum S. A., Biel,
Tel. 0 32 / 41 82 04, Fax 41 31 96

Siran:
D: Fa Anraths, Düsseldorf,
Tel. 02 11 / 36 04 55, Fax 1 64 06 12
CH: Obrist S. A., Vevey,
Tel. 0 21 / 9 21 12 62, Fax 9 21 75 73

Taittinger:
D: Wein Wolf, Bonn,
Tel. 02 28 / 8 19 62 30, Fax 8 19 62 39
D: Alois Dallmayr, München,
Tel. 0 89 / 2 13 50, Fax 2 13 51 67
A: Asbach, Wien,
Tel. 02 22 / 53 36 30 00, Fax 5 35 97 50
CH: Planteurs Reunis, Vevey,
Tel. 0 21 / 9 22 68 52, Fax 9 22 68 66
CH: Globus Zentrale, Zürich,
Tel. 01 / 4 55 23 54, Fax 4 51 20 11

Weine aus Italien:

Antes:
D: siehe Weingut und Edition
Volker Huber, Offenbach,
Tel. 0 69 / 81 45 23, Fax 88 01 55

Bremer:
D: siehe Weingut

Cormóns:
D: Fa. Wegehaupt, Berlin,
Tel. 0 30 / 8 55 80 44, Fax 2 51 40 74
A: Wirgast GmbH, Klagenfurt,
Tel. 04 63 / 5 12 22 70, Fax 51 22 27 19

Endrizzi:
D: Luigi Import, Berlin,
Tel. 0 30 / 4 16 31 06, Fax 4 65 23 66
D: Fa. Enste, Bochum,
Tel. 02 34 / 31 37 54, Fax 30 08 69
D: Fa. E + S, Essen,
Tel. 02 01 / 57 00 57, Fax 57 21 77
D: Fa. Reimers, Hamburg,
Tel. 0 40 / 31 12 66, Fax 3 19 27 09
D: Sabitzer, München,
Tel. 0 89 / 3 08 20 80, Fax 3 00 33 04
D: in vino veritas, Nürnberg,
Tel. 09 11 / 36 26 60, Fax 5 10 55 23
(bietet auch eigene Kunst-Etiketten an)
D: Fa Stratmann, Zeven,
Tel. 0 42 81 / 32 86, Fax 30 14
A: Fa. Thurnher, Dornbirn,
Tel. 0 55 72 / 26 15 10, Fax 2 61 51 10

Girlan:
D: Bavaria GmbH, Krailling,
Tel. 0 89 / 8 57 10 41, Fax 8 57 37 46
A: Purkhart KG, Steyr,
Tel. 0 72 52 / 6 34 39, Fax 6 34 39 22
CH: Fa. Schächle, FL-Nendeln,
Tel. 0 75 / 3 73 41 44, Fax 3 73 43 67

Haas:
D: Bremer GmbH, Braunschweig,
Tel. 05 31 / 37 60 43, Fax 37 30 22
D: K & U, Nürnberg,
Tel. 09 11 / 52 51 53, Fax 5 29 88 74
CH: Scala Vini, Davos,
Tel. 0 81 / 46 55 10, Fax 46 52 22

Lazzarini:
D: Bremer GmbH, Braunschweig,
Tel. 05 31 / 37 60 43, Fax 37 30 22
CH: Reichmuth AG, Zürich,
Tel. 01 / 2 42 81 49, Fax 2 41 56 38

Nittardi:
D: Dr. Canali, Frankfurt,
Tel. 0 69 / 72 09 99, Fax 72 81 01

Vietti:
D: Gute Weine, Berlin,
Tel. 0 30 / 8 24 30 34, Fax 8 23 29 29
D: Fa. Hack, Meersburg,
Tel. 0 75 32 / 90 97, Fax 90 99
(bietet auch eigene Kunst-Etiketten an)
D: Fa. Sabitzer, München,
Tel. 0 89 / 3 08 20 80, Fax 3 00 33 04
D: Weinhandel Wiegmann, Nürnberg,
Tel. 09 11 / 33 04 33, Fax 37 40 44
A: Vinci AC, Wien,
Tel. und Fax 02 22 / 5 04 45 13
CH: Il Caratello, St. Gallen,
Tel. 0 71 / 24 88 55, Fax 24 63 80
CH: Misani AG, St. Moritz,
Tel. 0 82 / 3 31 53, Fax 3 87 86

Weine aus den USA:

Clos Pegase:
D: Fa. Racke, Mainz (nur Pegasus-Etikett-),Tel. 0 61 31 / 55 52 29

Kenwood:
D: Fa. Schmitt, München,
Tel. 0 89 / 1 49 31 29, Fax 1 41 88 05

Weitere Bezugsquellen für »Künstler-Weine«:

Richard Heuser, Dillenburg,
Tel. 0 27 71 / 70 88, Fax 67 94
H & S Gourmet-Service, Frechen,
Tel. 0 22 34 / 6 16 91, Fax (Auskunft)
Die Weintruhe, Freiburg,
Tel. 07 61 / 38 28 66, Fax 3 12 47
Weinquelle Brakhoff, Herzogenaurach,
Tel. 0 91 32 / 7 80 00, Fax 78 00 78
Weinhandel Dienstbier, Königswinter,
Tel. 0 22 44 / 51 34, Fax 0 22 41 / 6 09 64
Academie du Vin, München,
Tel. 0 89 / 47 44 34, Fax 47 49 94
Garibaldi, München,
Tel. 0 89 / 1 68 97 38, Fax 1 68 97 39
Weinhaus Baum, Radolfzell,
Tel. 0 77 32 / 5 22 15, Fax 5 65 80
Fa. Weinberger, Regensburg,
Tel. 09 41 / 5 30 15, Fax 56 12 96
Strien Weinimport, Stuttgart,
Tel. 07 11 / 4 41 10 81, Fax 44 40 88
Weinmarkt Mattheis, Tübingen,
Tel. 0 70 71 / 3 30 49, Fax 3 45 84